本书获闽南师范大学学术专著出版基金资助

我国乡村居民休闲方式及时空结构研究

WO GUO XIANGCUN JUMIN XIUXIAN FANGSHI JI SHIKONG JIEGOU YANJIU

郑春霞 著

中国水利水电出版社
www.waterpub.com.cn
·北京·

内 容 提 要

本书以乡村振兴为时代背景，在对国内外休闲研究进行梳理的基础上，以乡村居民为研究对象，分析新时代乡村居民休闲动机、休闲决策、休闲活动内容、休闲方式、休闲时空结构等行为特征，提出改进乡村居民休闲生活质量及乡村公共事业与休闲产业的发展策略。通过本研究，在一定程度上可以了解新时代乡村居民休闲生活状态和精神面貌，为乡村居民过上健康与高品质的休闲生活提供一定的指导。

本书可供乡村振兴研究者、休闲学研究者和行为学研究者，与乡村振兴相关的企事业单位工作人员参考使用。

图书在版编目（CIP）数据

我国乡村居民休闲方式及时空结构研究 / 郑春霞著. -- 北京：中国水利水电出版社，2022.9
ISBN 978-7-5226-0896-9

Ⅰ. ①我… Ⅱ. ①郑… Ⅲ. ①乡村－居民－闲暇社会学－研究－中国 Ⅳ. ①D422.7

中国版本图书馆CIP数据核字(2022)第141187号

书　　名	我国乡村居民休闲方式及时空结构研究 WO GUO XIANGCUN JUMIN XIUXIAN FANGSHI JI SHIKONG JIEGOU YANJIU
作　　者	郑春霞　著
出版发行	中国水利水电出版社 （北京市海淀区玉渊潭南路1号D座　100038） 网址：www.waterpub.com.cn E - mail：sales@mwr.gov.cn 电话：(010) 68545888（营销中心）
经　　售	北京科水图书销售有限公司 电话：(010) 68545874、63202643 全国各地新华书店和相关出版物销售网点
排　　版	中国水利水电出版社微机排版中心
印　　刷	天津嘉恒印务有限公司
规　　格	184mm×260mm　16开本　13.5印张　329千字
版　　次	2022年9月第1版　2022年9月第1次印刷
印　　数	0001—1200册
定　　价	**88.00元**

凡购买我社图书，如有缺页、倒页、脱页的，本社营销中心负责调换

版权所有·侵权必究

前 言

在我国脱贫攻坚战取得全面胜利，向实现第二个百年奋斗目标迈进的新时代，乡村居民如何过上美好生活将成为今后关注的焦点。而作为乡村居民日常生活中必不可少的组成部分，休闲生活状况直接影响乡村居民的生活质量。2021年中央一号文件《关于全面推进乡村振兴加快农业农村现代化意见》，为提高乡村居民休闲生活质量提供了方向与机遇。该意见指出：迫切需要补齐农业农村短板弱项，推动城乡协调发展，举全党全社会之力加快农业农村现代化，让广大农民过上更加美好的生活。通过对乡村居民休闲行为的研究，可以全面了解新时代乡村居民休闲生活状态和精神面貌，对"十四五"时期全面推进乡村振兴和全面建成小康社会具有重要的意义。

本著作分上下两篇。上篇为休闲研究概况，主要内容有休闲的缘起与发展，休闲的内涵，休闲的本质、特征与功能，国内外休闲理论发展。下篇为实证研究，主要剖析新时代乡村居民休闲动机、休闲决策、休闲活动内容、休闲方式、休闲时空结构等行为特征，提出改进乡村居民休闲生活质量及乡村公共事业与休闲产业的发展策略。

本书在撰写过程中，学习、借鉴、吸纳了许多国内外旅游学术界学者们的理论成果，一些地方已加以注明，一些专著、教材、论文作为参考文献附于书后，在此一并感谢。也有少数成果由于种种原因未能加以说明，在此表示感谢，也敬请原谅。感谢上海财经大学何建民教授和厦门大学林德荣教授的推荐，本书获得闽南师范大学学术专著出版基金资助。感谢闽南师范大学给予资金支持出版。另外本专著能顺利完成，也感谢湖湘、蒲兰星、沈婉琛、王慧羽、毕飞燕、李涵颖、陈淑琦、王玲、郑雅文、董硕、胡雨婷、林怡婷等同学的协助。

由于著者水平有限，书中疏漏之处在所难免，敬请专家及广大读者不吝赐教。

郑春霞

2022年4月

目 录

前言

上篇 休闲研究概况

第一章 休闲的缘起与发展 ········ 3
- 第一节 休闲的缘起 ········ 3
- 第二节 西方休闲发展史 ········ 4
- 第三节 中国休闲发展史 ········ 7

第二章 休闲的内涵 ········ 14
- 第一节 休闲的定义 ········ 14
- 第二节 与休闲相关的概念 ········ 20

第三章 休闲的本质、特征与功能 ········ 26
- 第一节 休闲的本质 ········ 26
- 第二节 休闲基本特征 ········ 27
- 第三节 休闲的功能 ········ 31

第四章 国内外休闲理论发展 ········ 61
- 第一节 马克思主义与休闲理论发展 ········ 61
- 第二节 西方休闲理论发展概述 ········ 63
- 第三节 北美休闲理论发展 ········ 67
- 第四节 我国休闲理论发展 ········ 90

下篇 实证研究

第五章 研究设计 ········ 95
- 第一节 研究背景 ········ 95
- 第二节 研究构思 ········ 96

第六章 我国乡村居民休闲动机 ········ 98
- 第一节 乡村居民休闲动机研究目的 ········ 98
- 第二节 乡村居民休闲动机研究综述 ········ 99

第三节　我国乡村居民休闲动机特征及建议 …………………………………… 106

第七章　我国乡村居民休闲决策 …………………………………………………… 124
　　第一节　乡村居民休闲决策研究目的 ………………………………………… 124
　　第二节　乡村居民休闲决策研究综述 ………………………………………… 125
　　第三节　我国乡村居民休闲决策特征及建议 ………………………………… 129

第八章　我国乡村居民休闲活动内容与方式 ……………………………………… 139
　　第一节　乡村居民休闲活动内容与方式研究目的 …………………………… 139
　　第二节　乡村居民休闲活动内容与方式研究综述 …………………………… 140
　　第三节　我国乡村居民休闲活动内容与方式特征及建议 …………………… 142

第九章　我国乡村居民休闲空间结构 ……………………………………………… 162
　　第一节　乡村居民休闲空间结构研究目的 …………………………………… 162
　　第二节　乡村居民休闲空间结构研究综述 …………………………………… 163
　　第三节　我国乡村居民休闲空间结构特征及建议 …………………………… 166

第十章　我国乡村居民休闲时空结构 ……………………………………………… 178
　　第一节　乡村居民休闲时空结构研究目的 …………………………………… 178
　　第二节　乡村居民休闲时空结构研究综述 …………………………………… 179
　　第三节　我国乡村居民休闲时空结构特征及建议 …………………………… 181

参考文献 ……………………………………………………………………………… 191

上篇 休闲研究概况

第一章
休闲的缘起与发展

第一节 休闲的缘起

一、原始社会的"休闲意识"

在人类社会发展史上，空闲时间始终存在，在某些社会阶段，人们的空闲时间甚至比生活在现代社会的人们还要多。可以说，空闲时间是伴随着人类的诞生而存在的，因此即便是在生产力极其低下的原始社会，人类的祖先也会在劳动之余进行各种各样的娱乐消遣活动。比如，原始社会的祭祀活动、宗教礼仪、歌舞绘画和日常游戏等。但是，原始社会并不存在现代意义上的休闲，当时的人们也没有形成休闲的意识和概念。所谓的娱乐仅仅是一种融于劳动之中的生活样式，与劳动之间并没有严格的界限。无论是在捕鱼、捉鸟、采集、制造弓箭或陶器时边劳动边唱歌；还是在"闲暇"之时"手之舞之，足之蹈之"，自娱自乐；抑或是在祭祀和巫术活动中，献上精美的陶器和装饰品，表达对大自然的敬畏并祈求来年的风调雨顺，这一切都是为了更好地保证劳动的顺利进行。在当时人们的意识中，只有更长时间的劳动才能带来更好的生活，因此娱乐和劳动一样都是为了一个目的——生存。

尽管在原始社会不存在有意识的休闲和选择性的休闲，但是"闲暇"的存在对于整个人类历史的发展所具有的非凡意义却是不容忽视的。随着生产力的进一步发展，人们所拥有的闲暇时间越多，各种文化和娱乐活动便越会得到极大的发展，也因此产生了人类最初的文明。历史已表明，闲暇时间的长短与人类文明的进步是并行发展的。正如于光远先生所说："闲，不只是生产力和文明发展的结果，也是促进生产力和文明发展的因素"。

二、休闲的词源

根据词源学的考证，"休闲"一词最早出现于古希腊文学中，与古希腊单词中的 schole 相关。schole 表示平静、和平、休闲、自由时间等含义，其中的"闲"与"自由"指的不仅仅是时间的概念，更是指必须从劳动中解放出来的无拘无束的状态。其反义词 A-schole 则是指劳动、奴隶状况。古希腊的自由市民将体力劳作都交由奴隶去做，自己却在大量的自由时间里享乐。他们把本阶层的玩乐行为统称为"schole"，即"休闲"的意思。而且，古希腊人把休闲看成是肯定的、积极的概念，在他们的观念体系中，"休闲"不属于低下的活动，"休闲"比劳动具有更重要的意义，"休闲"是主要的，劳动是次要的。

同时，schole 一词也用来表示进行学术讨论的场所。英语中的学校（school）、学者（scholar）等单词就是源自 schole，这说明休闲与教育是紧密相关的。古希腊人认为，在空闲时间中，或者在可以自由支配的时间里，"休闲"是需要引起重视和认真对待的，"休闲"本身是需要学习才能做到的。休闲不是像吃喝一样不学自会的本能活动，也不是游手好闲的"娱乐"活动，要达到"休闲"的状态和水平，就需要后天的习得和教化，需要接受教育。休闲作为"智慧""严肃"的活动，不是人们轻而易举能够实现的。充足的空闲时间是休闲必要的条件，但还不是充分条件。希腊人认为还需要智力的参与，才能使动物意义上的"休闲"上升到人类意义上的"休闲"。

由上可知，"休闲"一词自诞生之初就并非指一种无所事事和打发时光的庸俗活动，而是指具有一定规范性和创造性的学习活动。schole 一词中几乎没有休息和消遣的成分，它主要是发挥自身能动性进行学习，积极有为并创造社会价值的活动。因此，古希腊人的"休闲"不能解释为一般的消遣和娱乐，它还含有主动进行学习、重新创造生命活动、以完善自我为目的的闲暇活动的含义。

除了最初的古希腊语之外，在古法语及罗马语中也出现了有休闲含义的词语。其中，休闲的英文单词 leisure 就来源于古法语中的 leisur，意思是指人们摆脱生产劳动以后的自由时间或活动；而该古法语单词又出自拉丁语中的 licere 一词，意思是指"自由的、没有压力的状态"或"合法的、被允许的"。而罗马语中有休闲含义的 otium 一词，指的则是"什么也不做"的消极无为的状态。

第二节　西方休闲发展史

一、古希腊、古罗马时代的休闲

古希腊是建立在奴隶劳动基础上的社会，当时的休闲只属于特权阶级，奴隶只从事物质生产活动。"休闲不仅仅是自由时间的意思，应该包括更多的范畴"，这种思想就产生于古希腊时期。古希腊人把休闲看作锻炼自己、提高修养的途径，是从必需的劳动到自由的状态。广义上的古希腊休闲观把基础放在自由人之上，认为休闲是自由人的人生基础。亚里士多德是被公认的第一位对休闲进行系统研究的学者，被誉为休闲研究之父。他所提出的"休闲是一切事物环绕的中心""只有休闲的人才是幸福的"等观点深刻地影响着西方文明的演化与发展。在论述中，他阐述了快乐、幸福、休闲、美德和安宁生活等休闲问题，认为休闲是一种心无羁绊不需要考虑生存问题的状态，是一种沉思状态。此外，早期的希腊哲学家们还建立起把学问与休闲理想联系起来的态度取向，在希腊语中的休闲是英语中的"学校"（school）一词的辞源，他们更提出了要想使自由人的生活避免沦为灾难，就一定要进行休闲人生教育的观点。

古希腊人的休闲观建立在维持自己和环境协调的前提下，追求认为有价值的生活、自我修炼及增长学问等。然而，古希腊文化中被认为是休闲活动的是极其有限的。那时对人的一生有重要影响的主要休闲活动有：政治、哲学、教养活动、学问、学术、趣味活动、宗教仪式、定期举行奥林匹克运动会等竞技大会等；同时，古希腊时期盛行借助公共设施的公共休闲，发现并欣赏数的和谐、音乐的优美、舞蹈的奔放。他们认为，休闲是在自由时间里的享受，并且为了给每个人提供休闲的机会和设施，必须要有好的政府为支撑。由此可以看出，在当时他们已经形成了独特的休闲伦理（Leisure Ethic）。

在古罗马时代，经过初期的城邦国家（公元前753—前509年）、统一半岛的贵族共和国（公元前509—前272年）、统一地中海的民族共和国（公元前272—前27年）之后，健全了其法律体系，带来了社会的安定和经济财富的积累，出现了可以享受休闲的有闲阶级和富裕阶层。单论休闲时间长短，当时的古罗马人每年有175天的节假日，成了人类历史上拥有自由时间之最的社会。在罗马帝国强盛时期，其疆域空前扩大，罗马政府在全国境内又修筑了许多宽阔的大道。由于交通上的便利条件，贵族及自由人经常在夏季沿大马路旅行，此时的一些旅行已经开始具有类似近代旅游的形态。

但是，与古希腊的学习和创造等休闲活动相比，古罗马更盛行消费型的休闲，他们并不重视高尚的、追求幸福的休闲。古罗马人把休闲当作政治的工具加以利用，他们制订休闲计划，开发休闲设施（其中大部分是公共设施）。因此，古罗马的澡堂、室外剧场、运动竞技场、公园、游乐园等建筑较多，作为社交活动场所的大众浴池也享有盛名。

总的来说，古希腊、古罗马时代的休闲都是属于特权阶级的。古希腊的休闲观是建立在"维持自己和环境的协调"的前提下，强调休闲是人生的目的，而工作只是实现这种目的的途径，并认为一切知识都源自休闲中的冥想，政府有义务为人们创造休闲的条件，由此形成了独特的休闲伦理；古罗马的休闲观则更强调的是一种消费性的休闲，把休闲理解为劳动的适应状态，更具有实用的价值。总之，相对于古希腊人来说，古罗马人并没有那么看重休闲。然而，由于在古罗马时期出现的大众休闲更重视消费，无形中助长了奢靡的风气，所以，它成为古罗马没落的重要原因之一。

二、中世纪及文艺复兴时期的休闲

古罗马没落后，天主教和封建制度登上了历史舞台，两者共同支配着中世纪时代。在中世纪，天主教会控制着大部分休闲活动。亚里士多德重视休闲的内在价值，因此，中世纪初的人认为休闲的最高境界是祈求拯救的冥想。同时，早期的圣·奥古斯汀（San Augustin）和圣·本尼迪克特（San Benedict）的宗教观念中所提倡的劳动至上观点也深刻影响了当时的休闲观。他们认为，劳动是神圣的，休闲是世俗的，休闲活动更多地被赋予了宗教色彩；同时，休闲也有特权化的倾向。因此，不同于古希腊和古罗马的集体休闲，中世纪维持了"宗教—个人"中心型的休闲形式，休闲活动与天主教的宗教秩序相一致，主要有：宗教仪式、周日活动、在教会的广场及村落的公共场等地举行的仪式。

中世纪社会形成了以土地关系为基础的封建制度，其中，封建领主和骑士集团为统治阶级，从事农业的农奴等则是被统治阶级。凡勃伦把统治阶级称为脱离日常生产的有闲阶层（Leisure Class），他们占据一定范围的特定地域，非常看重与被统治阶级之间的阶级区分。骑士集团为封建领主做骑马竞技、剑术、枪术、跑步、投石等身体训练（相当于今天的体育活动)。随着中世纪社会的逐渐稳定,骑士们接受了基督教信仰,用重视名誉和内心修炼的骑士精神(Knight ship)武装起他们的精神世界。此外,随着城市的诞生和行会的出现,由独立商人和手工业者形成的早期城市市民因为积累了大量的财富而更加追求现实的安乐生活,成为中世纪的另一个社会特征。

西方世界摆脱了黑暗的中世纪后,迎来了文化的黎明——文艺复兴,这时,学问和艺术等领域的人文主义新思潮以意大利为中心兴盛起来。此时期的特征是冲动、激情、感性、热情洋溢、具有独立性及其他相关特质,知识的传播和大学的出现对打破宗教束缚起到了特别重要的作用。文艺复兴时期,在贸易、商业、金融业等领域,人们积蓄了大量财富,此时期形成的中产阶级把充足的财力和时间投入到娱乐和休闲生活中。文艺复兴时期是一个不十分重视严格的道德规范的时期,社会生活的自由使人们可直接参与狩猎、宴会、舞会、歌剧、演戏、艺术等活动,并以财务援助的形式促进艺术、文学、娱乐部门的发展。随着剧场、歌剧院等艺术型的休闲设施不断增加,许多拥有巨资的艺术赞助者更多的是光顾画廊而不是皇宫、教堂。

约翰·赫伊津哈(John Huizinga)称这个时期为"玩乐的黄金时代"。文艺复兴把人类情感从充满金钱欲的中世纪解放出来,把人类的理性从宗教的戒律中解放出来,从而构筑了数世纪以后产业革命的基础,形成了近代欧洲上流社会社交活动和休闲享受的风气。文艺复兴还使人们从长期以来宗教式和超自然的思考方式中解放出来,形成了严肃的思考和思想,具体表现为理性主义、实用主义等哲学思想。在这种新思潮的影响下,人们对休闲进行了再评价,这对休闲文化的发展起到了积极作用。

文艺复兴初期的文化和人本主义思想也受到中世纪末的宗教改革的影响。人文主义、理性主义和实用主义思想的兴起,促进了上流社会社交休闲娱乐活动的繁荣,也促使人们重新审视休闲文化。宗教改革在劳动观念中灌输了宗教意义,把不劳动和休闲看作罪恶。严肃的清教徒认为,只有勤劳诚实的态度才是美德。因此,尽管文艺复兴促进了平民的休闲自由,但宗教改革把劳动当作是人类生活中最神圣的、最高境界的,把休闲看作罪恶的伦理的影响一直持续到20世纪。

三、近代工业文明时代的休闲

工业革命以后,随着城市人口的集中、城市劳动者的出现、人们生活方式的改变,劳动时间和非劳动时间的区分更加明显,从而加剧了社会等级分化。工业革命对人类的工作与休闲职能造成了巨大的影响。从此以后,工作与休闲走向了两极。

在资本主义制度下,不仅分化出一小部分既有钱又有闲的"有闲阶级",也产生了一个终日无休止地劳作的工人阶级。"有闲阶级"多指那些特权阶级,他们通过对广大劳动人民的掠夺,不断积累自身的财富,拥有充裕的金钱和自由时间,却几乎不知道如何去利用它们;而工人阶级则长期被迫从事一些标准化的、无休止的劳动,很少能体验到公共的闲暇,即便在工余时间也几乎没有自我选择的个人消遣方式。

超长的劳动时间和过度的劳动强度引发了争取缩短劳动时间的工人运动,并最终导致标准工作日制度的形成,工人的休闲问题终于成为社会性问题。但工人阶级的休闲与过去封建领主等有闲阶级享受的休闲具有本质上的区别,它仅是从被压迫的状态中恢复精力的一段时间。近代休闲的价值更多地在于保证生产劳动持续地进行，劳动成为近代社会的日常文化，劳动文化的主导地位决定了各种与生产相关行为的相应的社会价值。

人类跨入后工业化时代后，世界上一些发达国家逐步缩短劳动时间，从每周工作6天、每天工作12小时，逐步减少到每周工作5天、每天工作7~8小时，再加之科学技术水平的不断提高，使人类从繁重的体力劳动中解放出来，使人有了充裕的闲暇时间，大众休闲时代也随之到来。休闲的意义和重要性对劳动阶层来说在逐渐演变，并最终发生了根本性的变化。休闲被重新定位为能够自由地选择闲暇方式，实现自我价值的根本途径。对休闲与工作的关系的认识也发生了很大的改变，强调休闲是生活的主要乐趣，取代了统治休闲认知领域长达数百年的观点——工作和劳动是生活的中心。在一些西方社会中还出现了休闲与工作界限越来越模糊的现象。休闲正在成为人生的终极目标。

产业革命促使手工业、家庭式工业退出了历史舞台，大批量生产工厂出现，文化与生活方式从农村转移到城市，农民进城并成为工人等，引起了产业结构、生产方式甚至生活方式的巨大变化。这一系列的变化，使人们丧失了人的完整性，引起人们心理的不安和矛盾，从而导致了在休闲中（而不是在劳动中）寻找人生意义的倾向，这促进了人们努力适应社会、经济、环境等变化的普遍的生活方式——大众休闲的诞生。从此，休闲活动不再是富有阶层的专利，越来越多的大众开始参与，推翻了贵族们对休闲的独占。

现代社会是伴随着大批量生产和消费的大众休闲时代。后工业时代的价值倾向是精神的富裕比物质的富裕更有价值。因此，与以工作为主的生活相比，人们更喜欢追求以休闲为主的生活。针对这一现象，杜马哲迪尔指出，今天，休闲已成为数百万、数千万劳动者生活中的重要因素，它直接关系到劳动、家庭、政治、社会等问题，因此必须从新的角度看待劳动与休闲的问题。

现代休闲具有目的性和产业化的倾向，其特点可以归纳为如下几点：
（1）需要制定国家的甚至国际的社会、经济和文化政策。
（2）政府部门参与休闲开发过程。
（3）现代休闲与消费有直接的联系，具有消费革命的特点。
（4）为了国家和国民的休闲福利，制订长期休闲设施建设计划。
（5）休闲产业成为具有独立形态的独立产业。
（6）从"休闲为了劳动"的观念转变为"劳动为了休闲"的观念。
（7）缺乏规律性和规范性的现代休闲导致了价值观念的混乱，休闲问题（leisure problem）成为重大的社会问题。

第三节 中国休闲发展史

一、先秦时期：休闲思想的产生

中国是一个休闲历史非常悠久的国家，早在先秦时期，中国圣贤们就已经在其文学创作中表现出丰富的休闲思想及休闲追求，这一点从词源学上就能得到充分的印证。

在先秦汉语中，虽然没有"休闲"一词（现代汉语中的"休闲"在当时是两个词：

"休"和"闲"），但是，词的基本含义是相通的。按照《说文》的解释："休，息止也，从人依木"。古时人们的主要活动是田间劳作，当身体劳累之时，人们便依靠树木或是坐在树下休息。可见，休是一个会意字，它的本义是休息，这一点与现代汉语相一致。

《诗经》中有许多诗歌体现了休闲的休息之义，如《周南·汉广》有"南有乔木，不可休思"；《小雅·六月》中的"比物四骊，闲之维则。维此六月，既成我服""四牡既佶，既佶且闲"，就在赞美自然和生活的同时表达了休闲的思想；《大雅·生民之计·民亦劳止》中的"民亦劳止，汔可小康。惠此中国，以绥四方……以定我王""民亦劳止，汔可小康"，就是直接阐述了休闲、小康和国家安定兴康的重要性；《小雅·十月之交》中的"民莫不逸，我独不敢休"，则强调了统治者应该关心人民的休闲，等等。除了《诗经》，休闲的休息之义在其他典籍中也有所反映。《礼记·月令》中有："毋休于都"，《晏子春秋·内篇谏下》写道："景公猎，休，坐地面食"，《五经文字》解释"休"为："休，向人息木阴"。

在"休"的词源结构来看，"休"字的产生反映了人向自然回归、人与自然相和谐的观念。人来自大自然，而人们在从事劳作耕种、追逐名利、建功立业等活动中，将主要精力放在了外部世界，容易遗忘自己的本根，"休"恰恰就是人民找回自己、发现自己的活动。人倚木而休，树木是大自然的化身，人成为大自然的一部分，大自然因参与了人的生命活动也成为人的一部分，人与自然和谐无间，融为一体。休闲以其独特的方式补养着人的身体，抚慰着人的心灵，为人类建构了一个更加有意义的世界。

休息是"休"的主要含义，但不是唯一的含义。"休"的其他含义还有美好、美善、吉庆、喜悦、欢乐、福禄。在《诗·豳风·斧》中有："亦孔之休"，此处的"休"即为美好。《易·大有》："顺天休命"，郑玄注释为："休，美也"。《书·洪范》中有："休徵"，即美好的征兆。《国语·楚语》中有："无不受休"，这里的"休"为吉庆。《战国策·魏策》中"休降于天"的"休"也是吉庆的意思。《国语·周语》写道："为晋休戚"，意即为晋国高兴和悲伤。《诗·小雅·菁菁者莪》有："既见君子，我心则休"，意为一见到你，我的心情就高兴起来了。《左传·襄公二十八年》记载："以礼承天之休"中的"休"是福禄的意思。

如上所述，"休"字的休息之义是为现代人熟悉的，但"休"字在先秦汉语中美好、美善等其他含义与现代人对"休"字的用法相去甚远。在先秦人们的观念中，"休"不仅具有不再从事劳作以修养身心的意义，还包括诸多在空闲时间人们主动开展的自我发展、自我欣赏的活动，如节庆活动、集会活动。从这些丰富多彩的活动形式中，人们不仅能够以积极的方式调节体力、修身养性，而且还赋予活动以价值意义，提高了休闲活动的文化内涵。可见，在先秦汉语中，"休"不是中性词，而是具有强烈情感色彩的褒义词，"休"意味着人们是在追求真、善、美，在追求有价值、有意义的活动；或者说，"休"不仅具有以休息为目的的静态的一面，而且具有以美、善为目的的动态的一面，积极有为的一面。"休闲"中的"闲"字，《说文》解释为："闲，阑也，从门中有木"，在门的外面竖上栅栏，以之为边界。《易·家》中有"人闲有家"，闲即为"阑也。"《易·大畜》有"日闲舆卫"的说法，《周礼·虎贲氏》也记载有"舍则守玉闲"。以上的"闲"都是指"梐枑"，"梐枑"就是古代官署前拦挡行人的栅栏，用木条交叉制成。由此可见，"闲"首先是一个表示范围的概念。如果借用现代汉语来表达"闲"字在先秦汉语中的含义,"闲"就是私人空间的界限,公共权力在此驻足。如果公共权力不适当地介入私人空间,就违反了"闲"的要求。正因为"闲"具有法度、规矩之意,孔颖达才会劝诫后人:"洽家之道,在初即须严正立法防闲。"以范围、法度之义为基础,"闲"字后来又发展出伦理道德的含义,这使"闲"具备了感情色彩。如,《周礼·瘦人》中有:"掌十有二闲之政教",《论语·子张》有:"大德不逾闲,小德出入可也";同时"闲"还引申出了限制、约束之含义,如《书·毕命》有:"虽收放心,闲之惟艰"。《左传·昭公六年》有:"闲之以义"。可见,"闲"在先秦汉语中主要是关于行为规范的概念,教导人们如何过一种符合标准、符合规范的生活。如果将"休"和"闲"联系起来构成"休闲",那么"休闲"意指美好的生活应当是遵循规范、有美德的生活状态和过程;"休闲"既是求美的过程,也是求善的过程,是在追求事物自身目的的同时达到事物与事物之间的和谐与有机统一。

总而言之,在古汉语里,尽管"休"与"闲"是两个词,与现代汉语作为一个词的"休闲"的构词法不同,但词的基本含义是相通的。基于中国哲学整体思维方式对休闲含义的认识和把握,主要的还是将休闲作为生命的一个有机构成部分,与生命活动的其他部分或形式,构成生命的整体,构成生命活动的全过程。换言之,也就是在"天人合一"的基本理念当中,要突出生命的一种能动状态和审美感受,符合生命的"天、地、人"和谐统一的基本法则。

二、魏晋时期:休闲生活的雏形

《诗经》之后,我国休闲文化主要受到老庄哲学的影响。老子主张,人要活得自然、自由自在,心性尤其要悠然散淡。在他的《道德经》第二十五章中写道:"人法地,地法天,天法道,道法自然。"这是老子哲学的核心思想,即遵循自然法则,自然而然为之。因此,他强调,人应该"致虚极,守静笃"(第十六章)、"清净为天下正"(第四十五章)。表明老子学说重在精神自由、人格独立、追求生存理想的境界。《庄子》是体现道家休闲思想的经典之作,对后人产生了极大的影响。《庄子·刻意》中有"就薮泽,处闲旷,此江海之士,避代之人,闲暇者之所好也",休闲不仅仅是一种生活态度,更是一种"大知"者的境界。《庄子·齐物论》说:"大知闲闲,小知间间。大言炎炎,小言詹詹。""大知大言"者宽裕广博,言谈美盛。老庄哲学更充分体现了对闲适和精神自由的追求,这也正是道家哲学最大的现实意义所在。

魏晋时期,道家思想开始流行。当时战乱频繁,门阀氏族之间倾轧争夺激烈,知识分子普遍有一种远离政治的心态,对老庄之学感兴趣的人与日俱增,他们探究玄理乃至隐逸高蹈。魏晋文人好辩,精通"三玄"(老子、庄子、周易),不仅在清谈中才思敏捷、侃侃而谈,而且著述有成。这种风尚给整个六朝的精神生活打上了深深的印记,隐逸遁世、啸傲林泉就是其突出的表现。隐逸玄游的主角是代表不同阶层利益的玄学家们。他们执着于不同的思想观点和追求,漠视政务利禄,极力推崇高情远志、名流风范,既追求"庙堂"之上的尊容,又向往山林隐士的美名。他们痛恨现实政治和明教礼制,思慕老庄逍遥游,崇尚远离尘世而栖息山林,寄情山水田园自然风光;他们往往寻找好山好水好景的自然环境,辞官隐世遁名,清谈玄虚。于是,社会上逐渐形成游山玩水、放浪形骸的风气,隐逸玄游成为休闲生活的雏形。

魏晋时期的隐逸玄游是一种回归自我的"内游""内修"和"宁静",是一种"内向性的神秘体验"。这种在内心世界所进行的"玄游""神游"和"冥想",契合了知识分子寻找精神自由和超越的愿望。但是,在庄子道家那里,知识分子们获得的启发不只是"神游""玄游",而且是"朝向"外部世界和对象的"仙游""酒游"和"山水游"。他们不仅把自己和逍遥寄托在"心灵"之中,而且也寄托在超越生死自然极限的"神仙"中,沉浸在"酒乐"中,流连忘返于"山水"中。从"游"具有"对象物"、具有可观的时空而言,这种"游"已与内向的"神游""内游"不同,它朝向了外部世界,是一种"外游",是以感官直接同外部对象和世界的"交游"而获得的"外向性的神秘体验"。

在魏晋名士中,我们很容易看到知识分子对"逍遥"和"游"的无限向往和执着追求。也许残酷和黑暗的社会政治现实与知识分子的浪漫情怀和风流对比的反差过于巨大,但后者恰恰是对前者的一种"对抗性"反应。在"名教"越来越虚伪化和躯壳化、越来越成为束缚和压抑人的性情和自由的工具时,老庄道家迅速复活了,庄子的"逍遥"和"游"像一块巨大的磁石吸引着知识分子。在"名教"与"自然"之间,在"功名"与"性情"之间,许多知识分子选择了"自然",选择了"性情","名教"和"功名"被抛到九霄云外。

《世说新语·任诞》载:"张季鹰纵任不拘,时人号为江东步兵。或谓之曰:'卿乃可纵适一时,独不为身后名邪?'答曰:'使我有身后名,不如即时一杯酒。'"又载:"毕茂世云:'一手持蟹螯,一手持酒杯,拍浮酒池中,便足了一生。'""酒"取代了庄重的"功名",消解了严格的"名教"。"游"于"酒"中,酒成了解放和自由的象征,成了精神和生命的支柱。称得上是"酒神"的刘伶,酒瘾发作无酒可饮时,诳骗妻子发誓戒酒,之后仍然嗜酒如命,典型地表现了魏晋名士的"游酒之风"。刘伶还写过一篇《酒德颂》,放情肆志于酒,因酒而得意忘形:"有大人先生,以天地为一朝,万期为须臾,日月为扃牖,八荒为庭衢,行无辙迹,居无室庐。幕天席地,纵意所如,止则操卮持觚,动则挈榼提壶,唯酒是务,焉知其余……无忧无虑,其乐陶陶,兀然而醉,豁尔而醒"。实际上,"竹林七贤"人人"游酒","游酒"也是当时文人墨客大多喜好的玄游表现之一,是日常休闲必做之事。

除了"游酒"之外,在魏晋文人中还流行"畅游山水"这一高雅的休闲生活。例如在嵇康的文学生活中,外在的自然山水、鱼龙山鸟,已与精神融为一体。在自然中畅游,就如同精神回到自由的故乡,使人流连忘返:"浩浩洪流,带我邦畿。萋萋绿林,奋荣杨晖。鱼龙瀺灂,山鸟群飞。驾言出游,日夕忘归。"对魏晋名士来说,"畅游山水",是在自然风景的赏心悦目之中,发现自我,体现自我,回归自我。自然之游把人与尘世隔离开来,使人在一个"非人化"的世界中寻找心灵的宁静和闲适,清除尘世的纷扰和纠缠,诗意地存在和栖居。正是这样,孙绰才能对"山水之游"抒发出"超然"的情怀:"游览既周,休静心闲。害马已去,世事都捐。"孙绰钟情于"山水之游",实际上是钟情于自己的精神、性灵,因此它的"山水之游"唯恐不久,最终以"栖居"山水为足。

此时的社会休闲不仅表现为大批名士遁迹山林,还表现在众多文人墨客在休闲中所创造的隐逸文学中。陶渊明是隐逸文化的代表人物。早年断断续续的仕途经历,使他逐渐认清了当时官场的污浊与黑暗，41岁便还家归隐、游乐田园。他创作了《归去来兮辞》、诗《饮酒》、散文《桃花源记》等"隐逸诗文"，表达了对徜徉于逍遥于怡然自得的隐居生活的由衷赞美。其中，流传千年的《桃花源记》及其构想的"世外桃源"，是中国传统隐逸文化所向往的理想社会，历代文人名士和布衣百姓在喧嚣的尘世中都希望寻觅到能够庇护隐逸的"世外桃源"，并以这样的理想社会形态作为独善其身的精神寄托。陶渊明的田园诗如"采菊东篱下，悠然见南山，山气日夕佳，飞鸟相与还"等质朴、平淡、自然，开创了我国古代田园诗的清新风格。毫不夸张地说，魏晋名士浪漫的、丰富多彩的"游"和"逍遥"，向我们展示了诗意性存在的不同方式，共同构建出早期休闲生活的雏形。

三、唐宋时期：休闲文化的发展

唐宋是中国封建社会最为兴盛的历史时期，此时中国的经济、文化都呈现出生机蓬勃的发展趋势，在此基础上形成的休闲文化也展现出一幅艳丽多彩的图景。汉唐以来总的文化趋势是注重朝气雄风，开拓进取，经世致用，行健不息，唐代更显帝国海纳百川、兼容中外的大国风范，文化上实行了开放政策，儒、道、佛"三教"并立，产生了李白、杜甫、王维等伟大的诗人。文化交流与融合给中国传统文化带来巨大变化，对文化结构、宗教哲学、文学、音韵学、舞蹈、建筑、雕塑、衣食住行、生活器具、服饰打扮等都有很大影响。其中，休闲生活及休闲文化在诗人李白的一生中体现得最为典型。李白的一生，基本上是闲适漫游的一生。他的思想既有儒家的以游求仕、豪士剑客的以游行侠，也有道家的以游归真、神仙家的以游寻仙的志趣，但他的漫游精神——热爱大好河山，摆脱世俗羁绊，追求个人自由，则始终如一。他用大量壮美的诗歌描绘赞颂了祖国的自然景观，堪称我国古代天才超群的闲游大师。

而至唐代，归隐更是发展为"终南捷径"，休闲隐居俨然成为一些人谋求功名利禄的跳板。即便素有"山水田园诗派"美称的王维和孟浩然，情况也不尽相同。王维作为功成名就之人，自然能够心入山林，其"明月松间照，清泉石上流""月出惊山鸟，时鸣春涧中"等诗句往往显得空灵隽秀，远离世俗，景境俱佳。孟浩然则因为功名未就而常显得心存顾虑，其诗往往显得若即若离而不酣畅淋漓。他表面泰然却内心无奈，即便写出"气蒸云梦泽，波撼岳阳城"般的宏伟磅礴，但也没有把这种气势一贯到底，最终陷入"坐观垂钓者，徒有羡鱼情"的现实慨叹之中。被贬官的柳宗元一首妇孺皆知的小诗"千山鸟飞绝，万径人踪灭。孤舟蓑笠翁，独钓寒江雪"（《江雪》）脍炙人口，表现了宁静、淡泊的心境。张志和的一首《渔歌》则是一片闲适与明净："西塞山前白鹭飞，桃花流水鳜鱼肥。青箬笠，绿蓑衣，斜风细雨不须归。"让人感受的是身心与大自然的和谐与融洽和自由自在的精神欢娱。颜真卿等人为之倾倒，争为唱和："洞庭湖上晚风生，风触湖心一叶横。兰棹稳，草衣轻。只钓鲈鱼不钓名。""残阳浦里漾渔船，青草湖中欲暮天。看白鸟，下平川。点波潇湘万里烟。"如此等等，每一首都是清新自然，各立境界。尤其是"看白鸟，下平川。点波潇湘万里烟"，不仅勾勒了长天一色、孤鸟奋飞的如画风景，令人陶然欲醉，还描绘了不畏风雨、勇往直前的精神境界。

唐朝的经济与文化积累，在宋代更为合适的土壤里得到了极大发展。宋代重文，两宋是中国古代文化最为繁荣的时代。文化教育已向民间普及，科举和游学是文人的主要生活内容。名迹览胜型地理志等著述很好地兼顾了人们学习的需要以及从辽阔的疆域和域外见闻中产生探索和猎奇的欲望。在宋代，地方官任职年限较短，频频调动，宦游成为仕途的家常便饭。士子应试、游学活动也十分频繁，旅行不绝于途。旅游文学的兴起，使人们对各地风土人情的关心程度空前高涨，舞文弄墨、游山玩水之类的休闲书籍因其新颖的体例、丰富的文化资料而一直都是畅销书。唐宋旅游文学有利于向大众广泛传播文化地理知识，对促进文化知识的传播和交流，激发人们的爱国主义情操有很大作用。

四、明清时期：休闲追求的提升

明清的小说开始详细地描写各种游戏等人文雅致，也经常论及人生处世的态度以及娴雅的生活情趣。清人涨潮在《幽影梦》中说："人莫乐于闲，非无所事事之谓也。闲则能读书，闲则能游名胜，闲则能交益友，闲则能饮酒，闲则能著书。天下之乐，孰大于是？"

千百年来，士大夫普遍存在着重理轻情的倾向，他们将个人的休闲生活视为消磨意志的洪水猛兽。明太祖全面复古后，文官修身齐家不是为了个人的幸福，而是为了治国平天下，自我需求首先必须服从于封建正统秩序。明朝禁止一切敢于触动封建纲常名教、动摇儒家道德伦理的思想言行，把"发乎情、止乎礼"作为行为准则来限制个人的个性自由，磨平了人性的棱角，以"存天理，灭人欲"作为精神枷锁桎梏人的合理的自然欲求，扼杀自由的人性。文官深受封建传统道德的束缚，不敢随便发表自己对生活的观感。这种双重性格常常导致匪夷所思的现象：峨冠博带的讲学先生满口仁义道德，可私下里却腐朽糜烂。

到了晚明清初时期，时局动荡，前途莫测，文官大都厌淡仕途举业。在李贽、袁枚等人的推动下，社会上掀起了一股追求心灵自由和个性解放的思潮，士人们逐渐摆脱了传统思想的禁锢，开始追求高度精致美食、着蓑衣、披僧袍、谈闲书、做雅事。旅行家徐霞客甚至放弃了优越的生活和功名利禄，将一生许予山水。

明末清初戏曲理论家李渔是自唐宋以来有意识地从理论层面探讨并论述休闲活动的第一个文人墨客，其代表作《闲情偶寄》是当时最负盛名的畅销书。该书是李渔一生艺术与生活经验的总结与结晶，其中"居室部""器玩部""饮馔部""种植部""颐养部"等分别论述休闲环境、休闲活动和休闲方法等问题。他的作品十分贴近生活，语言也简明有趣，同时又十分注意依靠自己的才智和富有新意的思想保证作品的文学地位。这部书包含着相当丰富的休闲学思想，很多章节既可以作为理论文章来品读，也可以作为情趣盎然的小品文来欣赏。《闲情偶寄》是一部寄"有益世道之新的微言大义"与"闲情"的"庄议"，而非玩物丧志的"闲书"。李渔的生活态度、良苦的用心及其传道、解惑、授业的方式与今天休闲教育理论和世界休闲协会《休闲宪章》的核心思想如出一辙。

五、近代时期：休闲方式的多元化

五四运动后，我国产生了一批提倡闲适生活小品文的作家。其中，林语堂是第一位从哲学角度看待和谈论休闲的文人。

林语堂的休闲思想长期以来被国外学者所重视，原因虽然是多方面的，但最重要的还在于他依然采用了中国传统的历史叙事方式，强调休闲的个人体验，而没有把它系统化、理想化，有时甚至故意排斥它的科学性。尽管种种原因使得林语堂未能登上中国第一位休闲家的宝座，但他无疑是我国历史上第一位中西休闲思想之集大成者。他将同时代的休闲思想家远远地抛在了后面，在有些方面甚至已经走到了现代世界休闲思想的最前沿。

与此同时，近代时期的休闲方式呈现多元化的发展，其中不同时期的休闲方式也具有明显的时代特征。

从哲学层面上看，休闲在我国传统文化中有着独特的文化意蕴。儒家以积极进取的入世态度，将休闲当作修身养性、完善德行的手段，以天地浑成为最高境界，以求得精神自由为人生目标；道家持潇洒出世的人生态度，追求闲适恬淡的生活状态和无为自由的精神境界；禅宗则以在世人生的态度，试图摆脱人生的一切烦恼，进入快乐无忧的人生境界。因此，中国的休闲观念中渗透着独特的中国哲学思想。休闲已经不仅仅是一种生活方式，更多的是一种休闲哲学，并且这种休闲哲学也随着时代变化，不断充实和丰富着自己的内涵，表现出不同的形态。例如，在六朝时期表现为一种隐逸文化，而唐宋时期更多的是兼收并蓄的休闲文化，近代是人文主义的闲适文化，其中又以士大夫、山水田园诗人、帝王贵族等的休闲为主要特色。从文化渊源上看，由于中国传统休闲观受以上哲学和禅宗思想的影响，因而中国人很推崇"君子之行，静以修身，俭以养德，非淡泊无以明志，非宁静无以致远"的思想，赞誉"休静心闲"的休闲境界。古人认为，心的宁静是最重要的，只有达到内心的宁静，才能感知万物的美好。但总体看来，视勤劳为重要美德的中华民族祖先认为，闲暇的唯一目的是进行效率更高的再生产，休闲成为生活的附属品。他们甚至把休闲与奢侈、浪费、游手好闲等观念等同起来。中国古代文人和士大夫对休闲的追求更多地包含有避世的因素，因而在休闲目标上才更多的是追求一种"采菊东篱下"的闲适生活，表现为对"情境的执着追求"和对自然的亲切融合。这是一种被动的选择，而不是因为体会到休闲对"人成为人"的重要性才歌颂休闲。直到进入20世纪90年代以后，随着人们收入水平的提高，五天工作制的实行，使得人们拥有了更多的闲暇时间，休闲问题也成为人们关注的热点。随着国外休闲观念的引入，人们逐渐转变原有的休闲价值取向，休闲态度也更积极，不再停留于把休闲作为工作的补充上，而是重新估量了休闲在个性发展和社会发展中的作用。

第二章
休闲的内涵

第一节 休闲的定义

一、休闲的定义

(一) 西方"休闲定义"对休闲本质的理解

20世纪初,西方学者不断对休闲提出多种定义与诠释,从词源学上来阐释英文"leisure"一词,发现其源自拉丁文的"licere",原为许可(license)、自由(liberty)的语源。从休闲的词源学上理解,休闲的概念是一种理念上的自由状态和精神上的启蒙。将休闲的种种定义进行归类,大部分定义都会出现在四种基本语境中,它们分别是时间(time)、活动(activity)、存在状态(state of existence)和心态(state of mind)。其代表性的观点有:

(1) 从时间角度来看,布莱特比尔提出休闲是去掉生理必需时间和维持生计所必需的时间之后,自己可以判断和选择的自由支配时间;基斯特和弗瓦认为,休闲是人们从劳动或其他义务工作中解放出来,自由地放松、转换心情,取得社会成就并促进人发展的可利用的时间。

(2) 从活动角度来看,休闲是在自由时间内的活动或体验。皮尔认为,休闲是自愿性而非强迫性的活动,其目的在于获得真正的娱乐;亚里士多德认为,休闲是一种深思的状态,是一种不需要考虑生存问题的心无羁绊的状态。休闲是一种人们在活动中找到的乐趣,或者说是一种人们在工作中找到的乐趣。这种理解并不把工作和休闲看成绝对对立的两者,休闲的自由是一种成为状态的自由,是一种在生活规范内做决定的自由,是一种在摆脱义务责任的同时对具有自身意义和目的的活动的选择。

(3) 从心态上来看,休闲不仅涉及心理,而且与精神状态相关。休闲作为个体的一种思想状态,具有很大的主观性。杰弗瑞·戈比对休闲的定义是:"休闲是从文化环境和物质环境的外在压力中解脱出来的一种相对自由的生活、它使个体能够以自己所喜爱的、本能地感到有价值的方式,在内心之爱的驱动下行动。为信仰提供一个基础。"

纵观学者们对休闲的阐释,可以看出,不论从何种观点来看休闲,其都包含了一个重要的要素——自由。休闲是人类在自由时间内的自由活动和自在体验。自由是一个过程,而非静止的状态。只有在自由中,人性的"成为"过程才能发生。自由不仅仅是一种观念或理想,也不仅仅是对人之潜力的意识。真正的自由是人类的最高价值和终极目的,只有在自由的状态下,人才能体验休闲的愉悦。所以,休闲的中心要素是自由,休闲是自由的选择,是无条件的,自由是休闲的真正本质。

(二) 中国语境"休闲定义"对休闲本质的理解

在中国语境中,从字义的角度进行考察,"休"在《康熙字典》和《辞海》中被解释为吉庆欢乐。"人依木而休"强调了人与自然的和谐。《诗经·商颂·长发》中有"何天之休"之句,"休"为吉庆、美善、福禄之意。郑玄注:"休,美也。"《左传·襄公二十八年》中记载:"以礼承天之休"。杜预注:"休、福禄也。""闲",通常引申范围,多指道德、法度。《论语·子张》中记载:"大德不逾闲。""闲"有限制、约束之意。《周易·家人》中记载:"闲有家。"孔颖达疏:"治家之道,在初即须严正立法防闲。""闲"通"娴",有熟悉之意。从词义的组合上考察,"休闲"不同于"闲暇""消遣",它表达了人依木而休的状态。强调精神的休整和颐养活动的充分进行,强调人与自然的浑然一体,强调赋予生命以真善美。"休"与"闲"是中国文化背景下"休闲"一词的词源。古代的"游""戏""闲""乐""艺"等,近代的"游艺""游戏""娱乐"等现象,都是休闲的表达形式之一。

20世纪80年代初的中国学者在学术研究时,主要使用"自由时间"一词,在介绍西欧的学术著作时主要使用"闲暇"一词。"休闲"一词在中国语境中逐渐成为主流话语是在20世纪90年代末。休闲科学引入中国是在21世纪前后,学者们对"休闲"一词下了诸多的定义,代表性的观点如下:

于光远先生把"休闲"理解为"休"与"闲"在社会生产发展后的产物。马惠娣认为,休闲是人的生命状态的一种形式,一般是指两个方面:一是消除体力上的疲劳,二是获得精神上的慰藉。休闲不仅与人的全面发展密切相关,而且与实现人的自我价值和心灵的永恒性密切相关,因为休闲不仅是为了寻求快乐,更是为了寻找生命的价值与意义。刘啸霆认为休闲的层次之一是有意休闲,即把休闲当作一种有意识、有准备的活动,追求一定的休闲质量,其隐含的目的还是为了更好地劳动;层次之二是追求休闲意蕴,这是在有了相对充裕的自由时间后,把休闲本身当作直接目标的一种社会行为。季忠认为休闲是现代人的一种生存方式和存在状态,是主体自由自在活动的过程。

虽然国内对休闲的定义尚无统一的定论,但从学者们对"休闲"的理解上可知,休闲是人在一定时间内保持平和、放松、自由自在,从而达到和谐(人与自然的和谐、人自身的和谐)的一种措施。自由是人类个体存在和发展的前提和基础,休闲是身心达到和谐一致的状态。休闲强调的是以人为本,突出人在万事万物中的主导地位。从本质上讲,休闲是一个通过自我认识而获得自由并发现生命意义的过程,最终休闲可以帮助个体自由地、完美地表现出一个真实的、真正的自我。休闲强调的是内在的无忧无虑,强调的是一种平静、一种在追求完美人性的道路上使人"成为"人的过程,即只有领悟到自由,人们才能达到休闲的境界。因为休闲的合理内核是自由,休闲的本质是自由。

(三) 不同视角下的休闲

随着社会的进步,休闲的意义也在不断地发生变化,从不同的视角看休闲也会得出不同的结论。

大众眼中的"休闲",通常被看作是从属于工作时间以外的剩余时间,休闲的意义和功能主要体现在恢复体能和打发时间上。人们在闲暇中购物消费、参与社会活动、进行娱乐休息,这是从事劳动后进行身心调整的过程,和劳动的再生产及必要劳动后的体力恢复相联系。

社会学家把休闲看成一种社会建制以及人的生活方式和生活态度,是发展人的个性的场所。近一个世纪以来,社会学家对休闲的研究取得了丰硕的成果,如休闲时间数量与结构的调查、经济发展趋势和休闲的关系、各阶层对休闲时间的利用、休闲对社会生活的影响、未来社会人们对休闲价值的认识以及对社会的影响、休闲生活的设计和休闲文化的发展等。这些研究成果旨在指导人们对休闲行为做出价值判断和选择,使人的知识、信念、态度、行为、技能等方面的能力不断得到提高。

经济学家研究休闲,侧重于研究休闲与经济的内在联系,根据休闲时间的长短,制定新的经济政策,促进不同方面的消费,调整产业结构,开拓新的市场。在西方发达国家,休闲产业是国民经济收入的重要来源,是政府部门制定相关政策必须考虑的因素。休闲产业的发展促进了产业格局的变化,休闲产业的就业人数占整个就业人数的比重相当大,这不仅促进了物质生产以外的社会交往,而且促进了在物质交往基础上产生的精神交往。

哲学家研究休闲,从来都把它与人的本质联系在一起。休闲之所以重要,是因为它与实现人的自我价值和精神的永恒性密切相关。在人的一生中,休闲是一个持久的、重要的发展舞台,是完成个人与社会发展任务的、重要的思考空间。休闲本身是一种精神体验,是人与休闲环境融合的感觉,是体现人的社会价值、生活价值乃至生命价值的享受。

如果将休闲上升到文化的范畴,则休闲是指人在社会必要劳动时间之外,为不断满足人的多方面需要而处于的一种文化创造、文化欣赏、文化建构的生命状态和行为方式。休闲的价值不在于实用,而在于文化。休闲使人在精神的自由中经历审美的、道德的、创造的、超越的生活方式。休闲是有意义的、非功利性的,它赋予人一种文化的内涵支撑人的精神。

从审美的角度看,休闲可以愉悦人的身心。建立在休闲基础之上的行为情趣,或是休息、娱乐,或是学习交往,它们都有一个共同的特点,即获得一种愉悦的心理体验,产生美好感。人与自然的接触,铸造了人坚韧、豁达、开朗、坦荡、虚怀若谷的品格;人与人的相互交往,使人与人之间变得真诚、友善、和谐、美好。休闲还会促进人理性的进步,许多哲学思想由此产生,如天人合一思想、生态哲学思想、可持续发展思想等,人类的科学发现、技术发明也都与休闲紧密相连。休闲还为补偿人的生活方式中的许多要求创造了条件,通过欣赏艺术、从事科学研究、享受大自然,人们不仅锻炼了体魄、激发了创新的灵感,还丰富了情感世界,坚定了追求真善美的信念,表达和体现了自身高尚与美好的气质。

休闲同其他任何社会活动一样,都是在具体的环境中建立起来的,具有多层性和多样性,甚至存在许多或然因素,因而不存在一个对所有人都适用的休闲模式。休闲的效果取决于每个个体的经济条件、社会角色、宗教取向、文化知识背景等因素。

二、休闲的内涵

(一) 休闲是一种时间的利用方式

社会学家将休闲看成一种时间的利用方式，是个人在闲暇时间里所从事的各种非工作性活动，是一种社会普遍存在的、正常的人类行为，是一个发展人的个性的场所。持这一观点的主要有贝克、杜马兹迪埃和罗伯茨等。贝克认为，休闲才是人们真正追求的活动，而不仅是简单的辛劳之余的恢复精力之举。休闲和活动是不矛盾的，它本身就是一种活动，而且是最高形式的活动，是合乎理性的精神活动的一部分。但是休闲和职业这类不是自己所真正追求的而是出自其他目的的活动是相矛盾的。杜马兹迪埃也将休闲看成人们为了以某种方式提升自我而选择的活动。他认为所谓休闲，就是个人从工作岗位、家庭和社会所赋予的义务中解脱出来，为了休息，或为了培养无利害关系的知识和能力，或为了自发地参加社会活动和自由地发挥创造力，而完全随意进行的活动的总体。罗伯茨更是将休闲直接定义为相对自由地从事非工作的活动。

社会学家从时间利用方式的意义上来定义休闲，重点在于考察人们以怎样的方式度过闲暇时间。这一定义强调了时间的不同用途，特别强调了休闲和工作是两种完全不同的利用时间的方式，因而休闲被视为工作的对立面。但事实上，工作和休闲并不是对立的领域，而是人类行为的不同环境。将休闲定义为非工作性的活动，其优点在于能对人们利用闲暇时间的不同方式进行区分，有利于对人们闲暇生活的多样化进行描述。因为不同的休闲活动，实际上可以看成闲暇时间的不同利用方式或是不同的闲暇生活方式。其缺点在于，根据这一定义判断一项活动是否属于休闲，主要看该活动是否是在闲暇时间完成，但无法确切地知道一个人是否能从某一项休闲活动中得到真正的休闲感觉，也许某一项休闲活动带给某人的是非休闲的感觉，甚至有些人从工作中得到的乐趣比从休闲中得到的乐趣更多。可是按照这一定义，工作不可能是休闲。还有一些在闲暇时间里进行的活动甚至对人是有害的，这显然也不能算是休闲。

总之，由于人类有无数种利用闲暇时间的方式，任何研究都无法列出一个详尽的关于休闲方式的清单，因此，不仅任何从活动含义上对休闲所作的定量研究是不完备的，而且定性研究也总是存在缺陷的。

(二) 休闲等同于闲暇时间

持这一观点的学者也大多来自社会学领域。他们认为休闲就是闲暇时间本身，从而没有对休闲和闲暇时间加以区分。如最早将休闲问题从隐性问题转为显性问题的美国学者认为，休闲一般被定义为空闲时间，即除了工作和其他责任之外的时间。布赖特比尔将休闲定义为生存所需以外的时间，即在完成生理上为了维持生命所必须做的事情以及为了谋生所需要做的事情后剩余的时间，亦即可以自由运用的时间，这段时间可以任由人们决定或选择使用。

将休闲直接等同于闲暇时间，其优点在于将休闲看作是可以度量的，从而能对休闲加以量化。一般来说，作为活动的休闲本身是无法量化的，因此也不能对休闲这一活动本身进行定量分析。如果将休闲看作闲暇时间，就能确切地衡量出个人休闲的变化情况，那么休闲就可量化。因此，这类概念被广泛地应用于个人时间的预算研究中。但这一定义存在的缺陷是，它把时间本身变成了目的，至于在这段时间中人们是如何度过的，一个人在闲暇时间里是否处于真正的休闲状态，反倒变得不重要了。休闲虽然以闲暇时间的存在为前提，但闲暇时间并非就是休闲，这也是格拉齐亚的观点。格拉齐亚认为，将休闲误解为就是闲暇时间，就是工作的反面、是非生产性的，这种观点是危险的，因为如果一个国家的居民有很多的闲暇时间但却不知道如何去休闲，那么和平与繁荣带来的将是灾难。赫明威也认为，当人们不知道如何正确地打发闲暇时间时，闲暇时间就会成为一个问题，而随着休闲的堕落，人们的道德品质也会缺失。

（三）休闲是一种愉悦的心理体验

休闲心理学家大多将休闲看作一种心理体验，是一种精神状态。它包含了对获得快乐的自我表达。例如，格拉齐亚就把休闲视为一种愉悦的感觉，他认为休闲和休闲活动是有区别的，并不是所有的休闲活动都能给人们带来休闲的感觉。比如度假时，住在下了三天雨的又湿又潮的帐篷里，这虽然算是休闲，但却不太好玩。其他学者如纽林格、曼内尔也都认为，休闲是一种主观的感觉，是一种以人的闲适、放松、愉悦、发展等为目的的精神状态。他们认为，休闲是为了做或体验某种东西而自由选择的一种感知，如果一个人自由选择的能力和机会越多，参与某一活动的动机越是来自活动本身而不是外界的强制，自己醉心于其中的活动越是与工作无关、越是目标性强，那么这样的体验就越有可能被定义为休闲。纽林格甚至希望可以用某种方式来测量休闲，即使这种测量必须是针对个人的感知。奇克森特米哈伊则研究了最佳的休闲体验的存在，他将休闲者所体验到的最佳休闲体验称之为"爽"。

从体验的意义上来定义休闲，是将休闲看成了人们发自内心的一种自愿选择，从而揭示了人们选择休闲的心理本质和内心动机。但这一定义也存在一定的缺陷，由于一项活动是否被定义为休闲在很大程度上取决于参与者个人的体验，故同样一项活动，对于一个人来说可能是休闲，而在另一个人看来则可能不是。因此，许多从事休闲研究的学者认为要根据体验来判断某项活动是否为休闲，几乎是不可能的。

（四）休闲是一种自由的生存状态

自由是休闲的核心，是人的最高目的和终极追求。柏拉图认为，休闲是自我发展和表达的自由时刻。亚里士多德继承了柏拉图的观点。他在《政治学》一书中将休闲定义为免于劳动需求的自由，是存在于必要劳动之外的一种自由状态。社会学家杜马兹迪埃普明确指出，休闲已经是一种新的、个人是自己的主人的，并使自己感到愉快的社会需要。格拉齐亚则认为，休闲是一种罕见且奇异的状态，只要有任何社会操纵的痕迹，或是缺乏自由表现的可能，就无法被称为真正的休闲。约翰·凯利认为，休闲是构成现代人最主要的因素，休闲应被理解为成为人的过程，休闲是一个完成个人与社会发展任务的主要存在空间，是人一生中一个持久的、重要的发展舞台。因此，休闲是自由，它以人们相对自由的选择为特征，是一种在摆脱义务责任的同时对具有自身意义和目的活动的选择，是随心所欲的总称。罗伯茨也曾指出，闲暇时间可以被定义为不承担义务的时间，而休闲活动可以被定义为不需要承担义务的活动。在工作中，一个人的时间不是他自己的，他的行为也不能凭他的个人兴趣而决定。下班后，一个人也有一些特定的、由习俗或法律规定的义务需要完成，如个人对家庭应尽的义务。只有当这些义务完成后，一个人才真正拥有闲暇时间。在这段时间里,他可以依据自己的意愿或爱好行事,他才有真正的休闲。

这类定义更多的是从哲学的意义上得出的,考察的主要是休闲的哲学本质,认为自由是人类追求的最终目标,追求自由是人的本性。社会的进步、文明的演化、人类的解放以及个性的发展,都是为了追求自由,为了实现由必然王国向自由王国的飞跃,使人真正成为人。人类真正的自由是在闲暇时间里发展的,因而休闲才是生活的本来目的,而不是达到这一目的的手段。

(五)休闲是一种生活的态度或方式

这一定义也是研究休闲问题的哲学家们最早提出来的。从传统上看,休闲是人们在闲暇时间进行的,以寻求放松愉快的情感体验为重要目标的,从而在心理上和身体上得到满足的生活方式。休闲的特征是通过人的个体或群体的行为、思维、感情、活动等方式,创造文化氛围,传递文化信息,构筑文化意境,从而实现个体身心全面完整的发展。正如瑞典哲学家皮珀所言,休闲是一种思想或高尚的态度,不是外部因素作用的结果,也不是空闲时间的结果,更不是游手好闲的结果。他认为,休闲作为一种现实存在,首先通过人的外在形式表现出来,并且是由特定历史时期的人们对其所面临的生活历程和所抱有的生活理想而确立起来的文化样式、生活方式、价值取向所决定的。休闲同知识与美德、愉快与幸福是不可分离的,是自由、教育与文化的维系,是通过节制行为、限制奢望和避免对世俗占有物的竞争而获得的一种内心世界的安宁与快乐的人生状态。它的意义在于为人类构建一个精神的家园,使人类的心灵有所归依。因此,古希腊哲学家亚里士多德明确指出,唯有休闲者才是幸福的,这一思想无疑也符合中国古代的休闲观。中国古代的休闲观也强调,休闲不是建立在物质基础上的享乐,而是心智和精神上的一种态度,是恬静的心境、简朴的生活和人与自然的和谐共存。

(六)休闲是一种时间的非生产性消费

经济学家一般将人们的活动分成生产性的和非生产性的。在早期的经济学理论中,休闲就被看作一种时间的非生产性消费。持这一观点的经济学家把时间本身看作一种消费品,因而休闲就是一种以时间为消费对象的消费活动。如欧文就认为,休闲可以被看成是一种用于生理、工作和家务劳动以外的自愿性活动的时间消费。由于时间被直接用于消费而不是生产,因而休闲是不创造价值和财富的活动,是非生产性的纯消费活动,是一种浪费时间的行为。因此,休闲在早期没有受到经济学家们的鼓励,反而一再成为他们批判的对象。

凡勃伦可能是第一位将休闲视为时间的非生产性消费的学者。他在《有闲阶级论》一书中,将休闲看成是资本主义社会中有钱人的一种炫耀性的显摆,是上流社会矫揉造作的一种病态的生活方式。这是因为,自 18 世纪下半叶以来,随着资本主义工业社会的来临,休闲在带有资产阶级印记的幸福的概念中开始确立起来,并为人所追逐。新兴资产阶级给幸福的定义是:首先要有一定的社会地位、金钱、安全保障,也就是说要有一系列的外在条件。因此,对幸福的追求就成为一种对财富的占有欲,正是在对财富的追逐中,休闲被商品化扭曲了,变成了一种炫耀富有的消费活动,变成了生产的附属物,变成了为经济和政治所控制的工具,而不是发展和完善自我的条件。在这样的环境下,休闲只剩下了对财富的占有和控制的欲望,休闲仅仅是一个小小的虚假的自主空间,在这里,可以任意支配钱财，给人自由与选择的表象，真正的自由被虚假的自由所替代。

将休闲看成是时间的非生产性消费，仍是从活动的意义上对休闲进行定义，不过它不再是社会学家眼中的活动，而是经济学家眼中的活动，是一种消费活动。事实上，消费者的休闲不只是一种对时间的消费，更是一种对物质和服务的消费。尤其是在现代社会中，由于工作时间的减少和闲暇时间的增多，人们在工作之余用于恢复体力和脑力的时间已经非常充裕，因此休闲中消遣和休息的成分日益减少，休闲成了一种更积极的自主选择的活动。同时，收入的增加又提高了人们这种自主选择的可能性，因此过去那种将闲暇时间作为唯一消费时间的休闲活动大大减少了，现在的人们往往追求在闲暇时间里消费越来越多的休闲物品和休闲服务，以获得尽可能多的休闲满足。在这样的背景下，与其说休闲是对时间的消费，不如说休闲是一种以闲暇时间为载体的对休闲物品和休闲服务的消费活动。现在，休闲已经成了现代社会最为重要的一种消费活动，成了拉动消费需求进而推动经济持续增长的重要引擎，其重要性还会随着社会财富的不断增长而增强。而休闲一旦被看成是一种消费活动，它就必然地要和休闲供给、休闲需求、休闲产业、休闲经济等概念联系在一起，从而也就适用于经济学的分析框架。

第二节 与休闲相关的概念

一、休闲与闲暇的关系

学术界中，休闲与闲暇处于经常被混用的状态，因此有必要区分清楚休闲与闲暇的关系。

严瑞浩和徐天范认为闲暇是除了工作、睡眠、吃饭等生活必需时间以外的个人可以灵活使用的时间。从这个角度看，闲暇提供休闲发生的机会——自由时间，越是发达的社会，闲暇中就有越多的活动属于休闲。休闲发生是在工作领域以外、闲暇时间之内的、目的指向型的闲暇活动，它类似于发达国家的游憩（recreation）活动。因此可以断定，闲暇是比休闲更广泛的概念，是休闲的必要条件。

休闲的真正意义和休闲的主要目的不是为了解决衣食住等基本需要问题，而是离开住所进行的自发的闲暇活动。其构成要素是：第一，发生在闲暇时间里；第二，离开住所；第三，参加休闲的主要目的不是为了解决衣食住等基本需要问题；第四，自发决定的行为；第五，是对肉体上、精神上的"再充电"；第六，需要积极参与的活动。

休闲使个人的身心得到锻炼和恢复，促进家庭和睦，提高社会素养，提供社交机会，引起对自然环境的关心和兴趣等正面影响，而且对社会也有很大贡献，例如增强国民体质，以及体力"在充电"带来的生产力上升、生活质量的提高，刺激旅游和相关商品销售所带来的经济增长，促进房地产价值上升所带来的税收增加等。

在我国，随着时间的推移，休闲的概念逐渐发生了变化。休闲从奢侈的、只有一部分人才能享受的闲暇活动，成为包括海外旅游、登山、骑自行车、山野车、滑雪等各种新型运动的大众化休闲活动。

二、休闲与游憩（recreation）的关系

英语 recreation（游憩）来源于拉丁语 recretio，recretio 是"变成新的"甚至有"恢复和再生产"的意思，recreation 的意思是恢复（restoration）、康复（recovery），暗指能量的再创造（re-creation）或能力的恢复。

在我国，游憩这个词是随着游戏、滑雪、骑车等个人娱乐活动的普及而被使用的，因此一直被理解为具有某种特点活动的总称，尤其在经济高度发达的社会，游憩具有使劳动精力再生产的特性。

游憩与休闲的共同点是：它们都是在自由时间内追求快乐的自发行为。从游憩一词被引进的过程也可以看出，对个人和社会有益的各种休闲活动在价值观的方面是存在一定差异的，即游憩是为了加强家庭、单位、团体等社会体制而进行的伴随着一个社会目标的活动。因此葛拉齐亚（de Grazia）等休闲学者提出，游憩是人类为了再生产劳动而进行的休息、转换心情等活动，这是一个非常贴切的游憩定义。

对比休闲与游憩，虽然两者都是发生在非劳动时间里的活动，但是相对而言休闲更追求个人利益，而游憩则更追求社会利益。另外，如前所述，从价值观的角度考虑，游憩属于价值指向型，而休闲属于价值脱离型。如果与杜马哲迪儿的三个休闲功能做比较的话，那么游憩的核心功能是这三个功能中的心情转换功能和恢复功能。

表 2-1 详细地探究了休闲与游憩的差异，休闲是综合性的、非组织性的个人行为，追求内在的满足，而游憩则在活动的种类和范围上有局限性，有一定的组织性，强调社会利益。

表 2-1　休闲与游憩的差异❶

休　闲	游　憩
综合性活动范畴	限定性活动范畴
非组织性	有组织性
主要满足个人目的	主要满足社会目的
自由时间	自由时间内的活动
自由，强调内在的满足	强调身心重生和社会利益

此外，游憩是为了生活中的某种欲望和目标而在闲暇里进行的单纯能量的"再构筑、再充电、再储蓄"的活动；相反，休闲不是仅包括那种单纯为了身心恢复的时间，而是除了那些约束人们自由生活必需以外的时间，是更愉快的心理状态。因此，休闲重视那些具有生产性的丰富的体验和创造性的状态。再者，休闲的目的是快乐和自我表现，而游憩则以活动和经验的直接结果形式发生，因此，相对于时间、空间的范畴，游憩更表示情感的状况。游憩是合理化休闲（rationalizedleisure）的一种形式，是享受快乐的手段。

三、休闲与玩（play）的关系

古希腊中玩与孩子的词源是同一的，表示玩的词语是 paidia，如果改变语气的，它就会变成孩子气（childrenlike）的意思。这说明，玩不是认真严肃的，也不是理性或义务的，而是本能的、自发的行为。英语中的玩也包括假象的、虚拟的意思，表明玩与日常生活是不同的。

---

❶ John R. Kelly. Work and Leisure：A Simplified Paradigm [J]. Journal of Leisure Research, No. 4, 1972, p. 26.

第二章 休闲的内涵

日常生活中,玩是指没有职业、懒惰、不干活,或者从事那些不是为了生计的事情,例如把唱歌跳舞的时候称作"正在玩"。此外,民间把那种什么也不用做、只是吃喝玩乐的人生叫"神仙的玩法"(在中国叫"神仙的活法"),综上可知,超脱日常吃住的人生称为"玩"或者"玩一样的活法"。

因此,玩和劳动是对立的。有的人认为玩不是劳动,有的人认为玩应该包括堕落的、颓废的活动和神圣的活动,这两种对立的观念在任何一个文化领域里都存在着。但是,赫伊津哈(Huijinga)认为,人类的文化是玩的延续,玩先于文化。他在《游戏的人》(*Homo Ludens*)一书中指出,玩的特点是自由的活动,玩本身就是进取的,并不是日常的或现实的;玩没有时间空间的限制,它具有创造性,有规则和秩序。

早期许多学者把有动机的玩定义为过剩能量的发散,即所谓的能量过剩论,其根据是:当能量不足以成为玩活动的动机时,人们便去玩。与此相反,有的休闲论点认为,玩是为了恢复劳动以后的疲劳。此外,关于玩的动机的论点还有:演习论——玩是成年人为劳动而做的本能的演习;重复再生论——玩是重复某些系统行为,是祖先活动的重复和再生;生活准备论——玩是孩子们了解和适应将来的活动。玩的各种理论见表 2-2。

表 2-2 玩 的 各 种 理 论

各种理论	学者代表	内　容
能量过剩论	F. Schiler F. Spenser	玩是人类精力过剩时的没有目的的发散
反复论	F. S. Hall L. E. Appleton H. Guiick	玩是人类在一生中,简要重复种族过去各发展阶段的经验的活动
生活准备论	K. Gross F. Frobel	因为玩是本能的生活准备,所以能愉快地进行
净化论	H. A. Carr	玩的价值在于减少和发散我们日常生活中有害的东西
本能论	W. James	玩是基于人类的本能,追求兴奋的生活
修养论	J. F. Gutsmus W. Wundt	在玩的过程中驱散身体的、精神的疲劳,从中得到满足和修养
自我表现论	E. D. Michell	人类从玩中追求自己想得到的体验

休闲与玩的共同特点是,两者都是自发性的行为,而且都是跟工作相对立的。但有时玩和工作也可能混合在一起,而休闲则处于与工作完全相对立的地位,所以,休闲被认为是非工作(non-work)的。皮普尔和古希腊哲学家并没有把休闲与劳动看作是同一范畴的相对关系,他们认为这两者根本就不属于同一个范畴。虽然玩和休闲都是追求快乐的行为,但是,玩的快乐是外在的,休闲的快乐是内在的,比如,道家的"无为"和基督教的"安息"的状态应该是休闲,而不是玩。另外,根据弗洛伊德(Freud)的说法,相对"现实的原则",玩应该更接近"快乐的原则",所以玩有时候会成为被道德指责的消极的对象。相对而言,休闲就处于更合乎道德规范的地位。从社会阶层考察,休闲一般属于所有年龄段的娱乐,是成年人的活动,而玩一般被认为是典型的儿童活动。因此,玩是人们一次性打破现实与非现实,真实与假象之间"墙壁"的活动,也可以说是休闲集中的

方式之一。

四、休闲与体育、游戏（game）之间的关系

体育（sports）一个词本来是从"disaport"中分离出来的，disaport是干活累的时候，为了转换心情而做点儿什么的意思，所以，它包括热衷于生活，或者忘掉悲哀调整心情等意思。

到了19世纪，体育一词普及全世界，它除了运动竞技的意思以外，还包括娱乐、安慰等意思。

体育被定义为：为了达到有形或无形的目标，通过系统化的规则进行肉体竞争的活动。因此，只有具有竞争性的，制度化了的形态的活动才能算是体育。但是，凯利（Kally）认为，体育包括个性的、非系统的活动，是在规定的规则和形式下，通过对双方的肉体竞争的结果进行相对评价的组织性活动。

然而，并非所有的体育都属于休闲。近年来，专业棒球、专业足球的胜负具有经济价值，这跟追求内在满足的休闲在本质上是不同的。休闲的特性是排斥拘束、制约的自由和享受心理快乐，只有具有这种性质的体育才能算休闲。而且，虽然可以把体育算作休闲活动的一部分，但体育是以身体运动为主的活动，重视身体健康、竞技和成绩，与包括精神活动在内的休闲存在许多差别。

休闲与游戏也有关系。人们对游戏的解释是：从正常的劳动、精神和日常义务中脱离出来，作为休息所进行的活动。游戏和玩有的时候被混用，但两者分别作为休闲的类型，相互之间存在明显的差异。玩是更本能、更自由的自发活动，而游戏是更有结构性、组织性、规则性的活动，甚至包括经济纠纷（competitive conflict situation）。因此，游戏既包括比试力量、技术和智慧的玩、娱乐、知识游戏等静态的活动，也有像体育运动那样的动态活动；既有令人兴奋的、挑战的、征服性的自由游戏，也有通过认真的竞争分出胜负的严肃游戏。挑战和征服等是一个人玩的游戏，而追求竞争中获胜的游戏是两个或两个以上的人作为对手来进行的。因此，作为休闲活动的游戏可以定义为：脱离正常的劳动和日常的责任，在一定的时间和空间范围内，自由地以愉快的心情和根据兴趣所追求的心情转换的活动，以及积蓄身心活力和能量的活动。

五、休闲与旅游（tour）的关系

在东方，旅游（观光）一词来源于《周易》的"观国之光，利用宾于王"，强调旅游的行为目的；在西方，tour一词来源于拉丁语中的tornus，强调旅游行为。一般的旅游是指以离开日常生活空间一段时间，并以移动为基本特征的行为。旅游是人们进行于心情转换、休息，或者为了接触新的生活或未知的风景、提高修养等目的，而去旅行或离开居住地并逗留一段时间的一种休闲活动。

休闲和观光都是离开义务劳动在自由时间内形成的活动。但休闲可以在日常的和非日常的任何空间里进行，而旅游只是发生在非日常的空间里，特别是，旅游的前提一定要伴随空间移动。

如果把休闲和玩作为对立的关系来构造坐标的话，那么休闲处于从工作向玩的方向运

动的位置上，而旅游的位置就在这个运动的一个坐标上。但是休闲从本质上强调脱离日常义务，而旅游是以回归日常生活为前提的活动。在这一点上旅游与娱乐在概念上存在很多相同的地方。除此之外，在日常语言使用中，休闲表示时间的意思比较强，而旅游表示活动的意思比较强。不过目前作为外来语广泛使用的 leisure 与休闲的原意不同，而是几乎与娱乐通用，作为活动的意义被固定下来，而且在 leisure 的意思里还包含有消费的成分。

此外，把休闲的功能分为精神的、肉体的、发展的、恢复的等方面，并用坐标物去分别表现其位置的话，如图 2-1 所示，可以认为娱乐包括广泛的休闲活动，但是不包括更积极地自我开发和锻炼身体等意思。娱乐侧重消除劳动引起的精神和身体的疲劳而进行的修养、心情转换等，休闲活动的重心偏向肉体和精神的恢复方面。

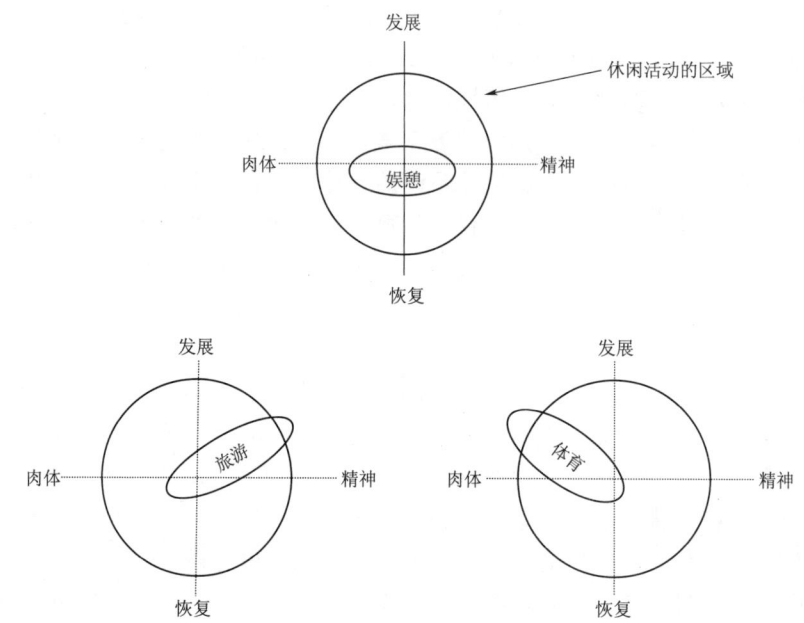

图 2-1　休闲活动、旅游、娱乐与体育发展

旅游是娱乐的重要部分，但是旅游（旅行）本来就与自我开发有关，其本质影响在于心理方面，因此必须严格区别两者。当然，旅游也包含有娱乐因素。

体育主要属于身体发展的领域，是锻炼身心的活动。

陶克德森（Torkildsen）等学者也研究上述范畴之间的关系，他们主张这些概念的关系包含着比它们加起来的和还要广泛的意思，但核心是相同的，即 pleasure，是玩（play）、休闲（leisure）和娱乐（recreation）组成的新单词。

陶克德森强调，最重要的是关注这些活动的体验的质量，体验的质量因每个人的参加次数、生命周期、活动本身等的不同而存在差异。图 2-2 可以表示它们的关系。

到目前为止，研究了休闲的性质以及休闲与相关概念之间的关系，但图 2-3 中如果去除休闲的话，那么任何一个其他概念都不能囊括全体。因此，得到结论，休闲是包括所有人类快乐活动的更普遍概念（休闲的时间属性更能证明这一点）。此外，除去休闲，其他活动的总体称为度假活动（vacation 或者 resort life）。

第二节　与休闲相关的概念

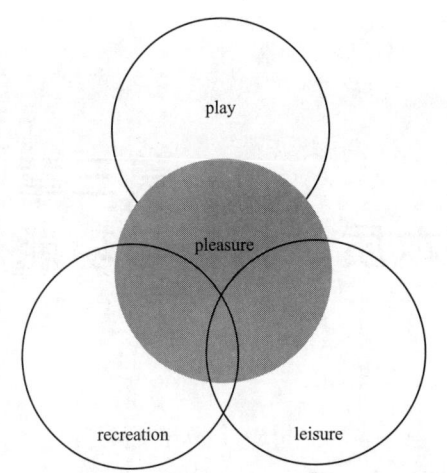

图 2-2　玩、娱乐与休闲体验的核心 pleasure

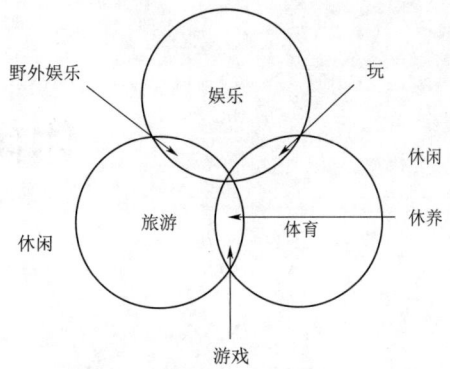

图 2-3　休闲与相关概念之间的关系

第三章
休闲的本质、特征与功能

第一节 休闲的本质

一、休闲本质的归纳

个人的性格、价值观、经济实力、社会地位、身份、性别、学历、习惯以及休闲的方法和内容、质量、水平等的不同，会导致人们对休闲肯定的或否定的评价，但是各种休闲活动的本质是相同的。韩国观光公社把休闲的本质定义为：身心的休息，恢复的机会，活动的快乐（积极的和消极的快乐），创造的自由，解放感，自我实现，自发的选择和参与，有益的旅行体验，生产性活动，符合社会伦理的美好的追求。卡普兰（Kaplan）认为，休闲的本质是：在经济功能方面休闲与工作相对立，愉快的期待感和回忆，心理的自由，与文化价值密切联系，影响人类生活整个领域，就是休闲的本质。哈维格斯特（Havighurst）认为，休闲的本质是趣味性，人们从义务中解放出来，跟朋友接触和交往，获得新的体验，消磨时间，创造幸福。徐泰阳教授在综合卡普兰和哈维格斯特观点的基础上认为休闲的本质是：自我表现性，身心的休息，活动带来的快乐，创造性的自由，解放感，自我实现，反复的空间移动性，劳动关联性，自发的选择性，社会伦理性，非理性等。

综上所述，可以把休闲的本质归纳为三个方面：

第一，通过一段时间的休息解除由劳动带来的紧张和疲劳、恢复身心疲惫，为劳动再生产起到催化剂的促进作用，通过休闲使人们感到工作的乐趣和成就感，追求人生的快乐。

第二，休闲作为在有限的时空范围内实现的人类的创造性活动，使现代人具备精练的意识，充实新的活力，获得积累的经验，以及收获人生的愉快和幸福。

第三，休闲对人类生活和发展有很大的贡献，健康的娱乐体验可以使人们满足基本需求，尽到社会责任，并有助于充实人生。通过休闲活动，现代人摆脱陈旧的习惯和制度的制约，选择自己喜欢的休闲形态，充分进行自我发展和自我实现（表3-1）。

表 3-1　　　　　　　　　　休 闲 的 本 质

代　表	休闲的本质
韩国观光公社	身心的休息，恢复的机会，活动的快乐（积极和消极的快乐），创造的自由，解放感，自我实现，自发的选择和参与，有益的旅行体验，生产性活动，符合社会伦理的美好的追求
Kaplan	在经济功能方面与工作相对立，愉快的期待感和回忆，心理的自由，与文化价值密切联系的，影响人类生活整个领域
Havighurst	趣味性，从义务中解放出来，跟朋友接触和交往，获得新的体验，消磨时间，创造幸福
徐泰阳，车锡彬	自我表现性，身心的休息，活动带来的快乐，创造性的自由，解放感，自我实现，反复的空间移动性，劳动关联性，自发的选择性，社会伦理性，非理性等

二、休闲意识的特征

如第二章休闲的变迁史所述，休闲意识是随着时代的发展而发展变化的。随着时代的发展，人类的生活发生许多变化，但是，无论哪个时代，生活都需要时间。劳动时间、休闲时间是共同存在的。无论过去，现在还是未来，这些时间都受每天 24 小时的约束，两者的分配和维持与时代和环境相协调。

在古典时代，生活必需时间和劳动占据人们生活的主要部分，剩余的时间才是休闲。那时候的休闲不是有意义和有意识的，它只起到维持生活的附加作用，其突出的特征是特权阶层的悠闲的休闲行为，称之为统治阶级型休闲。对于当时的有闲阶级和劳动阶级来说，与其说是有意识的休闲，倒不如说休闲和劳动自然而然地成为他们生活和人生的全部内容，所以不存在休闲意识问题。

近代都市的市民和劳动者认识到休闲的必要性，休闲是生活和劳动必需的媒介。然而，休闲时间虽然从劳动和生活必需时间中独立出来，但作为扩大再生产的手段，最终是为劳动服务的，生活必需时间也是为了劳动做准备。近代社会是一个重视生产、重视物质的劳动支配型社会，处于自然地进行休闲的阶段。

现代是一个大众社会，这个大众社会中的每一个人，不论都市市民、劳动者、农民，都为工作而疲于奔波，承受各种外部的压力、孤独的折磨，而渐渐地丧失了自我。与劳动相比，现代人更重视休闲，他们为了寻找劳动和生活必需时间之外的轻松愉悦，出现了更重视休闲的倾向。现代社会最终会发展成为休闲支配劳动和生活必需时间的社会，会产生必然的休闲意识。

第二节　休 闲 基 本 特 征

一、解放性

休闲首先具有从人类所处的各种各样的义务和约束中解放出来的属性。在时间的意义上，休闲是从维持生计（或其他的制约）和心理压迫中解放出来的时间。按照纽美那（Neumeyer）的说法，休闲是可以进行某项活动的机会，不管这项活动活泼与否，它都是日常生活的必要组成部分，不应该受到制约。

有时候，人们虽然过着美好富足的生活，却想摆脱沉闷、陈旧、单调固定的生活方式。对于这种休闲的解放性，杜马哲迪尔评价道："休闲一般具有从形式的、制度的义务中摆脱出来得到自由的特性。"同时，除了学校课程教育的学习以及工作岗位雇佣关系等基本义务之外，休闲必须使人得到自由的保障，即休闲意味着从义务性的社会拘束和不能充分满足个人的日常活动中的暂时脱离。与此类似，土雷因（Tournine）也强调休闲是针对制约的自由，是针对为获得社会承认的活动的自由。从这些休闲的解放性着手，马吾（Maw）根据约束程度把休闲的模式划分成完全拘束型到部分拘束型四种（表3-2）。

表3-2　　　　　　　　　休　闲　模　式❶

完全拘束型			部分拘束型
必需生活	高级生活	随意生活	休闲生活
必需睡眠	睡眠	—	休息
健康，卫生	自我管理	—	体育，玩
主要饮食	饮食	—	外食，饮酒
必需购物	购物	任意购物	
满足主要工作	工作	加班，副业	
必需家务	家务	修房子，保养车	手工，园艺
学业	教育	追加教育，作业	
—	文化通信	—	电视，收音机，读书
—	社会活动	政治，宗教，信仰	闲谈，宴会
通勤，通学	旅行		散步，开车兜风

从上表可以看出，部分拘束型的休闲生活主要类型有：休息、体育、玩、外食、看电视、读书、闲谈、散步、开车兜风等。但是，完全摆脱日常生活的制约和约束的休闲是极其有限的，最低义务休闲（leisure asa minimum of obligation）是一个比较合适的、现实的概念。

二、自由选择性

人类一旦摆脱义务和制约，休闲时间的使用将处于完全自发的状态。因此，休闲是自发的活动，是人们自己乐意参与的各种活动。

如果参与休闲完全出于个人的自发性，那么，休闲生活的参与方式具有自由选择的属性，因此真正的休闲是自由选择的结果。然而并不能说所有的休闲就是完全自由，享受休闲的过程中也应该受到社会基本规范的制约，遵守人和人之间的关系和集体的规律。在这一点上，休闲需要选择的自由（freedom of choice），休闲活动的特征之一就是，它是根据每个人的个性、兴趣、需求选择喜爱的活动。如果某次休闲活动是被强迫参与的话，就属于准休闲状态，也就是说休闲行为中包括义务性、目的性、商业性等非休闲因素。

凯利（Kelly）把休闲的自由选择性从自由选择（freedom discretion）和工作相关性

---

❶ R. Max. "Construction of a Leisure Model"，Official Architectureand Planning，1969.

(work-relation) 两个角度进行分析。

第一，纯粹型休闲 (pure leisure)。因为行为者做了自由选择，所以在与工作的关系中具有独力性（在全部休闲中占 31%）。

第二，补偿型休闲 (compensatory leisure)。虽然行为者做了自由选择，但仍与工作有关系（占全部休闲中的 30%），如午休时间。

第三，调整型休闲 (coordinated leisure)。虽然行为者做了自由选择，但仍与劳动有关系（占全部休闲中的 22%），如公司同仁的集会。

第四，准备、恢复型休闲 (preparation, recuperation leisure)。虽然没有选择的自由，但是与劳动有关系（占全部休闲中的 17%）。

在凯利的休闲类型中，属于纯粹休闲的具体例子有纯粹趣味活动和纯粹体育活动等；补偿型的休闲活动有生理休闲活动和家庭旅行等；调整型的休闲活动有看电视、读书、社内某种爱好者活动等；准备、恢复型的休闲活动有午休、休息时间内的各种活动等。

如果去掉纯粹休闲的话，剩余的休闲活动相对缺少自由支配性，因此与其他社会现象一样，休闲的本质不能完全排除义务的概念，休闲在集体或者组织中总要受到一定的社会约束。

三、自我表现性

休闲具有真实表现自我的属性，但真实并不是指随意行动。从某种意义上，休闲就像修养或修道一样，具有真实的一面，因为真正的休闲是最能真实地表现真正的自我，并且在不受任何制约的充分表现中得到满足的活动。只有在热衷于真正意义上的价值表现时，人类才显示其最真实的部分。

之所以说休闲是自我表现型的活动，是因为它是身体的、精神的、情绪的自我表现。休闲作为人生中的自我表现、自我解放以及达到自我满足的手段 (an outlet for self-expression, for releasee, and the attainment satisfaction)，与内在导向型的动机有密切联系。因此，休闲具有培养自由心性 (free mind) 的非功利性 (non-utilitarian) 的性质，能提高个性价值。

在产业化和城市化不断加速的现代社会，使人们堕落的机会很多，而且在社会越来越组织化、规格化的现实中，真实自我表现的机会将越来越少，因此，通过休闲发挥人类自我表现的功能尤其显示出极为重要的意义。

四、价值创造性

休闲具有从社会组织的基本义务和制约中摆脱出来的属性，实际上这一点与个人的需求也有紧密的关系。休闲具有追求快乐和价值的性质。

当然人们不能单纯地、直接地从休闲中获得幸福。但是，在现代社会，通过休闲获得的满足和快乐，确实能使人们从社会责任的压力中摆脱出来，满足内在的价值和感情需要。

休闲是为了获得纯粹的快乐 (pure pleasure) 而进行的创造性价值活动。纯粹的快乐是指行为的目的是快乐本身。人类在达到自己的追求需求时会感到满足。创造价值，是指在参与休闲活动中感到生活的意义,丰富人生的内容,并得到精神上的极大满足。

杜马哲迪尔早就说过:休闲能摆脱束缚个人的日常性和固定性的社会制度,在超越一切的世界里自由地反对或补偿支配自己命运的价值。因此,支配、自我尊重、挑战、自由、成就、地位等都作为休闲自我充实的价值作用。如果这些要素不能通过休闲得到满足,那么人类将会在高度产业化和城市化社会的劳动环境、家庭环境的制约中备受无处不在的挫折感的折磨。

总之,重视休闲的价值创造性,是因为它是衡量人类生活质量(quality of life)的手段,而且其作用将会越来越重要。

五、劳动关联性

回顾人类的历史,休闲的重要特征之一就是与劳动之间的紧密的相互作用关系。帕克(Parker)和斯密(Smith)认为劳动和休闲存在延伸、中立、对立等三类关系,见表3-3。

表 3-3　　　　　　　　　　　劳动和休闲的关系模型

指标	延伸关系	中立关系	对立关系
劳动、休闲的内容(content)	类似	有些相似	完全不同
劳动、休闲的界限(demarcation)	弱	一般	强
生活中主要关心的事情(central life Interest)	劳动	休闲	非劳动
劳动在休闲上的印记(imprint)	分明	不分明	分明
劳动的自主性(autonomy)	高	中	低
道德价值(moral value)	重视劳动	回避劳动	轻视劳动

第一,延伸关系(extension)。劳动和休闲的界限不太明显,但是大体上人们更重视劳动的状态。延伸关系的劳动具有高度的自律性,通过劳动能发挥个人的能力,得到真正的满足。属于这种类型的代表阶层是企业家、医生、教师、技术人员等。

第二,中立关系(neutrality)。劳动和休闲有一定的界限,生活的中心在于休闲,因此缺乏对劳动的自律性,发挥能力的程度较低。这种类型的代表阶层有半熟练体力劳动者、圣职者(担任宗教职务的人)、少数的专家等。

第三,对立关系(opposition)。劳动和休闲的界限很明显,而且生活的主要兴趣是非劳动领域的事情。在劳动中缺乏自律性、消极、不充分发挥能力,这种类型的代表阶层是体力劳动者或船员、矿工等。他们希望通过劳动以外的活动得到生活的满足,具有从休闲中补偿劳动的倾向。

纽林格(Neulinger)把分析劳动和休闲的关系的标准放在自由之上,即人们是感受到自由、承认自由还是限制(constraint)自由。他提出的休闲模型认为,能感到自由的纯粹的休闲,如休闲化的课余活动(如收拾庭院)、休闲化的课业(如游戏、赌博)才能算休闲,而纯粹的工作、工作化了的业余活动,纯粹的业余活动等都不能算休闲。因此,劳动关联型休闲的特征是,与工作有相互依存关系的活动。从严格意义上讲、休闲限定在去除工作和休息的剩余时间之内,与休息时间等被分离或分割的时间不一样,休闲意味着维持一定程度的持续性的一段时间。

六、生活方式性

休闲已逐渐成为人们生活中的普遍现象,它构成了生活的重要领域。对此,杜玛哲迪尔认为,不能仅仅把休闲看成是社会行为的一个明显类别(category),它是伴随任何生活的行动方式(style of behavior)。这种主张充分说明了休闲在人类生活中的地位。

绍宇(Show)通过对生活活动的调查,分析了休闲属性的内在程度,也很好地反映了休闲作为生活方式的重要性。根据他的调查分析可知,自由时间的休闲属性最高,为86.0%;其次是处理个人事务,休闲属性为59.7%;养育子女活动的休闲属性为42.5%。据此推算,人们生活的休闲的属性为35.0%左右(表3-4)。此外,舍松姆斯(Sessoms)从三个方面分析了休闲生活方式(leisure life style)的发展阶段。

表3-4　　　　　　　　　　　生活行为的休闲属性

顺序	生活行为	休闲属性的频度/%	顺序	生活行为	休闲属性的频度/%
1	自由时间	86.0	4	劳动	23.9
2	处理个人事务	59.7	5	家庭	18.9
3	养育子女	42.5	平均	全部生活	35.0

第一,休闲生活方式受到对休闲的态度及传统价值体系的影响,主要有两种类型:一种是被动从属于休闲环境或休闲设施的被动型休闲生活方式;另一种是主动利用设施、经验的休闲,以及具有一定破坏性(vengeance)的极端的消费者主义。

第二,休闲生活方式是在那些有效利用休闲的人们当中产生的,他们把休闲转变为各种自我导向型的经验,为了达到成就感,他们把休闲和工作看得同样重要。

第三,休闲生活方式从逆文化集团(counter-culture)中产生,他们摆脱时间的制约,反抗自然规则,单纯从休闲体验本身追求生活的意义。

对现代人来说,休闲是相对脱离劳动或义务而独立存在的,同时,它又通过与劳动、义务的相互关系,起到健全生活的积极作用。因此,如何有效利用休闲的问题永远是捍卫有意义生活的关键所在。

第三节　休闲的功能

在当代,休闲已无处不在。休闲的影响力和渗透力正在与日俱增,休闲功能是休闲对个人及社会发展影响的具体表现。所谓休闲功能,是指休闲对个人或社会所发挥的作用,具体可以包括休闲的放松与发展功能、休闲的文化功能、休闲的社会化与象征性功能、休闲的康复与健身功能,以及休闲的驱动与协调功能等。通过研究休闲功能,就个人层面而言,有助于人们充分认识休闲对于自身的重要性,从而树立正确的休闲观念,积极从事有意义的休闲活动,进而提高生活质量和主观幸福感。从国家层面来讲,有助于休闲政策的尽快颁布和实施,在充分发挥休闲产业对国民经济拉动作用的同时,减轻过度工业化对环境的巨大压力,有利于社会经济可持续发展目标的达成。

第三章
休闲的本质、特征与功能

一、放松与发展功能

休闲承担着调整人们生理和心理活动的功能。人们体力疲劳的恢复，心理疲惫的调节，精神需求的满足，乃至知识匮乏的补充，几乎都与休闲活动有关。因此，休闲能带给人们轻松，唤起人们快乐的感觉，并促进人们的发展。作为西方休闲社会学的代表人物，杜马兹迪埃曾指出，休闲包括放松、娱乐和发展三个层次，其中发展最重要。这一论点对于深刻认识休闲的基本功能具有极为重要的意义。

（一）放松功能

所谓放松，一般是指人们对事物的注意或控制由紧张变松弛。千百年来，人类之所以能够在各种压力下成功生存，得益于人们想方设法，以各种方式来缓解源自工作和生活的多重压力。相比于以往，现代社会人们的劳动强度已得到很大程度上的减轻。不过，就目前而言，劳动依旧是人们谋生的第一需要。为了谋生，为了养家糊口，人们必须在各种环境中顶着各种压力工作，谋取赖以生存的基本生活资料。体力和精神的疲惫是与劳动过程相伴而产生的。当人们完成相应的劳动任务以后，就会及时寻找生理和心理上放松的渠道，形成工作之外的社会活动方式，这种生活方式就是休闲。《小康》杂志曾经做过一个调查，请受访者将休闲时最先想到的字或者词写出来，结果写下"放松""轻松"这两个关键词的人最多，还有人想到"彻底放松""出去放松""舒适放松"等。显然，在工作外的休闲时间中，人们最直接的想法就是放松自我。

放松是休闲最基本和最必要的功能。这里所说的放松，对工作而言是一种积极的调节，而不是消极的躲避。所谓积极的调节，就是通过休闲，把造成体力劳累和精神疲惫的工作压力进行有效释放，是享受生活的一种表现形式；而消极的躲避，则是对现实中不甚满意的工作环境的无理性屈服及其对生活状态的无休止抱怨，使得放松的渠道被紧紧关闭，人们的体力和精力得不到有效缓解，最终造成生活进一步疲劳。

放松意味着休息。通常情况下，人们所从事的工作，尤其是为谋生而工作，无不带有一定程度的强迫性和压迫感。因此，人们一天工作后积累的体力上的劳累和精神上的紧张，需要及时通过休息进行调节，并加以恢复，从而为明天的工作打下基础，而放松最普遍或最基础的形式就是休息。

休闲的放松功能在现代社会显得尤为重要。因为现代社会快节奏和超高压的工作是造成人们体力疲惫和精神紧张的主要根源。社会的发展似乎造就了一个十分奇特的社会现象，从前由于生产技术条件的限制，工作造成的主要是体力上的劳累，而精神压力尚小；而今，生产环境大为改善，虽然工作造成直接的体力消耗大大下降，但是带给精神上的疲惫却日益加重。近年来，随着我国社会经济发展速度的不断加快，工作节奏得到同步加速，生活压力不断递增，由此形成的精神健康问题已经成为影响广泛的社会性问题。据相关研究资料显示，早在几年前我国精神病患者就已经超过1亿人，重症人数逾1600万人，而今，这一现象愈趋严重。另据中国企业员工健康状况调查数据显示，城市上班族中仅有1%表示吃得好。记忆力下降、头痛、脱发、便秘、胃疼等也是上班族常见问题。许多人往往因长期积累的生理和心理压力得不到缓解和松弛，因而造成体力下降，精力衰竭，工作效率降低，生活情绪低落，并最终危害人的精神健康，摧毁人的意志，导致悲观厌世的现象发生。

　　学会放松是人类与生俱来的生存本能,是人类保护自身并得以繁衍的重要手段。虽说消除疲劳,恢复生活的常态,主要是靠休息时各种放松活动来实现的,但是采用的放松方式不同,消除疲劳的效果也大不一样。譬如平时工作十分紧张,一到休息天就蒙头大睡,希望把不足的睡眠时间补回来,结果仍然无法真正去除疲劳感,原因就在于过多的睡眠是一种"消极的放松",达不到消除疲劳的根本目的。积极的放松应该是换一种其他形式的、适度的活动方式,会比单纯躺下来嗜睡更能有效地消除工作带来的疲劳。放松的方法有很多,只要能够缓解精神压力或消除体力疲劳都可以试一下,如哼哼曲、散散步、发发呆或者做做家务、看看花草都是一种选择。放松应经常化,平时多放松才会收到很好的效果。当今世界,也有许多国家和地区以法律的形式给予职工每年的带薪休假权,实际上是将每天短暂休息的形式进行延伸和深化,目的就是通过一段较长时间的放松,使职工获得比较彻底的休息。

(二) 娱乐功能

　　娱乐是相对于工作而言的一种生活方式,也是人们为摆脱工作疲劳,试图恢复生理和心理健康状态的一种活动方式。相比于放松功能,娱乐功能则赋予人们更为积极的主题性特色和更加主动的参与者角色,并体现出非常明确的活动期望值。对个人而言,娱乐有其自身的客观需求和内在魅力,它驱使人扮演着与工作完全不同的社会角色,体验着不同的活动乐趣。大部分的人为了谋生而工作,这种情形下,人是被动的,在一定程度上情绪情感被压抑;而从事娱乐活动,人是主动的,是活动的主人,追求的是体验与释放,体验的是愉悦和满足,释放的是紧张与焦虑,因此娱乐的过程是人性自然流露的过程。娱乐实际的含义往往隐喻了人们对焦虑、失望和烦扰的现实世界的回避和超越。参加娱乐活动被认为是一种积极健康的生活态度,是一种对活动的愉悦感受和审美体验,是一种产生互动回应的生活方式。娱乐表现的是人们对现实的短暂忘却,娱乐追求的是人们对未来的热切渴望。

　　显然,娱乐提供了这样一个原则,只要做自己想做的事情,并能获得快乐的感受,就具有娱乐的内涵。从某种意义上讲,几乎所有的人类活动都有可能成为娱乐。譬如,一些人以种田为生,另一些人则以节假日体验种田为娱乐;又如,一些人将自行车作为上下班的代步工具,而另一些人则将骑自行车作为一种娱乐的方式。

　　娱乐的前提是工作,工作使人疲劳,而通过娱乐可使人能够恢复常态,重新投入工作。换个角度看,娱乐不管就其形式抑或就其内涵看,都来源于劳动,并依赖于劳动而存在。正是由于劳动才使人类的娱乐形式不断从最初的原始状态逐渐走向成熟,同时不断丰富活动的内涵。在远古时期,我们的祖先获得猎物后手舞足蹈的姿态演变成了优美的舞蹈;艰辛劳动过程中痛苦的呐喊,发展成了动听的歌曲;为了生存而在水中猎鱼的劳动,成为岸边垂钓的娱乐。凡此种种,无一不是由劳动蜕变而来,后来又成为人们解除疲劳获得愉快和满足的娱乐方式。

　　从娱乐的本意上讲,娱乐活动并无贵贱之分,但从娱乐活动发展的历史过程看,娱乐活动仍然受到一定的社会制度和经济基础的制约,使得娱乐活动只被少数人、少数阶级所享有。自20世纪五六十年代起,伴随着社会物质产品日益丰富,娱乐活动在全球范围内才逐步走向平民化、普及化，娱乐活动才得以成为广大劳动人民精神生活的组成部分。

从活动功能的角度看，娱乐将人带入到运用不同法则的世界里。在娱乐法则的规定下，人们可以毫无顾虑地解除所有的戒备，使自己成为自由自在和具有主宰活动能力的人，并随时准备在令人惊异和惊喜的感受中完成对日常传统的物质生活和精神生活的超越。人往往在娱乐中趋向最悠闲的境界，在这种境界中，甚至连身体都脱离了世俗的负担，合着天堂之舞的节拍轻松晃动。凡是参加过娱乐活动的人都会发现，不只是孩子，包括成年人或是老年人，都会在娱乐中焕发出年轻化的精神现象。表现出的童心未泯的天真举止，都是在精神极度放松的娱乐环境中展现出来的面貌。这是人们真实内心世界的袒露，是娱乐将人们解放出来，将一个全新的时空展现在人们眼前。娱乐的时光是一段无拘无束的时光，是一段宣泄和快乐并行的时光，是一段平等和自由共存的时光。

参与娱乐是人的天性，而好玩是娱乐的灵魂。从现代社会心理学的角度分析，现代社会中，成人工作、生活的压力比较大，需要借助某种形式放松紧张的神经，而娱乐则不失为一种宣泄情绪、达到生活减压目的的好方式。过去人们常说，人要活到老，学到老，而今还要加上一句话，那就是也要娱乐到老。娱乐可以和人相伴一生，娱乐是人生的拐杖，是人们打开长寿大门的钥匙。

（三）发展功能

发展功能是休闲调节功能中的高级阶段，也是人们在休闲时间内寻求自我发展的重要手段和最终目的。这里所说的发展，是指人们通过一系列的休闲活动，使得人们个性、人格得到完善，素质得到提高的过程。法国社会学家罗歇·苏把休闲的发展功能称为"最具野心"的功能。当然，休闲的发展功能具有不同的层次，也有多个侧面，全凭人们的兴趣爱好和自我选择加以逐步实现。

人的一生中，常常会怀揣着诸多梦想和愿望，但受制于现实等原因，很多梦想和愿望是难以实现的。一个人也不可能在工作或生活中发挥出所有的潜力，哪怕是面对一项自己十分喜爱的工作。客观地说，从事任何一项工作只是部分地发展了人们某些方面的才能，同时也或多或少地限制了其他方面才能的发展。因此，人们就希望在工作之余进行某种程度的补偿，以实现那些被安置在内心深处的有一些模糊却十分强烈的梦想或者愿望。一些具有创造性、想象力和发展空间的休闲活动，经常使人们在活动的过程中，不仅得到快乐的满足，而且还收获激活梦想的快乐与创造的喜悦，也就是在这个层面上，那些喜爱摄影、书法、绘画、收藏、烹饪、园艺、健美等休闲活动的人们，在职业以外找到适合自己个性和创造力补充发展的机会，从休闲活动中获得了自我发展，为休闲的发展功能进行了详尽和全面的诠释。

研究表明，最好的休闲不是躺在那里不动，实际上睡在床上是最低级的休闲，最高级的休闲是动手休闲。如今知识经济、信息经济、网络经济的浪潮席卷全球，但越来越多的人并不为之陶醉，也并不渴望等待实现"饭来张口，衣来伸手"的生活模式，而是越加重视在新的历史关口，在更高的时代层次上，利用越来越丰富的休闲时间强化对个人生活能力和创造能力的培养，从而形成自我动手、自我满足的DIY（Do It Yourself）休闲生活方式。人们可亲自为新买的居室描绘一幅装潢的图纸，甚至按捺不住跃跃欲试的创造性冲动而亲自动手装修房屋。这显现出人们在休闲中创造性需求在不断放大，而且这种需求不只是表现在家庭生活中，在社会生活的其他场合也愈发表现出来。利用休闲时间，约上三五知己，到陶吧去烧制一个亲手制作的陶具，到玻璃吧去吹一个玻璃器皿，到酒吧去喝一杯自酿的红酒，无不是时下人们实现自我价值诉求的一次尝试。

由于经济生活的全方位发展，导致人们要耗费更多的休闲时间用于学习，以适应日新月异的社会生活。这种学习的急迫性，并不等同于以往只是为了寻找一份比较满意的工作而已，眼下的学习，其动力来源于使自身的生活质量进一步得到提高。进入21世纪以来，全民学习已成为我国城市居民休闲活动的常态。以上海为例，每一层次、每一年龄阶段的人，都有适合自己需要的学校或学习组织，任何一个人，从出生、到成长、到退休，都始终处于一种学习状态中。据媒体报道，上海一位77岁的老人，经过20余载的努力，成为复旦大学百年历史上获得本科文凭年纪最大的人，已成大街小巷人们热议的一段佳话。近年来，一个值得关注的现象是，遍布各地的社区学校，其学习主体已经从过去的离退休老人，发展成为男女老少皆宜的社区继续教育大学。远程网络教学、电视教学、函授教学等教育手段的推广，使得自愿职业培训、生活技能培训、科技知识普及、文化艺术课程等教育内容在基层社区广泛开展，自觉接受社会教育和继续教育正在成为人们的一种共识。而这一切都是人们在自身的休闲时间内完成的，这充分说明，通过接受教育和自我学习已成为完善和发展自己的重要途径，因而也被纳入了现代社会休闲的范畴。对学习的重视，对发展的关注，无疑是人们逐渐走向现代大众休闲社会的重要标志，也是中国人素质整体提升的重要象征。

二、休闲的文化功能

（一）休闲文化

1. 休闲文化的概念

所谓休闲文化一般是指人们在工作、睡眠和其他必要的社会活动时间以外，将休闲时间自由用于自我享受、调整和发展的观念态度、方法和手段的总和。休闲文化与人们自由支配休闲时间的强度和方法密切相关，并反映在个人、家庭与社会群体在社会价值认同、文化素质培养、文化品位追求、文化消费倾向等诸方面。休闲文化概念的提出不仅表明现代休闲活动已延伸到社会生活的各个角落，而且揭示了休闲的多侧面使用与人类文化的交融又生成了新的文化层面，休闲文化成为21世纪高效的社会生活和优质的个人生活的重要标志。

2. 休闲文化与主流文化的关系

每个社会的文化都有主文化和亚文化之分。一个社会的主文化通常是指构成总体文化的物质和精神要素的总和。亚文化是指从文化社会学的角度看，形成的一种既包括一些主文化的特征，也包括某些独特文化要素的生活方式的社会某一群体的文化。从文化分类角度看，休闲文化就是一种亚文化。这是因为休闲文化可以围绕人们的职业、社会等级、社区等形成诸多休闲群体文化样式，所以现代社会中的个人往往会将自己置身于一个以上的休闲亚文化区域中，并发挥其应有的作用，而且他们常常会在一个时期或是一生中经历不同的休闲亚文化环境。休闲文化作为一种亚文化类型，其明显的特征就是经常将自身的文化特点和要素传播到一个文化群体之外，并从一个亚文化群体扩散到另一个亚文化群体，也可从一个亚文化区域渗透到另一个亚文化区域，乃至影响社会主流文化的发展和变化的轨迹。

休闲亚文化与主流文化在价值观、风俗习惯等各方面往往会出现相对立的现象，所以，有时人们又将亚文化称作对立文化。例如，在我国，以美国肯德基为代表的西式快餐亚文化是从20世纪80年代起逐步影响人们的饮食习惯，对青少年的影响尤其大。西式快餐从根本上讲与传统中式饮食文化相对立，但是，如今在上海市中心的热闹地段，随处都能看见肯德基红白相间的醒目标志。每当饭点肯德基大多是顾客满堂，汉堡包、土豆泥、可口可乐，如同大米饭、白开水等传统食品和饮品一样融入了人们的日常生活，以致使上海成为肯德基除美国本土城市以外国际上经营效益最好的城市。可以说，以西式快餐为代表的时尚餐饮亚文化已经完全被上海人所接受，并成为众多城市居民外出就餐的选择。

（二）休闲文化结构

休闲文化结构可以从两个角度进行理解：一是从休闲文化层次上进行理解，可分为社会公共休闲文化、高雅休闲文化和大众休闲娱乐文化三个层次；二是从休闲文化空间上进行把握，可分为家庭空间、社区空间、社会公共活动场馆空间和网络虚拟空间四个空间区域。休闲文化层次和休闲文化空间形成彼此呼应和相辅相成的逻辑发展关系。在休闲文化层次结构上，对一座城市来讲，如果仅有发育完善的大众休闲娱乐文化，而社会公共休闲文化、高雅休闲文化发展相对滞后，那么这座城市会被认为是一座没有档次、缺少魅力的粗放型城市；如果反之，大众休闲娱乐文化欠发达，同样也会被认为是一座没有色彩缺乏吸引力的单调城市。从休闲文化的空间结构讲，传统的家庭休闲空间、社区休闲和社会公共娱乐场所休闲空间，由于纳入了网络虚拟休闲空间，从而为当代人构筑了无限宽广的休闲文化活动空间。相比于以往，21世纪城市休闲文化结构具有极其鲜明的立体化、多元化和虚拟化的时代特征。

1. 休闲文化层次结构

由社会公共休闲文化、高雅休闲文化和大众休闲娱乐文化共同构成一个城市或地区的休闲文化系统，其中社会公共文化和高雅文化代表着一个城市或地区休闲文化的品位和档次，而大众休闲娱乐文化体现的则是城市休闲文化的活力和特色。

第一，社会公共休闲文化。社会公共休闲文化通常是指以城市或地区中的博物馆、图书馆、美术馆、文化馆、纪念馆场所为代表的城市公共休闲文化样式。社会公共休闲文化在休闲文化层次中占主导地位，是政府和社会为人们提供日常休闲文化活动的主要渠道，也是21世纪国际休闲文化发展的重要特征。从国际上看，发达国家或地区都十分注重社会公共休闲文化在人们日常休闲活动中的作用。在英国，民众早已将参观博物馆作为假日休闲活动的主要形式，全年人均参观次数2次以上，其中尚不包括有组织的参观活动。从某种程度上讲，城市休闲活动已进入"博物馆的年代"，人们能够从这里汲取更多的知识养分，了解更多的时代发展趋势，有助于完善自身的知识结构。从国内看，随着社会经济的不断发展，城市公共休闲文化设施的建设水平也同步提升。当然，与世界发达国家的大城市相比，我国的博物馆数量还很少，特别是有关自然科学和科技性的展馆更加缺乏，成为城市公共休闲文化发展过程中的软肋。

第二，高雅休闲文化。所谓高雅休闲文化是指那些具有实验性、示范性、民族代表性的艺术精品；那些表现重大题材，具有较高思想性和艺术性的文艺创作；那些传播科学文化知识的影片、著作。判断高雅休闲文化的标准是相对的，譬如作为典型的高雅休闲艺术表现样式的歌剧、交响乐、芭蕾舞，以及具有民族特色的京剧、昆剧等。高雅休闲文化在城市休闲文化体系中占据重要地位，具有以下几个特点：一是高雅休闲文化主要满足人们高层次的精神文化享受；二是高雅休闲文化具有精致性、经典性、规范性的文化内涵；三是高雅休闲文化的欣赏者应具备较高的文化素养和艺术修养；四是高雅休闲文化由于自身的特殊性，有时候表现出"曲高和寡"的文化现状，在休闲文化市场竞争中处于不利地位。高雅休闲文化是休闲文化中的精品，伴随我国物质文明建设程度的不断提高，高雅休闲文化艺术的发展水平必将进一步提升。

第三，大众休闲娱乐文化。大众休闲娱乐文化一般是指通俗的读物、音乐、舞蹈影视作品等通俗的艺术表现样式和文化活动方式。大众休闲娱乐文化突出的表现形式是"快餐文化"和"流行文化"的兴起，这与大众休闲娱乐文化主要满足人们浅层的感官享受和精神慰藉密切相关。大众休闲娱乐文化虽不如社会公共休闲文化和高雅休闲文化那样高档、深刻和精致，但它是构成城市休闲文化体系的基础，也是人们获得普遍的精神感受的主要渠道，在重视接受者消遣、娱乐和宣泄方面具有独特的社会作用。

2．休闲文化的空间结构

现代社会休闲文化空间结构主要由家庭休闲空间、社区休闲空间、社会公共休闲活动场所空间和网络虚拟休闲空间四大部分组成。从目前来看，人们所有的休闲文化活动都不可能超越这个空间结构，人们在这个休闲文化的空间结构上的任何一个节点的活动，都在不同的时间和空间范围内，实现了与他人的交流和沟通，从而满足了休闲活动的基本需求。

第一，家庭——休闲活动的基本空间。家庭是社会的细胞，也是现代社会人们从事休闲文化活动的基本空间。人们每天日常的休闲活动及大部分的休闲时间都在这一空间区域完成。因此在物质生活水平不断改善的今天，人们越来越注重家庭休闲文化的质量，改善和优化家庭休闲文化环境。倘若一个家庭缺乏休闲文化氛围，那么即使物质生活条件再优越，也好像是缺少生活的灵魂一样。家庭休闲文化环境的构筑包括三个方面的内容：一是休闲文化设施的准备。一个现代社会的家庭，除了拥有一般生活的物质设施以外，还应有相应的书籍，订阅一定种类的报纸杂志，配备能够进行家庭休闲文化活动的音响设施、健身器材，以及其他休闲文化硬件设施。二是休闲文化精神的确立。家庭成员之间要造就一种轻松、愉悦、宽容的交流环境，形成一种民主、平等、互信和坦率的融洽气氛，塑造一种积极参与互相激励的休闲精神状态。三是休闲文化情趣的培养。通过家庭成员参与养花、植草、书法、绘画、烹饪、收藏等多样化自娱自乐的休闲活动途径，达到陶冶休闲文化情趣的目的。

第二，社区——休闲活动的拓展空间。从社会学的角度看，社区就是在一定的空间区域范围内，围绕着其日常互相作用的方式而组织起来的人群，这些日常相互作用的方式包括像住房、工作、购物、学校、教堂、政府和娱乐活动这样的行为和机构。社区休闲文化的功能就是通过一系列休闲文化活动，着力于提高人们的社区意识，培养人们参与社会公益活动的精神，帮助人们确立社区互助的观念，改善居住区域的生活环境质量使个人、家庭和社区的休闲活动能够得到有效的协调。从国际上社区建设的过程来看，社区的休闲娱乐功能主要是向社区居民提供音乐、舞蹈、戏剧等文艺活动，阅读、讨论、讲座等活动，以及举办各种地区性的文化狂欢活动等。在国内，社区文化建设在近年来取得较大发展，形成了各种特色的社区休闲文化模式。在上海社区的休闲文化建设中，涌现了一大批诸如曹杨、甘泉、五里桥、潍坊街道等社区休闲文化建设的标兵单位，创造了许多独特的休闲文化活动方式。通过这些休闲文化活动，社区正在逐渐成为人们值得信赖的休闲文化精神家园。

第三，社会公共活动场馆——休闲活动的枢纽空间。社会公共休闲活动场馆主要是指能够提供人们进行各种休闲娱乐活动的酒吧、咖啡馆、茶馆、影剧院、保龄球馆、高尔夫球场等场所。由于受到城市化过程的影响，在原来意义上形成的社会人际行为和交往关系已经变得越来越支离破碎。也就是说，人们日常的休闲行为和交往关系已经从传统的生活模式中分离出来了。譬如，生活在城市中的现代白领，可能在一个地区上班，在另一个地区从事休闲娱乐活动，而在第三个地区吃饭和睡觉。这就说明了现代社会的人们早已脱离了家庭——单位之间两点一线的生活轨迹。在日本和韩国的一些城市里，许多公司的白领，下班以后并不急回家，而是到酒吧、咖啡馆等娱乐场所消磨时间，直至深夜方才回家。因此社会公共休闲活动场馆也就成为人们进行休闲文化活动的第三空间。近年来，这一现象也在上海一些外企公司职员身上体现出来。显然，酒吧已成为上海市民个人休闲活动的主要场所，吧类娱乐场所中，最早的是酒吧，最多的是茶吧，最少的是玩具吧，最前卫的是氧吧，最女性主义的是布吧，最现代主义的是陶吧，最实惠的享乐主义是浴吧，其他还有钢琴吧、网吧等。吧类娱乐场所的迅速发展，从一个侧面反映出社会公共休闲娱乐场馆在人们休闲文化活动中的作用日趋重要。人们需要社交圈，需要交往，需要倾诉，需要与亲朋好友一起欢乐地消磨时光。也许每个人的休闲生活不一定都非常有意义，但是都可以富有情趣，让人感到充实。各式酒吧的大量涌现也许就可以看作是现代城市社会公共休闲活动场馆发展的缩影。

第四，网络——休闲活动的虚拟空间。长久以来，人们受制于血缘、地缘、业缘等因素的影响，休闲娱乐活动仅能够在家庭社区和公共娱乐活动场馆等多个平面的空间展开，而今，依靠现代的高科技手段，以电脑网络为依托，构筑了一个无穷大的立体休闲空间，并从原来仅仅是作为单纯的交流方式和沟通手段，迅速演变成为人们寄存理性、寻求安慰的心灵休闲栖息地。在这完全以高科技技术虚拟构成的休闲空间里形成了虚拟权威、虚拟尊严、虚拟情感乃至虚拟生命的休闲活动，从而使人类的休闲活动理念和方式产生了革命性的变化，并且极大地丰富了休闲文化的内涵。无论在何处，人们只要通过网络，就能随时在多维和无限宽广的网络空间里，无拘无束地自由翱翔和随意地进行休闲娱乐。网络休闲空间为当代人们提供了一系列前所未有的休闲活动方式：一是网络联系，借助电子邮件（E-mail），使人们能够真正感受到"海内存知己，天涯若比邻"的网络时代沟通渠道的畅通和联系的便捷。二是网上聊天，通过网络，人们可以与相识或不相识的网友，男性或女性的网友，国内或国外的网友，进行坦率和无拘束地交谈，甚至可以与远在太空里飞行的宇航员进行直接交流，这种交流方式打破了传统社交方式的固有缺陷和限制，无限制地扩大了人们的社会交流范围。三是网络情爱，互联网的发展，衍生出眼下十分流行的网恋情爱。它是一种典型的虚拟情爱,是一种新型的休闲活动方式,现正在以几何级增长的速度在互联网上传播和发展。由于在互联网的世界里,人们可以采用匿名的方式,在无拘无束的状态中寻找自己的梦中情人,既浪漫、神秘、随意、无序、隐蔽,又有安全感,即使在现实社会贫瘠的情爱土壤中难以根植的爱情之树也能够在互联网的虚拟空间里得到生长。网恋和网婚这一互联网时代孕育的婚恋方式,正在全球数亿男女网民的精心呵护下,在虚拟娱乐空间里蓬勃发展。无论是现实社会中"柏拉图式"的精神恋爱,还是网络世界的"虚拟情爱",其实质都是为了寻找所谓的"梦中情人",只是在网络空间里,更容易在合法婚姻的掩饰下,演绎出一段信誓旦旦,然而却充满虚情假意的现代"爱情故事"。我们应该看到网络爱情的蔓延,对现实社会公民道德重建产生负面的影响,对家庭夫妻之间的婚姻关系、道德责任和法律责任同样会带来难以预料的冲击。不过,也有人预言,50年后,网恋将是男女之间爱情发生的必然方式之一。结果究竟如何,人们只能拭目以待了。四是网上影视,通过采用最新的数字化技术,可以极大地改善影视传播的画面和音质效果,提高人们观看网络影视的质量。运用网络宽带技术,采用双向互动的方式,强化了人们在网络影视文化休闲活动中的主动性和兴趣性。五是网络游戏,网络游戏是一种虚拟休闲娱乐活动,又被称为新纬度空间的游戏活动。它不同于传统的游戏活动。传统游戏的人物或事件的发展过程和结局都是事先锁定的,玩者在整个游戏过程中是被动的。而在网络游戏中,人们可以根据自己的需要和理解,对人物、事件进行重新设置,同一角色在不同的转折时期选择不同的行动模式,其后的发展结局会发生相当大的变化。人们在虚拟的游戏世界里,可以使自己成为号令三军、参与争霸天下的英雄,成为改变历史进程的风云人物,这对任何喜欢网络游戏的人来讲,都是一种诱惑和挑战。

网络虚拟空间在某种意义上是现实世界的延伸和拓展,网络休闲活动之所以受到人们喜爱,就是因为人们在不能改变的现实世界里遭遇太多失望,受到太大压力,而网络虚拟世界,却能在相当大的程度上为人们转移沉重的精神压力,抚慰其受伤的心灵,为实现多年的夙愿提供一种替代性满足,以此缓和人们内心的冲突,并将不满的情绪发泄出来。当然网络空间毕竟是虚拟世界,在网络世界里大展身手,也仅仅是一种娱乐行为,绝不能将网络虚拟人格转化为现实世界的人格参照值,或是取代现实世界的人格位置;否则,人们便会在真实的世界里迷失真正的自我,对自己的现实世界感到失落。因此现代人娱乐时要留意区分现实世界与虚拟世界。

(三)休闲文化作用

休闲文化功能是休闲文化的一个重要特征。休闲文化功能对个人(个体)、团体(群体)和社会等不同层面发挥出不同的作用。就个人而言,休闲文化起着塑造个人人格,提升自身文化修养的功能;就团体而言,休闲文化起着目标、规范、意见和行为整合的作用;对于整个社会而言,休闲文化起着社会整合和社会导向的作用。从整体上看,休闲文化在以上三个层面的作用是互相联系和互为补充的。

1. 休闲文化的传播

休闲文化具有可传递性,而且这种传递的速度和范围,借助于现代传媒技术的发展,在进入全球化时代后变得愈加迅速。在我国改革开放之初由于毗邻港澳地区等原因,广东省因而能得改革开放风气之先,讲广东话在国内也就成为一种时尚,进而使演唱粤语歌曲也随之成为20世纪80—90年代中期国内流行乐坛的时尚,许多非广东籍的歌手,甚至包括不少中央和地方电视节目主持人在各种大型的文化娱乐活动场合都会尝试用粤语对观众进行感谢。虽然这种现象屡屡受到媒体的批评,但是难以杜绝,足见这种流行文化传播的影响之深刻、范围之广泛。随着改革开放的深入,国外各种休闲文化对我国的影响力度也不断加强。90年代以前法国巴黎时装界发布的服装流行趋势,一般相隔3~6个月才能在我国的服装市场上显现出来,而目前,我国的服装界与世界其他国家的服装界能大致在同一时刻感受到休闲服饰文化的冲击,从而做出相应的市场反应。在电影市场上,美国的电影文化现在也能在第一时间对我国的观众产生影响。虽然,由于我国的文化价值观与美国相比存在较大差异,在对剧中人物设置、情景编排和社会伦理的认知方面也有距离,但是也难以掩饰我国观众对美国好莱坞娱乐影片产生的极大兴趣。电影《廊桥遗梦》《拯救大兵瑞恩》《泰坦尼克号》等巨片,在我国同样受到千百万观众的广泛欢迎,致使票房收入屡创新高。承载休闲文化传播主体功能的是报纸、电影、广播、电视和互联网。美国学者丹尼尔·杰·切特罗姆曾经指出:"文化和传媒的范畴不可避免地会重合,现代传媒已成为文化,特别是大众文化的观念和现实这一整体的组成部分。"随着互联网的发展和广泛应用,已在最大程度上缩小了国家之间的距离,缩短了城市与乡村的距离,从而使休闲文化能够在全国范围,乃至全球范围内更迅速地辐射、扩散和传播。此外在休闲文化的传播中,国内外的大城市也都十分关注采取"无声媒介"的传递方式,作为休闲文化主流传播途径的补充,在我国上海的南京路、淮海路以及深圳的华侨城旅游区等城市街头,出现了一大批独具风采的城市休闲雕塑,用一种独特的休闲文化的象征性和符号性的传播方式,诠释一个时代的都市生活形态,或是表述一种人们对未来生活方式的追求倾向,成为当地市民和外来游客接受城市休闲文明的新途径。

2. 休闲文化的塑造

休闲文化对人的塑造往往通过有形和无形的方式体现出来。通常是一个潜移默化的渐进的影响过程。休闲文化的塑造功能其实是一个对人社会化的整合过程。这种文化的整合功能是指在特定的社会背景中,个体形成适合于社会和文化系统标准的人格特征,掌握社会所认同的行为规范,采用社会所默许的生活方式,以及遵循社会所接受的价值尺度。当然,休闲文化的社会化塑造功能,并不抹煞人的个性化发展过程。人的个性化发展过程是大众休闲时代竭力倡导的重要社会特征,个性化和休闲文化的社会化是并行不悖的两个发展过程,又是互相交融和影响的两个过程。只有实现自我认同,才有独立的个性化可言;同样道理,只有在休闲文化的社会化过程中,才能最终体现自我认同的价值,并使个性化逐渐完善和成熟起来。在我国社会主义市场经济条件下,休闲文化的塑造作用自然要积极强调社会主义的价值导向。但是,在现实的社会发展过程中,由于种种原因,还将遇到不少新的问题,有待思考和解决。在当今对外开放的时代下,美国的好莱坞影视文化正将西方社会的生活方式、价值标准、休闲活动形态,推向中国的千家万户,并在逐步冲击甚至瓦解中国人的固有文化传统,以致引起不可忽略的生活形态和价值观的裂变。与此同时,美国的快餐文化也正通过各种强有力的手段,在中国大地上悄悄培养起美国饮食文化的消费者。当然,外来休闲物品的影响尽管从表面上看是属于技术性层面,然而在本质上也是休闲文化对人的生活方式和社会价值的塑造和渗透。在此,我们确实不能忽视,也无法回避外来休闲文化对我们国家众多消费者以及下一代休闲消费行为的影响。除了这种物质性休闲文化的影响外，还不能忽视大众媒体在传播休闲文化的过程中对人产生的消极影响。当前，我国正处在社会的转型期，休闲文化对人们意识的影响和行为的塑造显得尤为重要，从某种意义上讲，休闲文化起着一种社会价值的导向作用。影视作品、文学作品、流行歌曲，乃至美式的快餐文化都在悄然无声地影响我们的意识和行为。因此，借助于休闲文化的塑造作用，推进我国当代社会文明价值体系的重建，使中华民族成为既继承传统的优秀文化，又能吸纳外来进步文化的现代化群体。

3. 休闲文化的凝聚

在现代社会，人如果不属于一定的群体或集团，就无法参加社会活动。人们只有根据自身所属群体或集团的社会规范与自身所扮演的社会角色开展社会活动，并显示自己的行为倾向，才能保持群体或集团成员的地位，形成群体和集团的社会认同特征，掌握约束社会群体或集团成员行为的重要因素，这就是休闲文化的凝聚作用。福塞尔认为"从经济上说毫无疑问只有两种等级——富人和穷人。但从社会等级角度看，有一整个由各种阶层组成的等级制度。每一个等级的成员从各自的童年时代习得的风范和传统不但大相径庭，而且，他们终其一生都很难改变这些东西。要从一个人出生的等级逃离，从文化意义上讲，非常困难"。休闲文化对社会群体的凝聚作用不是抽象的，而是以观念、行为、活动方式为表现方式和影响渠道。通常情况下，休闲文化对群体的影响往往是以社会阶层、年龄阶层或是心理阶层等为范围进行划分的，所谓"物以类聚、人以群分"的说法，也可以理解为从一个侧面反映出休闲文化对群体的凝聚力作用。

对同一种休闲活动方式，从不同的阶层或群体有各自相应的选择倾向表面上看，不同群体的选择态度仅仅表现为单纯行为的差异，而在实质上，选择的倾向性受到主体文化的影响和制约，是对各自的文化与相应社会群体和集团的强烈吸引所致，从而造成群体之间活动表现方式的差异性。例如在我国，同样是在空闲时间打牌，白领阶层喜欢打桥牌的人比较多，鉴于打桥牌对环境有一定的要求，他们很自然地会选择清静优雅的场所。即便是打麻将或玩扑克牌，白领人士也喜爱显示其从事高雅休闲活动的感觉，找一些主题酒吧或是茶馆作为休闲活动的场所，以显示其与众不同的活动方式。而工薪族虽说更喜欢打麻将和玩扑克牌，但通常都会就近选择普通的棋牌室进行，抑或就在马路边摆开桌子玩。虽然这些活动场所环境条件差些，声音也相当嘈杂，但是，却丝毫无损于他们的半点玩兴。群体和阶层对休闲文化的凝聚作用都有明确的归属感和认同感。因此，在一定程度上可以说，休闲文化对群体吸引力的最终表现结果就是这种差异性，这是不以人的意志为转移的客观现实。

4. 休闲文化的陶冶

无论在东方，或是西方，人们都十分注重休闲文化对自我精神的陶冶作用。只是由于东西方社会观念和文化传统的不同，导致人们选择休闲活动的途径不同。在英国，人们在周末时间习惯于去各种类型的博物馆，徜徉在人文、自然和科技知识的海洋里，感受人类知识的浸染和哺育。在俄罗斯，人们则把观看歌剧和芭蕾舞表演看作是在休闲时间接受传统文化熏陶的重要途径。在中国，当人们利用休闲时间纷纷投身于自然，游历名山大川时，我们会发现在很多情形下，许多人已经自觉或不自觉地继承了中国传统的文化审美心态,并将这种心态融入人们对人生境界的演绎中去,如由山的高大雄伟引申出人格的崇高完美,从大海的浩瀚无垠联想到人胸襟的坦荡博大,从青松翠柏的不畏严寒得出人应该具有的高风亮节的品德,进而挖掘出其所蕴含的人文精神和人格意味。显然,人们在旅游途中尽情赞美自然山水的同时,也赋予了自然以人格化的内涵,这就典型地透视出传统人文精神与自然之物互化和渗透的休闲娱乐理念,在当代人身上得以反映和延续,从中不难看出传统文化对当代人寄情于山水,寓志于自然的休闲娱乐意识的影响。由此可见,无论国内还是国外,休闲文化对人的陶冶作用是一致的。

三、社会化与象征性功能

(一) 社会化功能

1. 休闲的社会化功能

所谓社会化通常是指人们获得个性和学习社会或群体习惯的过程。在当代,随着社会流动速度的加快,社会交往范围的扩大,大众传播形式的丰富,人们受到外部环境的影响越来越大,人的社会心理、社会性格和社会活动方式,也必将会发生或多或少的变化。

第一,休闲影响人的社会行为规范。一个人要想成为社会成员,并在社会中生存和活动,就必须进行相应的学习,使自己的行为符合一定阶段内约定俗成的社会行为规范,这种学习的过程除了在学校接收正式的课堂教育活动以外,还可通过休闲活动的社会化过程来完成。任何一个孩子从来到世上开始,就在各种形式的休闲环境中接受各类教育。父母在各种场合里喜怒哀乐的表现方式,从小就对孩子幼小的心灵产生潜移默化的影响。当孩子稍稍懂事起,就能够活灵活现地模仿大人的行为方式。当孩子可以独自外出与街坊邻里的孩子们一起玩耍和娱乐的时候,各种风俗、习惯、伦理、道德和礼仪就在不知不觉中渗入到孩子的脑海中。中国古时候传诵的"孟母三迁"的故事,说的就是不同的环境会让孩子接受不同的社会教化,只有当人们能够自觉地接受各种符合社会认可的规范行为时,才能成为共享一个休闲环境的社会群体的成员,才能在一种彼此心照不宣的社会共识中,从事各种休闲活动。

第二,休闲培养人的社会地位的认同感。人是一定社会群体中的一员,个人在群体中拥有何种身份、地位,遵行怎样的行为规范,取决于一定的社会环境和休闲活动氛围。出生在富裕家庭和贫困家庭的孩子,其在社会休闲活动中不同的身份认同感,并不是由个人素质的差异造成的,而是由经济条件的不同导致家庭在社会关系、社会生活中不同的地位所决定的。这种休闲活动的差异性是得到社会公认的,也是家庭的社会经济条件赋予人们在休闲活动过程中相应的地位和身份的认同。虽然,经过不懈努力,家庭的经济条件可以改善,人在社会休闲活动中的身份和地位也会改变,但是,即使发生了这样的变化,也必须由相应的休闲活动规范来指导个人的休闲行为,帮助人们逐渐确立在另一个社会群体中的角色地位,维护其已经改变的社会身份。

第三,休闲塑造人的心理和人格模式。随着休闲时间的延伸和休闲活动数量的增加,休闲活动对人的心理、性格、行为的影响力越来越大。尽管人的心理机能也可能受到其他遗传因素的影响,但是作为社会的人,是社会教化的产物;离开休闲活动教化的环境,从一定的社会意义上讲,人也就难以成为一个心理健康、人格完善的社会人。在一个相对较长的时期内，一个人参与的休闲活动或高尚或庸俗，身处的休闲环境或文明有序或杂乱无章，对其今后心理和人格的发展都会形成深深的烙印。这是因为，对于成长而言，愈是高尚的休闲活动，愈是文明的休闲环境，人的生物属性就趋向于愈小，而社会属性就趋向于愈大。这也就意味着，愈有利于人们形成健康的心理，愈有助于塑造高尚的人格特征。无数事实证明：在赌场里待着的人，形成的是赌徒式的投机、侥幸、贪婪的心理特征和畸形的人格症状；在竞技场里磨炼的人，具备的是渴望参与、追求公平、不惧竞争的心理和人格特征。可见，不同的休闲活动和环境导致人们形成不同的社会价值取向和行为规范，而且更重要的是，这种心理和人格的塑造将影响人们一生的发展轨迹。

第四，休闲带给人们以经验、知识和技能。一个人从小到大，除了少部分知识是从正式的课堂教育中学得的，大部分涉及劳动、待人接物的本领，都是在休闲活动的环境中，从上一代人，或是从旁人那里学来的。这种学习的过程就是休闲知识、休闲经验、休闲技能传递的过程。休闲活动的传递，是社会教化具体形式的体现。人们就是在这种休闲活动的传递中，不断走向成熟，走向文明，走向现代化。

与过去相比，人们在正常情况下所接受的教育，已经远远不能满足工作和生活的需要，不能构成人们立足于社会竞争的基础。因此，利用休闲活动的传递机制，帮助人们获得更多的经验、知识和技能，已成为当代社会发展的一种趋势。如今，常见的现象是，人们下班后并不是急匆匆回家，而是吃着面包，喝着矿泉水，赶往各个课堂，学习家庭理财、家庭装潢、家庭保健等，人们将这种休闲时间的学习活动形象地叫作"充电"。虽然，人们从事"充电"的方式各异，但反映出一个基本的事实是，现在的人们已开始从理性的角度去认识休闲在人的成长发展中的独特作用。此外，科学的发展使人们越来越有可能在各种休闲活动中，利用最简单的设备，作为获得经验、知识和技能的技术平台。例如，在30年前，对普通人来讲，拿一个专业照相机拍照可不是一件容易的事情，要转动光圈，要注意速度，还要调节焦距，可能到最后拍出来的相片效果也常常难以令人满意。而如今，在各个场合，举着手机闪拍的人随处可见，下载一个修饰软件，还能够美化照片，使其具有一定的专业水准。显而易见，同以往相比，现代社会中的休闲活动传递机制，已突破了传统说教性的传递模式，技术性传递正在社会生活中起着愈加重要的作用。当然，不管传递机制发生何种变化，休闲活动传递作用的基本宗旨都是帮助人们成为一个独立的人，一个聪慧的人，一个与社会发展保持同步的人。

2. 群体休闲与社会群体组织的作用

第一，群体休闲是一种基本的社会现象。在我国，高度的劳动分工和快速的城市化过程，使人们比以往任何时候都感到与外部世界交往的社会关系被大大地压缩。虽然是人口集聚的高楼大厦，但是常常擦肩而过的人们却产生了从未有过的孤独感和陌生感，过去习以为常的集体活动方式渐渐地消失，以至于被人淡忘。这种过去只有在西方发达国家才存在的社会现象，如今也在国内城市里浮现出来。随着住房条件的改善，人们离开了陈旧的胡同和老式的石窟门，搬进了独门独户的新式公寓住房，城市里的人们开始慢慢感受到了那种曾经不为我们所重视的生活方式的可贵。孩提时代，每逢夏天，拿一把扇子、带一个木凳，围坐在弄堂口乘凉的日子已经不复存在；上了年纪的老年人，聚集在小茶馆里聊天的雅兴，也已随着城市的改建而成为久远的回忆；泡澡堂时伙伴们在拥挤的池水里戏水玩

第三章
休闲的本质、特征与功能

耍和相互帮着搓背的乐趣，对现在的青少年来讲，也是一件十分陌生的旧事；而当人们普遍拥有全自动家庭洗衣机时，与隔壁邻居一起在弄堂里一边搓洗衣服，一边东家长，西家短，无拘无束聊天时的快乐情景也不再出现。于是，当人们改善了物质生活条件以后，伴随而来的精神生活的孤独、邻里之间的隔阂、生活空间的封闭等新的社会现象，却是人们原先所没有预料到的。随着社会化过程的加快，曾经深深扎根于中国人内心深处数百年乃至上千年"远亲不如近邻"的观念，在今天竟然遭遇到了前所未有的挑战。

从人们实现休闲活动的方式看，大多数参加休闲活动的人，期望获得的并不只是休闲行为得以实施本身，还想感受一种与工作状态和生活常态所完全不同的社会气氛，一种摆脱被分隔和被孤立的无奈，一种融入与社会群体交往的精神渴望。无论人们是去打牌、下棋和跳舞，或是到茶馆、酒吧与咖啡馆，所有的这些活动都揭示出人们寻找的是一份快乐和轻松的感觉，一份与亲人朋友共享美好时光的境界，一种实现自我、体现个人潜能的人生价值观。更重要的是，通过种种休闲娱乐活动，表现出当今时代的人们敢于战胜孤独，渴望突破城市封闭生活环境的强烈的活动需求和心理倾向。在这样的社会变迁的背景下，群体休闲在现代社会也就必然成为一项十分重要的社会功能。

第二，社会群体组织在休闲活动中的作用。首先，社会群体组织及功能。从休闲社会学的角度看，所谓的社会群体成员与偶然间仅仅是聚集在一起的人群不同，社会群体之间彼此相互联系，并具有共同的休闲活动倾向。因此，社会群体可以被认为是"具有一种同样的身份和某种一致感情的两个或更多的人——他们还共同具有某种目标和对各自行为的期待"。人们之所以渴望参加某种形式的社会群体是与该群体能够提供一定的休闲活动服务项目有关。与休闲活动有关的社会群体，在人们休闲活动过程中具有两种功能：一是起到工具性作用，它使人们能够从事单个人无法进行或难以完成的休闲活动。例如，打麻将需要由4个人组成一个群体才能进行。二是起到表意性作用，人们在休闲活动中除了满足参与感外，还要能满足群体成员感情沟通上的需要，通常也是为了实现群体成员之间互相支持和自我表现的完全认同。这种表意性主要表现为群体成员在休闲活动中所形成的友谊和产生的友情。当人们加入一些群体中时，往往同时包含工具性和表意性两个目的。在西方发达国家，人们更多的是通过参与各种协会或团体来强化自身的休闲社会化过程。当然，人们加入一个协会，并不仅仅是为了方便参加一些特殊形式的休闲活动，也是为了拓展与社会交往的新渠道，与别人建立新的友谊。其次，社会群体组织的作用。在休闲活动中，各种协会、俱乐部是群体最主要的表现形式。俱乐部和协会这类的社会群体在当今社会的休闲娱乐活动中起着非常重要的作用。其一，社会群体是人们扩大社会交往的纽带。人们一旦加入某个社会群体组织，就开启了一扇与他人交往的窗户，而与社会接触的本身也是现代社会一种休闲活动的体现。诚然人们在这样的群体中，可以帮助自身或他人消除孤独感，满足"被爱"以及"施爱于他人"的需要，也可以满足自我表现的需要，或是满足人们"归属""安全"的需要。事实上，参加各类协会和俱乐部的人，他们的许多心理需要并不能在企业或家庭中实现，而需要在群体的活动中得到满足。而我们也已经知道，这类心理需要能否得到最终的满足，对人们的工作情绪甚至家庭生活的和睦，进而对人们生活态度等都有着非常重要的影响。其二，社会群体有利于休闲活动形式的推广。对那些在休闲活动中可能存在各种不便的困难者，或是活动技能不熟练者，或者对投入某些娱乐活动犹豫不决者，群体中的其他成员都会给予自觉地指导和帮助。通过群体成员的善意帮助，可以促使那些遇到困难的人们尽快地提高参与休闲活动的技术水平，群体的帮助或培训作用就是在这种过程中得到完美的体现。休闲性社会群体具有的这种帮助及培训作用对于推动各种休闲娱乐活动的发展不可小觑。近年来，发展神速的广场舞极其典型地体现出社会群体的这种功能。其三，社会群体培育具有责任感的合作精神。各种协会或俱乐部都是在某种社会环境中存在的。就像对环境的评价会影响个人的行为一样，社会的认可或拒绝也会左右各种社会群体的发展。各种休闲活动群体为了自身的利益，也为了在社会中树立良好的形象，往往会自觉地承担维护社会正常活动秩序的责任。虽然有时会出现群体中的成员犯了错误互相掩饰的现象，但是为了不使整个群体在社会公众中留下不受欢迎的印象，协会或俱乐部对那些严重违反组织纪律的人，通常会根据群体的规范予以惩罚直至除名。从另一个角度看，社会群体也会要求加入一个协会的个体，不能只是被动地参加一些特殊的娱乐活动。人们在参与各种休闲活动的过程中，也要培育一种自律精神和自觉意识，还要对所在的群体承担相应的责任。以国内诸多足球球迷协会的发展趋势看，它们正在从无序走向有序，从叛逆走向合作，从单纯的宣泄走向理智的呐喊，这从一个侧面反映了我国休闲性社会群体发展的一个基本态势。

（二）象征性功能

任何形式的社会活动都有其象征意义，休闲活动也不例外。自古以来，休闲活动的象征性就成为人们划分社会阶层的一个符号。休闲在相当长的时间内被用来作为证明人地位和声望的一种手段，休闲如同商品一样也能够成为财富的有效证明。虽然今天的人们对休闲活动日趋重视，不过，关注的目的并非完全是通过休闲活动来寻找乐趣，而是因为个人或社会群体有意无意地都聚焦于休闲活动的象征性功能。

1. 消费象征性

虽然休闲活动并不为物质性商品所涵盖，但是无论中外，在休闲活动中物质象征性特点自觉或不自觉地受到了社会和人们的格外推崇，这种物质象征性主要由以下两方面构成。

第一，享受型消费。喜欢享受、追求享受是人类的天性。只要有一定的休闲时间保证，只要拥有宽余的可自由支配的收入，人们就会进行某种形式的享受型消费活动。诞生在20世纪六七十年代的美国青年一代。被认为是当今美国社会最会享受的一代人。他们与父辈们不同，从不为明天发愁，他们最大的心愿是让今天得到满足，而他们狂热的消费冲动令其父辈都觉得震惊。如果将视线放大至全球范围，无论是发达国家，抑或是发展中国家，这一代人都具有类似的特点，即追求享受型消费。在日本，青年学生们用'勤工俭学'、起大早干活赚来的钱，心安理得地用来购买服装杂志，然后粗略浏览一下就扔进了废物箱。他们只要有一点点的收入富余就倾向于进行享乐型的吃、穿、娱乐等活动。在刚刚走向小康社会阶段的中国，诞生在20世纪七八十年代的青年一代，在专家学者眼里，他们也是最会享受的一代人，他们不仅会享受，而且也不再耻于谈论赚钱，吃得好，穿得好，能够享乐……这就是他们生活的最优先顺序。事实上，在中国东部沿海地区的大中型城市中，由于人们的生活正由小康型向中等发达国家的富裕型转变，在这一时期，人们的消费方式也正处在向享受型消费阶段过渡的时期。而处在过渡期的人们，其消费心理最具波动性特征，这就是为什么在我国青年一代身上，消费的享受型特点会过分张扬的原因所在。这些年在我国休闲消费市场消费偏好的演变中，可以清晰察觉出日益富裕起来的中国人，家庭休闲生活方式的变革正在驱使人们越来越多地融入享受型消费的洪流中去。

第二，品牌型消费。品牌型消费是现代人的一种生活象征，也是休闲时代激励人们进行高消费的市场驱动因素。显然，驰名世界的奔驰和宝马汽车在现代中国人眼中早已不是简单的交通工具，而是演化为一种奢侈物质生活的代名词，具有给人以满足，但又不言而喻的物质象征性。前些年曾经在年轻的汽车一族中广为流行的"开宝马，坐奔驰"之语，折射出当代中国人偏爱和钟情品牌商品物质象征性的社会价值取向。这种带有"钻石性"特征的物质偏爱性消费现象，随着经济的发展正在成为一种趋势，并逐步影响我国休闲消费市场的发展走势。伴随着家庭经济生活水平的不断提升，品牌消费的时代已经悄然而至，因此，对品牌消费的认同和追求，也已成为人们休闲消费的一个重要特征，并形成如下两大特点。

一是青年群体成为热衷于品牌型消费的主力。有关研究表明，中国奢侈品消费者的年龄为20～40岁，而欧美国家奢侈品消费者的年龄大多在40～70岁。尽管有49%的受访者称他们无力购买奢侈品，但是将来打算购买。显然，中国的青年白领在消费名牌产品方面更具市场潜力性和行为冲动性。在众人眼中，白领一族甚至形成了一种被品牌商品堆积起来的生活模式。然而，对白领群体而言，他们的消费方式所要达到的目的，就是试图向社会大众解释现代社会品牌型消费的真正魅力。二是形成了奢侈性消费的时代特征。名牌不是大众消费品，名牌是奢侈品的代名词。一方面，经过改革开放30多年的发展，中国已经出现了一批具有相当消费能力的富人阶层，他们追求品位和个性化消费，成为支撑奢侈品旺销的主力；另一方面，奢侈品消费还有一种示范效应，也让广大的中等收入群体竞相追逐，演变成为另一股消费高潮。此外，随着越来越多的独生子女踏入社会，他们的消费观念完全不同于上一代，很多家庭也有实力支撑他们的高消费，以至于在多方因素的共同推进下中国奢侈品消费正步入黄金期。据新加坡联合早报报道"2015年中国消费者全球奢侈品消费达1168亿美元，全年中国人买走了全球46%的奢侈品"。针对中国休闲消费市场的发展现状，有观点认为，"未来十年内，中国将有330座城市超过今天上海的生活水平，3年之内中国将成为全球最大的奢侈品消费市场"。

在休闲消费中，形成人们青睐品牌商品的原因可以从以下几方面进行理解。一是认知价值的变化。许多具有购买能力的高收入人士或白领人士，虽然进行休闲消费需求的欲望不断增加，但他们向社会展示的不再是过去那种出手阔绰和一味大肆购物的外在形象，而开始追求体现个人更为精致的个性魅力和典雅的文化品位特征。因此炫耀自身形象舞台的核心内容就成为展示自身高贵的气质，通过品牌服饰和其他产品的包装，确立自己事业成功者的形象，又体现自己懂得如何更好地把握生活的现代人风范。二是现代市场营销手段的影响。现代商业广告制造出品牌商品的强大冲击力和感染力，更容易刺激人们进行高档休闲消费的欲望。虽然从横向比较看，目前我国消费者对品牌的敏感度还远低于发达国家的人们，但是我国刚刚富裕起来的人们在内心充满着对品牌象征性的渴望，这无疑起到了一种加速认知品牌商品消费诱惑的作用。三是转型时期消费结构的重建。在小康阶段或处于由小康向中等发达阶段转变的时期、人们有更多的时间和金钱可以关注自身和家庭物质生活的质量，品牌商品的消费往往能够满足相当多的人的心理需要，如引人注目、自我满足等，从而刺激人们的消费欲望。四是品牌产品令人信服的使用价值。由于品牌通常意味着质量和实用，也就在市场的默认中成为一定社会阶层的物质生活的象征。

2. 活动象征性

第一，贵族性特征。休闲作为一种社会经济消费现象，除了占有休闲时间以外，还以一定数量的可自由支配的收入为前提。近代工业革命尽管极大地解放了生产力，提高了人们的生活水平，但是就社会整体而言，能够参与休闲活动的人毕竟是少数，这是因为休闲活动需要闲时和闲钱作为支撑，所以对那个时代众多的普通人们来讲，还是难以承受，这就决定了当时的休闲娱乐活动必然是社会上流人士和新兴资产阶级的特权。在19世纪中叶的英国，"当时光顾海滨旅游的，仅限于那些有钱阶级"。无论是打高尔夫球、赛马、看歌剧、跳华尔兹，或是外出滑雪、度假，所有这些休闲娱乐活动都具有十分明显的社会倾向，那就是休闲活动所具有的贵族性特征。罗贝尔·朗加尔（Robert Lanquar）曾尖锐指出，"在1936年以前的漫漫岁月里，以休闲消遣、丰富阅历或疗养为目的而去旅游的可能性，总是由特权阶层所享有"。改革开放以后，变得富裕的中国人也在不断感受这种活动象征性带来的冲击。20世纪90年代初，卡拉OK开始登陆中国市场，1991年7月，广州冒出了第一家夜总会"金嗓子"，几十元一首歌的点歌费吓退了诸多跃跃欲试的普通人，那时能够伴着卡拉OK潇洒地高歌一曲的人绝对是拥有大款的象征。接着保龄球的流行也体现出这一点，每一局50元乃至100元的价格，不是一般工薪消费者所能承受得起的。在一段时期内，卡拉OK厅和保龄球馆就演变成为有钱人进行贵族化享受的休闲场所。而后时兴桑拿浴，每一次浴资高达数百元，约占当时（指90年代中晚期）一般职工收入的1/2，甚至更高。不止于此，2001年名列世界三大男高音之首，号称国际高音C之王的帕瓦罗蒂来上海举办独唱音乐会，对国内歌剧爱好者来说自然是难得的幸事，能够在音乐会现场亲自听到世界级顶尖男高音大师的演唱，也许此生就这么一次机会，但一张音乐会的门票要6000元，让寻常之辈，包括许多歌剧爱好者不得不为之却步。值得注意的是帕瓦罗蒂在国外举行类似的音乐会票价仅需100美元，因此有人评论说"这场音乐会在一定程度上离开了本来的意义，变成了追逐时髦、体现身份的社交聚会"。而今，贵族化现象愈发弥漫，已经从一种休闲生活方式转而成为引导城市发展的贵族化倾向，大楼越来越高，设施越来越好，服务越来越讲究VIP，而普通百姓却愈发感到生活不便，生存空间愈加狭小。显而易见，在现实的社会里，只要收入差距的存在，贵族化消费方式就一定会存在，这是不以人的意志为转移的客观现象。

第二，奢侈性特征。这里的奢侈指的是挥霍浪费钱财，过分追求豪华场面和奢侈消费派头。早在19世纪中晚期的欧洲就已弥漫着一种畸形的社会风气，那个时期的"豪华旅馆就是专门为寻欢作乐和讲究排场的少数富有家庭提供餐饮"。那时，乘坐豪华列车和豪华游船进行旅游活动非常盛行。其中最吸引人的豪华专列"东方快车"，成为那个年代欧洲富裕阶层外出旅游度假的交通标志。在大西洋彼岸的美国，热衷于进行豪华旅游的奢侈程度绝不逊色于欧洲，"美国铁路行业为游客提供了奢华的享受，这种奢侈程度可以与拿破仑三世或是维多利亚女皇的专车相比"。凡勃伦曾经指责当时的社会过分重视休闲的奢侈性特性，他认为19世纪的有产者采用各种手段试图在休闲活动中，寻求自身的社会知名度，如奢侈的花费、无谓的摆阔，各种过度的张扬，其实质无非是为了在社会公众中突出有产者社会地位的奢侈性象征。

第三，精神性特征。首先，休闲活动的精神象征性表现为人们通过相应的休闲活动而获得精神上的最大满足，它是当代社会的重要特征。在今天，劳动不再具有唯一重要的意义，人们同样高度关注精神生活的满足，并常常通过休闲活动来获得自我肯定和精神需求的满足。旅游业是当今全球最大的产业之一，也是人们进行精神性消费的主要产业。人们花费上万元外出进行旅游活动，最终获得一定的精神满足，一种情感体验的享受，一段经历的回忆。在20世纪中叶以后，与人们精神生活相关的休闲娱乐、旅游度假、文化演出等产业获得迅猛发展，就与人们日益高涨的精神需求有关，这种显性的精神消费特征在21世纪初的中国已经得到完全意义上的体现。其次，休闲活动的精神象征性还表现为通过偶像崇拜获取精神满足感。休闲活动的精神性特征还催生了一个庞大的追星族群体，或称之为"粉丝"。以前人们崇拜的是在生产领域取得成功的人，如实业家、发明家等；而现在的追星族更崇拜歌星、球星、影视明星等，他们已成为追星族的"休闲偶像"。

粉丝作为一群特殊的休闲文化消费者，他们专注且深度投入于他们所倾慕或崇拜的明星、名流、电影、电视节目、流行乐团中，他们对于这些倾慕对象喜欢到了痴迷的程度，即使是其细枝末节的信息（比如明星的日常生活用品），他们都能了如指掌，说得头头是道，而对于自己喜欢的对白、歌词、片段，更是随口就来、引用无误。"简言之，粉丝就是过度的接受者，'过度性'是成为一个粉丝的最基本要素。"粉丝的过度性不仅体现在精神情感方面，也落实在过度消费方面，由此形成了"粉丝经济"。粉丝群体的主体是青年群体，尤其包括众多的青少年学生。他们为自己的偶像而发狂，而消费，也会为其而哀伤。因此，对于休闲活动的精神象征性，需要进行理性的认知，既要承认它对人们心理平稳、情绪感受、精神状态等产生重要影响，也要看到其所包含的消极影响和潜在杀伤力，可能对社会、对家庭，以及个体带来的巨大伤害和危害。

四、康复与健身功能

（一）"亚健康"与休闲引导

1. 工业化与亚健康

现代社会在全力遵循高速、高效、高质的发展原则，以创造更丰富的物质财富供人享用，在生产效率大幅提升的同时，人们工作节奏也不断加快。进入工业化社会以后，人类在创造机器的同时，也无意间把自己变成了机器的"附属物"；人们在生产和享用丰富的物质产品的同时，也在不知不觉中把自己异化成物品的奴隶。在社会历史昂然奋进的过程中，人们猛然发现自身已陷于一个历史怪圈之中，当我们的占有欲无限膨胀之时，当我们的满足感不断高涨之际，我们的个性、自主性、人与人交往的真诚性却在不断地萎缩，乃至丧失。现代工业社会愈加细致的分工、工作的快节奏、巨大的压力、生存空间的日趋狭小和封闭、居住环境日益严重的污染、人口向城市的过分集中、生活方式的单调和乏味，所有这一切堆积起来，慢慢演变成巨大的生活十字架，压得现代人喘不过气来。这些汇集在一起形成了正在到处蔓延的五大"社会综合征"：工作无力感、生活孤独感、生存危机感、疲劳过度感、精神忧郁感。五大症状的混合与发酵，催生了工业化时代的一种现代病，称作"亚健康"。

所谓"亚健康"是指人体无器质性病变，但有一些功能性改变的状态，即人的身体处于健康与非健康（生病）状态之间的灰色状态，又称第三状态。又因人们在看病时主诉症状多种多样，且又不固定，现代医学就将这种现象称为"不定陈述综合征"或者叫作"慢性疲劳综合征"。相关研究成果表明，亚健康的产生主要是由于人长期紧张地工作、生活、精神压力过大，从而导致人的交感神经过度兴奋，造成内分泌紊乱，引起肌体内各器官功能失常。相对而言，白领阶层的工作和生活方式比起普通大众来说，更容易成为滋生亚健康的温床。因此，亚健康也被认为是一种生活方式病。而心理亚健康则是亚健康的一个重要方面，主要表现为抑郁和焦虑两大症状，前者体现的是丧失感，后者突出的是缺乏安全感，伴随着恐惧、冷漠、孤独、偏执、急躁和冲动等不良的心理现象，会导致人们处于生活质量低和生命质量差的亚健康状态之中。

2. 休闲治疗策略

由于亚健康处于病与非病的临界点，如果处置不当，极易转化为真正的身体与心理疾病，因此，应学会从心理和生理等多个方面入手，以正确的休闲方法消除亚健康带来的威胁。

第一，要正确认识自己，保持自信的精神状态。首先要全面认识自己，善于发现自己的长处和潜力，学会在工作中扬长补短。其次是看重自己的价值，学会肯定自己。不少人就是因为自我评价过低从而情绪低落，生活态度消极。重视自己的价值有助于确立自信心，增强内在的活力。

第二，要学会面对现实，认识到现实是可以改变的。有时候自我和现实都不那么完美，但不要因此而沮丧，更不能逃避，因为沮丧容易使自己失去奋进的动力，而逃避则可能陷入弱健康的心理状态，面对就是尊重现实，就是一种直面生活的勇气，现实如同时间那样，都在不断变化之中。可以确认的是，过去是不能改变的，就让它过去吧，不要被过去缠住；现实还不坏，我们可以使它变得更好一些，不要放弃努力。

第三，要善于转化压力，学会适度放松。无论是工作造成的生理疲劳，还是现实形成的心理紧张，都是压力的具体表现，而压力是导致焦虑的重要原因。消除压力最简易的方法就是多休息，通过休息转化压力，放松自我。在一切生活方式中，休息是解除疲劳感最直接和最有效的方法，也是恢复身心健康的重要手段，现代医学研究证实，充足的睡眠是预防和消除亚健康最有效的手段。保证充足的睡眠时间，人体的免疫力会获得极大提高，许多亚健康的症状就会自然而然地消失。要学会适度放松，回归人类自身的自然生活规律，不因工作而牺牲休息时间，不因娱乐而透支休息时间，不因不健康的生活方式而占用休息时间。值得关注的是在西班牙马德里进行的"午睡比赛"，大力倡导的就是传统的休息方式。它传递了一个明确的信息就是人们在痛定思痛以后，终于回到了一个新的认识起点，人们需要足够的休息时间，才能有健康的体魄和健全的心理，工作和生活精力才会更加充沛。

第四，努力培养兴趣，加强与外界接触，建立良好的人际关系。一方面，兴趣爱好可以提升精神活力和生活情趣，使精神更加饱满，生活更加充实；另一方面，通过多与外界的接触，构筑良好的人际交往关系，既能够使人保持开放的心态，又可以对个人生活的变故或情绪的波动起到调节作用。所谓多接触，就是指在休闲时间里尽可能多地与人、事和物进行接触，在这一过程中，就能发现工作以外的广阔天地所蕴含的深邃生存管理，从而驱使人们更加积极地去寻求人类精神生活的无穷乐趣。多接触，可以理解为对社会的依赖、对社团的需要、对朋友的信任，而这是人类历经成千上万年的遗传进化而未被遗落的文化基因。难以想象，倘若一个人没有了朋友，没有了与社团的交往，远离社会，那他必然失去了一个与社会交往的平台，会变成一个孤独、凄惨、匆匆而过的历史过客，丰富多彩的社会生活对他来讲也没有什么意义。用现代健康标准来衡量，这样的人至少不是一个心理健全的人，是一个落伍于时代的人。

第五，多活动，保持健康体魄。活动，可以使人们保持健康的心态；活动，可以使人们拥有硬朗的身体；活动，可以使人们笑颜常开；活动，也可以使人们的病体得到康复。当然，这里所说的活动，主要是指各种具有动态感的休闲活动，譬如娱乐活动、健身活动，也包括出游活动等。在紧张的工作学习间隙，适当参加一些娱乐活动，如看看影视、听听音乐、跳跳舞，对放松长时间处于紧张状态里的大脑皮层，松弛神经，消除精神疲劳，提高工作学习效率是极有益处的。活动也对不少疾病患者具有康复意义。现代医学研究和临床实践表明，以康复理论为指导，采用体育运动项目和文艺娱乐项目为治疗手段对一些特殊的患者进行治疗，对提高患者的身体功能，帮助改善心理状态和重返社会起着重要的作用。

当然，多活动不仅是参与一些娱乐活动，还可以参与社会志愿者服务活动，而这也是导致许多人深感精神快慰、情绪舒畅和健康长寿的要诀。"公益活动能充分体现人的自我价值。因为人的生命价值在于自我奉献。道德的利他精神之最高层次就是奉献精神。"显然，乐于帮助他人的人比其他人快乐，热衷于做好事的人比其他人健康。因此做一个志愿者得以成为涌动全球的潮流。近年来，志愿者在我国发展尤为迅猛。2008年北京奥运会，有34.1%的受访者选择了做志愿者。2010年上海世博会举办期间，参与服务的志愿者多达200万人，形成了"小白菜"和"小蓝莓"两大著名的亮点。据统计，到2015年年底，上海已经形成了包括基地、项目、队伍、活动四位一体的志愿服务体系。实名注册志愿者超过180万人。透过这一社会新现象，实际上反映的是人们借助于这种志愿服务的形式，获得一种与人交往和接触的机会。这也是为什么志愿者服务活动成为当今中国社会生活中热点主题的真正原因。

（二）从医疗健康走向休闲健康

1. 健康理念的转型

在现代生活中，越来越多的人已经形成一种共识，积极休闲就是投资健康。现代意义上，身心健康模式的核心是休闲，而传统医疗健康模式的核心是治疗。休闲是获得身心健康的主要手段，而医疗则是让人们保持身心健康的辅助手段；休闲是帮助人们完成由传统的医疗健康走向现代的身心健康的推进器。今天的人们休闲时间越来越长，休闲活动内容也愈加丰富，然而更为关键的是人们如何确立理性和正确的休闲精神，从而使休闲时空与活动内涵能够得到完美统一，使个人与家庭、与群体、与社会等方面，能够进行有效和谐的沟通，最终形成现代社会健康向上的休闲精神。

对健康与长寿的追求是人类社会自古至今的永恒课题。进入新世纪,人们对健康的认识已抛弃了原来的旧观念,并赋予其新内涵。具体地说,人的健康状况的好坏主要取决于医疗范围之外的各种因素,其中80%以上与生活和工作的环境、人际关系、教育程度、个人参与社会活动的程度以及在社会组织中所处的地位、自我意识和行为偏好等密切相关。在日常生活中,抽烟和酗酒是极为普通的行为,抽烟导致高比例的肺癌发生,酗酒不仅导致各类事故频频发生,而且会造成肝癌、胃癌等多种恶性疾病的产生。现代医学科学研究一再证明,癌症的发生与人们的生活习惯有关,在与人们生活习惯有关的恶性疾病中,抽烟和酗酒名列前茅。医学研究成果表明当今世界上各种癌症患者倘若都能够得到治愈,人类的平均寿命至多也只能延长两年。可是,"如果人们保持良好的营养,坚持锻炼并养成健康的习惯,那么人类的平均寿命便可延长7年"。这无疑为当代的人们指出了一条通过休闲获得通往健康长寿之路的途径。

什么样的生活方式是健康的?1992年维多利亚宣言中提出的标准为:"合理膳食,适量运动,戒烟戒酒,心理平衡。"而联合国世界卫生组织(WHO)对人类身体健康下的定义是:"健康,不仅是指没有疾病或虚弱,而且包括身体、心理和社会适应在内的健康状态。"从一定意义上讲,人的心理健康和生理健康一样重要。健康对人来说是如此的重要,这导致"健商"概念受到了人们格外的追捧。所谓"健商",指的是一个人运用自己的智力保持健康的能力。这种能力包括以下5个要素:自我照顾、健康知识、生活方式、健康心理和生活技能。健康概念的提出说明能不能正确对待自己的健康已成为一个亟待解决的社会问题。从表象上看,人们对健康的重视,可能意味着改变一个人的生活习性,包括每天增加若干时间散步,调整自己的饮食习惯,找到一种对付生活压力的办法,从事一项新的休闲娱乐活动等。而实际上,认识了健康,也就表明人们从此将做出明智的健康决策,积极参加休闲健身活动,努力追求健康长寿的生活目标,有效提高自身的生活质量。

2. 休闲健康的原则与途径

休闲健康主要是指人们利用休闲时间从事各种户内外的强身健体的体育休闲活动。在从事休闲健身活动中,需要遵守和坚持以下五项基本原则。

一是快乐性原则。在选择休闲健身活动项目时,自己必须喜欢这项活动,能从中得到无穷的乐趣,这样才容易坚持下去,健身和健心效果也会很显著;反之,尽管健身效果良好,但是自己不喜欢,需要咬牙坚持,恐怕也坚持不了多久。有了兴趣和爱好,才能做到自觉和主动地从事休闲健康活动,并在休闲活动中提高健康水平。

二是目的性原则。参加休闲健身活动的主要目的在于增进自身健康,提高自我活力。只有明确目的,才可以根据自身健康状况、工作和生活条件等因素,选择合适的锻炼方式、内容和标准,自由地去学习和掌握休闲锻炼的知识、技能和技术,真正达到增进健康、提高活力、优化自身生命系统功能的宗旨。

三是合理性原则。在休闲健身中合理和适量地安排身体所能承受的活动负荷,使身体通过健身活动既有一定程度的疲劳,又在合理承受的范围内。这里的活动负荷,一般包括健身活动量和健身活动强度。强度大,量则要相应减少;强度小,量可以相应增加。

四是经常性原则。人体对外界刺激的适应是逐步的,在进行休闲健身锻炼时,不能一时高兴,进行过量的运动,导致运动损伤,这样不仅达不到健身效果,还适得其反。过量运动后的深度疲劳可能会使人中断健身练习，而且容易使人产生畏惧心理。要想达到健身目的，必须避免一次性地过量运动，而是经常参加体育锻炼，一般每周 3~5 次，每次 30 分钟至 1 小时。切忌"三天打鱼，两天晒网"般的活动方式和态度。

五是全面性原则。休闲健身运动要从人的整体性出发，全面锻炼和发展身体的各个部位和各种功能。最简单的方法就是凡是自己能参加的各种休闲运动，都积极参加，认真体验，从而促进身体健康的全面发展。

（三）健康城市丰富全民健身内涵

1. 健康城市提升居民健康生活质量

在当代，健康已不是个人的问题，而是引起社会广泛关注的热点问题，是有关一个国家、民族国际形象的原则问题。世界卫生组织认为，全球每年死亡的人中有 3/4 与生存环境有关。中国每年因空气污染导致 35 万~50 万人过早死亡。为了全面推进各国提高居民的健康素质，世界卫生组织于 1994 年提出了"健康城市"的新概念。所谓"健康城市"，是指一个不断开发、发展自然和社会环境并扩大社会资源，使人们能够在享受生命和充分发挥潜能方面互相帮助的城市。健康城市的指标一般涉及人群健康、城市基础设施、环境质量、家居与生活环境、社区作用及行动、生活方式及预防行为、保健福利以及环境卫生服务、教育、就业及产业、收入及家庭生活支出、地方经济、人口学统计等方面内容。到 2009 年，就欧洲地区而言，已经有 30 个国家的 90 个城市通过了世界卫生组织有关健康城市的认证。我国健康城市的建设是在国家卫生城市建设的基础上于 1994 年开展的，并在北京市东城区、上海市嘉定区启动健康城市项目试点工作。这标志着中国正式加入世界性的健康城市规划运动中。目前，我国已经启动在全国范围内进行健康城市的建设工作，为每一个城市居民提供健康舒适的居住环境，产生一种居住在城市的幸福感。然而随着城镇化的快速推进，部分城市过度扩张或超载扩张，资源紧缺、环境污染、供给不足、交通拥堵等"城市病"依然普遍存在，"亚健康"城市约占九成以上。因此对我国而言，健康城市建设任重而道远。

第一，健康城市是为人类健康而提出的一种新的生存战略。开展健康城市建设最重要的特征是使政府、群众、志愿者们通力合作，关注城市健康，并用更多更好的方法处理健康问题。建设健康城市的目的是通过提高人们认识，动员居民与地方政府和社会机构合作，形成有效的环境支持和健康服务，改善环境和健康状况。

第二，建设健康城市是优化城市休闲功能的内在要求。长期以来，城市关注生产效益，忽视生存环境质量，导致城市功能失衡，现代病滋生，城市发展面临困境。于是城市转型发展势在必行，健康城市成为人类发展的共同诉求。在此基础上，追求城市产业形态与自然生态相协调、城市宜业环境与宜居环境相一致、城市居民休闲与外来游客观光相兼容的发展目标，构成推动健康城市发展的重要动力。

第三，建设健康城市是当前我国城市发展的客观要求和落实科学发展观的具体体现。我国是一个发展中国家，城市化发展水平落后于发达国家，但是发达国家在城市发展中曾经存在的诸多问题近年来在我国频频出现。紧紧抓住我国经济转型的有利时机，依托城市化的后发优势，努力提升城市居民的健康生活水平，已成为建设健康城市的必然选择。当然，应该根据具体国情，实事求是地探索建设具有中国特色的健康城市发展之路，为彻底摆脱人类的生存危机提供经验。

第四，健康城市是提升居民健康生活质量的有效途径，从上海健康城市的发展战略看，确定了以下8个发展项目：营造健康环境、提供健康食品、追求健康生活、倡导健康婚育、普及健康锻炼、建设健康校园、发展健康社区、创建精神文明。从上海建设健康城市的实践看，健康城市是一个复杂的社会系统工程，应建立以人的健康为中心的多层次的建设体系。建设健康城市需要政府主导，需要社会和全民的参与。建设健康城市绝不是一蹴而就的突击性的工程，要从实际出发，调查研究，全面规划，分步实施。事实上，作为中国第一个开展建设健康城市的特大型城市，上海为中国其他特大型和大型城市的建设提供了理论指导和实践借鉴。

2. 全民健身计划完善大众休闲健身功能

从国际上看，发达国家比较早就开始推行各具特点的全民健身活动。美国早在20世纪50年代就制订了《最佳健康计划》，并于1998年在学校推行《最佳健康手册》。日本也从20世纪50年代起推行相应计划，由国家拨专款在全国范围内修建体育健身设施，同时配备了5万余名体育健身指导员。德国从20世纪60年代起出台了旨在推动民众健身活动的"黄金计划"，投资预算总额高达63亿马克。计划规定，居民应有人均4平方米的体育健身活动场所；每个中学应建立一个体操馆；每500个居民应建立一个冬季游泳馆等。除了在物质条件上进行大规模投资外，一些国家还设立了各种鼓励全民健身的活动奖项，如美国的"体育总统奖"、德国的"家庭体育奖"、新加坡的"全国体能测验挑战赛"等，所有这些措施对于推广各国的全民健身活动都起到了积极的推进作用。"我运动，我快乐"，是目前倡导休闲健身活动的一句流行语。健康是现代人的第一需要，拥有健康的最佳途径就是休闲健身。时至今日，健身活动已成为风靡全球的公共性休闲活动，成为人们改善生活质量、提高幸福指数和改善身体素质的重要内容。根据盖洛普的研究报告，美国幸福指数最高的地方主要得益于三个核心指标，分别是寿命预期、心理健康和身体健康。显然，健康已经成为幸福生活最核心的内容。

在我国，近年来青少年肥胖症的增长率呈现加速态势，许多大城市里超重的比例已高达20%~30%；在企业经营管理人员中间，"将军肚"也已成为常见的一种现象。民众身体素质状况的恶化，已引起有关方面的高度重视，为此，国家自20世纪90年代末期起在全国范围内推出了"全民健身运动"计划，以便大幅度提升我国居民的身体健康指标，积极夯实改善人们生活质量的生理基础。仍以上海为例，2004年，上海市人民政府正式颁布《上海市全民健身发展纲要》，确定建设"136工程"，即创建一个科学、文明、健康的体育生活环境，构筑日常、双休日、节（长）假日三个丰富、多维、时尚的体育生活圈，形成六大亲民、便民、利民的体育生活服务网络的目标。需要指出的是，全民健身计划的实施，对于上海城市居民生活方式的优化和生活质量的提升效果显著。据2010年中国城市健康状况调查报告揭示，在我国一线城市百万健康人群中，"上海人心情最好"。另据英国知名医学杂志《柳叶刀》公布的一项研究成果表明，2013年上海的人均寿命预期为83岁，位居全国之首，达到发达国家或地区的平均水平。但是也应看到，从上海近年来推行全民健身计划的实际情况看，既有成效，也存隐忧，一方面是由于居民面临较大的工作学习压力和不良生活方式的干扰；另一方面是政府公共服务水平还不能满足市民的健身需求。在总结以往经验和教训的基础上,上海颁布了新的全民健身计划,将以体育生活化、健身科学化、服务便民化为统领,实施"全民健身365"计划,具体有两方面含义:既寓意市民天天参与体育健身活动,又是泛指"3个目标""6项指标""5大工程"。具体而言,"3个目标",是指提高市民体质健康水平、提高市民健身参与程度、提高体育公共服务能力。"6项指标",是指基层体育组织覆盖率达到90%、社区体育健身设施覆盖率达到95%、市民体质监测达标率达到95%、全民健身品牌活动覆盖率达到80%、学校体育场地开放率达到85%、社会体育指导员占常住人口的比例达到1.5‰。"5大工程",是指全民健身设施工程、示范工程、信息工程、配送工程和培训工程。

政府在推进全民健身计划时,不仅关注全民健身的常年化,而且更加着力于政府部门为全民健身服务的常态化、便捷化和主动化。首先,政策主体亲民化。政府管理部门更加注重亲民、便民、利民的政策价值取向。围绕全民健身计划,政府从建立体育健身设施,举办体育健身活动、推出人人运动计划到构建体育生活圈,积极引导居民建立积极健康的生活方式,整个过程体现出政府的价值取向和亲民政策。亲民化政策不仅是市场经济条件下形成市民社会的现实需要,而且是坚持以人为本的历史潮流和现实需要。其次,政策内容休闲化。随着经济发展,人民生活水平提高,居民对体育的期望和渴求发生深刻变化,更多地关心生活质量的提高,看重自己的身心健康,重视社会生活中的精神文化内涵,运动休闲、健康生活成为日常生活中不可缺少的重要组成部分。在居民需求转变的导向下,体育政策内容趋向休闲娱乐化。再次,政策范围社区化。经济快速增长,导致以家庭为单位的居民收入差距增大,居民在购买力、生活方式方面的差异使居住区域有了差异性选择,形成特定区域位置的集聚。居住在不同社区类型的居民对体育生活方式的需求有所不同。为了更好地满足居民对体育生活方式的期待,应该努力构筑社区体育休闲的发展平台,通过社区体育休闲设施建设,普及和贯彻社区体育休闲法规、促进社区体育俱乐部发展等方式推动全民健身活动的持续发展。最后,政策目标民生化。依据全面建设小康社会的大局方针,一方面,政府从城市用地、体育休闲设施配套等方面统筹规划,为居民体育休闲发展提供服务保障;另一方面,政府管理部门不断加强对体育休闲服务的直接提供,最大限度地满足日益富裕的居民对各种体育休闲设施的使用和服务需求,为全面提升居民健康生活质量夯实基础。

五、驱动与协调功能

如果不能正确认识并理解休闲活动在社会经济运转中所起的重要作用,那就无法真正理解休闲,也难以对现代休闲活动发展所产生的巨大影响力作出客观和公正的评价。有一个十分明确的趋势是,休闲活动正在逐步渗透到各个领域,而其产生的巨大的经济回报率,已使休闲业成为发达国家重要的经济增长空间,不仅在西方发达国家的经济增长过程中起着越来越重要的作用,而且在广大的发展中国家发挥出令人振奋的经济驱动作用。可以预计,在新世纪,休闲活动所产生的经济联动性,将越来越受到世人的广泛关注。

(一)休闲经济功能的解读

由于历史的原因,以及至今对休闲仍然怀有的某些偏见,人们往往倾向于通过将休闲活动与生产活动进行简单比较,然后把休闲活动排除在生产和消费循环体系之外,列入另类社会活动的行列。

自17世纪中叶以来相当长的时期内,休闲在古典经济学家的眼里,一直被认为有损于社会生产力的发展。在英国古典经济学创始人威廉·配第看来,为了加速英国资本主义的发展,资本积累应放在首要地位,以保证财富的增值,同时应节制不必要的消费。以是否有利于生产作为唯一的评价尺度,配第提出五种最不利于生产的现象,依次是用于包括大吃大喝在内的休闲娱乐消费、购买衣料和家具、建筑房屋、改良土地、开矿、捕鱼的支出,最有利于生产的则是经营从国外运回金银的事业的支出。配第还认为,消费品丰裕会使人消费过多,而消费过多则会使人变得懒惰。亚当·斯密将当时所谓的奢侈性消费分为两类:一类是用来购买耐用性物品的消费支出,另一类是用来广设宴席,款待宾客,雇佣奴婢的消费支出。虽然,他并不主张从道德角度对具有休闲娱乐特点的奢侈性消费进行全面的否定,但是从经济学的意义上出发,亚当·斯密认为,奢侈性消费是非生产性的,不利于国民财富的增加,所以应该采取节制的态度。而李嘉图在研究了奢侈品和必需品的课税及其效应以后指出,奢侈品与必需品的一个重要区别在于:奢侈品的消费是一种非生产性支出,而必需品的消费则是维持劳动力再生产的必要支出。如果政府对消费者征税的话,对奢侈品的征税不会不利于生产,因为这对于生产资本来说,并没有什么特别的影响,而对必需品的征税则会使工资水平上升,从而不利于生产,因为这将是生产资本的一种损失。显而易见,从威廉·配第、亚当·斯密,到李嘉图,古典经济学家对当时的消费经济,特别是奢侈性的休闲娱乐消费行为的阐述,有一个比较明确的倾向就是节制消费,尤其是压缩奢侈性消费品的支出,保证资本的快速积累,以促进资本主义生产的扩大和国民财富的增加。在这一时代背景的影响下,人们对休闲消费的看法也形成了两个方面的误解。

首先,将休闲活动消费与劳动生产相对立。在许多人眼里,休闲被顽固地认定为只是无止境的消耗,而没有产出。在这部分人的认识里,人的作息时间是固定不变的,而休闲时间总是取自劳动生产时间,休闲时间的增多,必定以相应地减少劳动时间为前提,那么就会将生产劳动过程中一部分生产力转移到不直接促进生产经济活动发展的休闲活动中去。其次,认为休闲活动消费与社会的道德价值尺度相冲突。在工业革命形成巨大的社会政治和经济变革的19世纪,经济学家的主流观点就是倡导对生产资料进行必要的节约,以加强资本的积聚过程,反对生活的过度奢侈和浪费,在当时,合理地参加劳动被认为是人的一种宗教责任。倘若人们不节制地参与休闲消费,将被看作是一种不道德的行为。因为"当财富成为我们无所事事和享受不道德生活的诱因时,它在道德上是有害的;当财富的目的仅仅是为了过着无忧无虑的生活时,它的获得也是不道德的。但是当财富作为一种被履行的职责时,它就不仅在道德上是被许可的,而且确实是令人愉快的"。在这种社会传统观念和宗教理念的约束下,人们在进行辛勤工作的同时,对个人休闲消费行为进行禁止。这也许的确能够积累起相当数量的财富,也能为自己的子孙后代过上殷实而无忧的生活创造条件。不过,在社会经济发展的同时,不管人们承认不承认,越来越多的人将自觉不自觉地突破各种传统文化和宗教禁令的桎梏,他们既认真地投入到社会劳动中去,又积极追求世俗性的休闲娱乐活动,甚至理直气壮地进行大手大脚或被认为是奢侈的休闲娱乐消费,而且并不为此感到愧疚或遗憾。由于休闲活动的不断发展极大地刺激了各类消费,因而休闲娱乐活动被认定是造成当时社会生活放纵和浪费的主要根源。"娱乐作为一种不受拘束的本能表达方式，它是令人怀疑的；当娱乐成为一种纯粹的享受方式，或是激起人的得意忘形、原始本能和非理性的冒险时，它理所当然地应受到谴责。"在18—19世纪，虽然工业革命引起了生产力的巨大解放，但是相对来讲，生产率还很低，加强资本积累用以扩大再生产是社会经济活动的主要倾向，因此从这个角度出发，休闲被认为是洪水猛兽，因为它很快消费掉了刚刚生产的商品，阻碍了生产过程的扩大和资本积累过程的扩大，也就是在这个意义上，休闲消费功能被认定是反经济的。与为维持人的生命所必需进行的劳动力的再生产消费不同，休闲消费在那个时代，往往同放荡、浪费和奢侈的消费联系在一起，从而被认为无益于当时工业社会的发展。凡勃伦也认为，休闲通常不会带来物质产品，所以在有闲阶级中，这些物质产品的确证明存在着非生产性和非物质性的时间消费。他认为休闲是时间的非生产性消费，时间被非生产性地消费：一是建立在生产性劳动无意义这种感觉之上；二是具有支配金钱能力与享受安逸生活的显摆。即使到了今天，社会生产率的发展已非昔日可比，但是这种观点并未完全绝迹。在西方社会，人们从传统的道德和宗教的角度，甚至从环境保护和资源使用的角度，也还总是有一些声音不断地对各种休闲消费行为进行指责和批判，尤其是休闲消费具有的鲜明的娱乐性和游戏性特征，使休闲活动至今在某种程度上仍被看作是虚度时间和浪费金钱的象征。

在中国，休闲消费的名声一度也好不了多少，吃喝玩乐作为典型的休闲活动方式，也还是不能登上大雅之堂，被很多人所鄙视。近年来，即使是随着我国生产力水平迅速提高，广大居民收入水准大幅度提升，人们用于休闲消费支出的数额节节上升之际，依然有人在媒体上大声疾呼："且莫休闲"。原因无非是我们作为一个发展中国家，现代化建设的任务还很重。从这个认识逻辑出发，休闲至少在两个方面受到了某种程度的排斥：一是作为消耗时间的活动，二是作为不必要的消费形式。在今天，强调节约、勤俭和储蓄的行为原本是无可非议的，然而，当我们试图用带有浓厚的禁欲主义色彩的伦理道德或空洞苍白的说教反对休闲消费时，不禁使人感受到，即使在今日——休闲活动的经济性特征已成为经济发展重要驱动力的时候，对休闲的深深误解仍然没有完全消除。

（二）休闲经济功能的特征

伴随着经济发展和社会进步，休闲的经济内涵已经越来越被人们所认识，休闲的经济特性也更加明晰地显示出来。经济学家也开始逐渐关注休闲在人们生活中的作用，以及休闲消费对社会经济发展的影响。

1. 休闲是推动经济发展的重要动力

19世纪末期20世纪初，阿·马歇尔研究了社会经济现状和消费的发展趋势后指出未来社会消费发展的几种趋势。第一，进入市场的商品种类的变动趋势。随着经济的进步，无论是生活必需品，还是非生活必需品的市场交易量，都将逐步得到加强。第二，社会消费水平随技术水平提高而提高。生产力的发展，技术水平的提高，为社会提供了比较充裕和廉价的消费品，从而在整体上提高了社会消费水平。阿·马歇尔着重指明，借助于石油供给的廉价灯光，为晚间的消遣娱乐提供了方便。而各种工业和生产技术的进步，为人们的外出旅行活动创造了便利的条件。这些显然有益于广大的消费者。第三，休闲越来越受到人们的广泛重视。在资本主义工业发展初期，人们宁愿减少休息日，增加工作时间，放弃在工作范围以外去寻找乐趣的打算。但生产的进一步发展，使人们对于休息比以前更加重视，而对于工作紧张引起的疲劳也越来越不能忍受。这种对休闲的重视，表明消费者愈加具有现实感，而不像过去那样愿意放弃休闲的享受。第四，货币和信用的发展将创造新的消费形式。人的消费欲望是随着自身财富和知识的增长而扩大的。随着社会生产力的提高，人类总会产生新的消费欲望，同时又不断产生满足这些欲望的办法。没有理由认为人们如今已经达到了不再产生新欲望的静止状态。而赊账、抵押借款等方式的出现，也将鼓励人们产生获得新消费品的欲望。阿·马歇尔对休闲经济功能的研究反映出，在资本主义工业文明发展到一定阶段时，人们会更加重视利用休闲时间并积极参与休闲活动，从而将对社会的消费格局产生影响。阿·马歇尔之所以令后人敬佩，不仅在于他的不少观点后来被社会经济的发展和人们休闲消费支出的发展所证实，而且还在于他具有面对现实的勇气和坦诚。

20 世纪以来，世界各国劳动生产力水平得到显著提高的同时，劳动生产时间被不断压缩，而劳动者的休闲时间则明显增长。从生产的角度看，劳动者在空闲的时间里，除了休息和娱乐外，还可进行各种形式的学习活动，包括职业和技能培训，使劳动者更适宜于不断专业化和现代化的生产要求。对生产性的企业来讲，休闲的推广不只是让劳动者疲惫的体力得到简单的恢复，而是通过劳动者职业素养的提高，让企业可以获得持续高效的劳动力再生资源和劳动生产效率。因此，从国际发展看，自 20 世纪初开始，不少国家的政府就纷纷出台了一系列的法律，法规，以及各种配套的行政管理条例，不仅在法律上充分保护了劳动者的休闲权利，实际上也用法律的形式肯定了休闲对于社会经济发展所起到的强有力的驱动作用。可以这样说，回顾 20 世纪以来社会历史的发展历程，人们对休闲的合理性一直都没有表示怀疑，与其说是因为休闲时间能够给广大的劳动者带来实际的利益，倒不如说是因为休闲的使用对资本主义社会经济的发展具有重要的推动作用。

一方面，劳动时间的降低，并不表明生产的相应减少，由于劳动者通过适当的休闲得以驱除疲劳，恢复良好的精神状态，导致企业减少了旷工现象，出现了较低的生产人员的更换率；另一方面，劳动者则表现出较高的工作积极性，导致生产能力和生产效率同步提高，从而弥补了因劳动时间减少所引起的生产不足的缺陷。这样，伴随着世界各国社会经济在 20 世纪的发展，必然会驱使千千万万的劳动者，从仅仅满足于必要的生活必需品的消费，向着不断增长的非生活必需品的消费转换，从而在历史上，使休闲由单一的休闲时间的合理性使用，过渡到休闲消费的合理性增长。可以这样认为，休闲就是消费时间并花费金钱。在任何一个城市里，如果没有夜生活和周末休闲时间，毫无疑问，休闲娱乐业将会崩溃；如果没有各类假期，旅游业必定将衰落。因而，可以得出如下结论，"实际上，是休闲而不是劳动使得工业资本主义走向成熟"。从这一意义上进行解析和认知，休闲对社会发展的经济功能就合理和完整地体现出来了。

2. 休闲是市场扩容的助推器

休闲意味着消费市场的不断扩容。现代的休闲活动早已拓宽了生活中消费的内涵，而且因其孕育着巨大的市场商机而受到经济界的广泛瞩目。通常讲，只要休闲活动发生，不管采用何种形式，都会在直接和间接的意义上进行着某种程度的消费支出，都是一种经济活动。梁能认为休闲的经济功能并不只是在周末、节假日才体现出来，在工作之余的休闲范围内也会有各种各样的休闲消费需求，其范围也不仅仅局限于吃喝玩乐，更多地还要包括精神文化消费。加里·贝克尔认为，所有休闲都含有某种消费，所有消费活动又都含有某种休闲。随着社会的发展，人们的休闲时间大幅度增加，参与娱乐活动的概率越来越大，消费的频率也越来越高，休闲活动的消费支出更是出现水涨船高的景象。我国改革开放的发展轨迹也证明了这样一个历史事实，电视机、录像机、VCD、摄像机、家庭影院设备等家电用品，就是随着家庭休闲娱乐活动需求的增长而大规模进入我国普通民众的家庭。据上海统计局公布的统计数字，2000年上海市民人均每年娱乐消费已经达到146.92元，比20世纪90年代初增长了将近4倍。在日本，人们每年花费在高尔夫球娱乐项目上的支出就达1兆2千亿日元左右。在法国，个人每年购买娱乐电器设备的支出增长率超过12％，每年购买户外娱乐器材的消费增长为13％。从某种意义上说，休闲娱乐活动作为一项消费活动，已完全纳入当代的经济体系中。正是借助于休闲消费，有时还会拉动其他相关产业的发展，或促使其进行相应的技术革命。反过来，那些产业部门的发展，产品的更新，又会刺激休闲消费的一步加强。比如人们购买汽车不只是为了上下班方便，还有从事休闲娱乐活动方面的考虑；而且，汽车进入家庭，确实又成为人们周末、假期出游欲望高涨的重要因素，这是因为驾车出游的方便所致。因此，每逢黄金旅游周，各大城市一批酷爱驾车，但尚未购车的白领人士，往往是提前就向一些汽车租赁公司预约订车，假期一到便携带着家属或亲戚朋友驾车外出旅游了，而这批人必将是国内未来汽车市场快速发展的潜在消费者。可以预料，随着人们家庭收入水平的持续提高，休闲消费已经成为人们日常生活消费的重要组成部分，而且在21世纪休闲消费正孕育着更大的发展趋势，其巨大的市场消费容量是任何人所不能忽视的，这已被众多的经济学家所认可。

3. 休闲是稳定社会就业的调解阀

休闲经济意义的重要性还在于其能够增加就业机会。对休闲究竟能够产生多少就业机会，最简单的办法，就是将人们的社会休闲消费转变成为社会的就业机会。"假若4万美元的休闲消费能创造一个就业机会，那么，1万亿美元的休闲消费将创造2500万个工作岗位，这相当于1990年美国全部就业机会的1/4。假若仍不满足的话，设想美国休闲产业的岗位将产生另一个支出产业的工作，这仅仅涉及了接近一半的与休闲有关的就业机会。"从中我们可以比较清晰地看到休闲经济功能的一个侧面，即对于创造就业机会的现实影响力和巨大的市场潜在力，见表3-5。

表3-5　　　　　　　　英国休闲相关产业的就业情况[1]　　　　　　　　单位：人

年份	酒店和其他旅游住宿设施	餐厅、咖啡厅等	酒吧和夜总会	旅行社和包价经营商	图书馆、博物馆和其他文化活动场所
1992	311000	303000	414200	69200	74800
1996	399100	487900	506400	104000	739000
2000	406200	555200	576100	131400	88900
2002	418000	545400	535900	133600	81400

---

[1] [英]约翰·特莱伯.休闲经济与案例分析[M].李文峰,译.沈阳:辽宁科学技术出版社,2007:232.

表 3-5 表明了英国休闲相关产业的就业趋势,该表说明就业人数在每一个休闲相关的产业中都有所上升,而对全国就业的总体贡献达到 210 万人,占总劳动人口的 10%,这表明 1992—2002 年间就业上升率达到了 27%。在英国的某些地区,休闲产业是其重要的产业,是解决当地就业问题的重要渠道。在美国,来源于就业及薪资普查的数字显示:艺术、娱乐的就业总人数占所有就业人数的 1.4%,住宿和餐饮服务就业占了总就业量的 8%,据估计休闲和接待产业年平均就业人数在 1993 年约为 970 万人,而到 2002 年又上升到了约 1200 万人,休闲产业对就业的贡献率不断上升。

4. 休闲是规避经济危机的润滑剂

在 2001 年,发生的一件震惊全球的大事,再次让我们从更深的层次上认识到了休闲的经济功能在社会经济发展过程中所起的不可忽视的作用。在全人类进入新世纪的第一年,正值美国经济面临增长严重趋缓,之后不幸又遭遇了"9·11"这一前所未有的恐怖袭击活动,不仅造成美国巨大的人员和财产损失,而且也使当时美国尚不明朗的经济走向陷入雪上加霜的困境之中。而今,当纽约世贸中心废墟上的浓烟渐渐散去,一方面,投资者的心态颇让人琢磨不透,"道指"和"纳指"的波动现象已明白无误地告诉人们,美国股市将要经历一个更长久的动荡,如今的动荡还只是刚刚开始。另一方面,美国国内消费者的信心也已成为美国经济发展的焦点。2002 年年初,从美国联邦政府到地方政府,从总统到市长,都在不同的场合强调一个核心问题,那就是竭尽全力鼓励人们像往常一样逛商店、看电影、下餐馆,呼吁人们加大力度进行各种形式的休闲消费。在这种特殊的大背景下,美国居民的休闲消费已成为具有爱国主义内涵的经济行为。这不禁让人回想起 1997 年那场起源于东南亚的金融危机,波及韩国时,韩国政府为了克服国家经济面临的严峻困难,号召人民在国难当头之际,减少消费,尤其是压缩高档的非生活必需品支出。为响应政府的倡议,众多韩国家庭将象征财富的金银首饰无偿捐献给国家,此情此景在当时曾令多少人感动万分,直至今日也久久不能忘怀。而今,当美国笼罩在严重的经济衰退的阴影中时,美国政府所要做的事情恰恰与当年韩国政府的要求相反,并不是要求美国人民压缩消费开支,而是尽可能地增加消费开支,特别是增加属于非生活必需品的休闲活动开支。东西方两个国家在解决国家面临的严重经济危机时所选择的不同做法,不能简单地用文化差异来进行解释,其实还应有更深层次的经济结构和社会观念结构方面的差异。美国是一个以消费经济为主的国家,民众停止了消费,无疑是停止了刺激国民经济持续发展的发动机。美国著名的经济学家克鲁曼在"9·11"事件后曾撰文疾呼人们要进行积极的消费,他警告说,如果美国人都像 1997 年东南亚经济危机时韩国人那样,将积蓄多年的金银珠宝都拿出来捐给国家,而放弃购买奢侈品,反而会使国家经济更加糟糕,而这正是美国政府和经济学家最为担忧的事情。倡导民众进行奢侈性的休闲消费,并将它提升到一种爱国主义行为的高度,也是出于无奈,虽说这在过去是根本无法想象到的事情,而今在美国却成为挽救美国经济的重要手段。事实证明,在现代社会,适度提高人们进行奢侈消费的程度,同样有助于恢复和促进社会经济的发展。

5. 休闲是促进市场热点转换的原动力

从人们对休闲生活方式的追求中,总可以清楚地看到市场热点转换的轨迹,在某种程度上可以把休闲看成是引导市场热点切换的风向标。在当今社会,各个阶层人们的物质生活或精神生活的模式或多或少会受到时尚的影响，并在个人的休闲消费生活中打上烙印。时尚是休闲生活中的一种社会现象，是人们在多变的社会中追求生活方式和体验消费乐趣的真实记录。在当代，人们的休闲生活日益丰富，生活热点日趋多样化，所以消费时尚的变化和更替的速度进一步加快，从而使休闲消费既体现出勃勃生机的一面，又表现出光怪陆离的特性。这里所指的消费时尚的含义比较宽泛，它的范围包括室内装饰、日用品、汽车、饮食生活的倾向等，包括了消费者在市场上购买全部商品的生活方式。休闲消费的时尚化，在今天既可以被看作是现代社会休闲生活本身的重要特征，也是促进市场消费热点转变的重要动力。

第四章 国内外休闲理论发展

第一节 马克思主义与休闲理论发展

一、马克思对休闲科学理论发展的贡献

将近一个世纪以来,在西方社会学的研究领域,一直有一种传统的主流派观点,认为奠定了近代休闲科学理论基础的开山之作是美国经济学家托斯丹·本德·凡勃伦(Thorstein B Veblen)写于1899年的《有闲阶级论》。但近年来,不少中外学者经过深刻研究后认为,在近代资本主义社会发展的初期,无产阶级革命导师马克思就已经结合当时工业社会发展的现状,对休闲科学理论进行了比较深入的研究,尤其是对休闲时间的使用以及休闲活动的作用等问题,提出了鲜明的观点和重要见解。对此,在美国出版的《国际社会学科学百科全书》也已经给予确认。在该书"休闲社会学"条目上非常清楚地写道,能够预见到休闲在文明发展中的重要性的思想家是马克思。显而易见,马克思主义理论在近代休闲社会科学理论上所做出的前瞻性研究和开创性成果,已经开始得到休闲科学研究领域内学者的承认和重视,并恢复其相应的历史地位。当然,作为无产阶级革命导师的马克思当时所承担的历史重任主要是建立科学社会主义理论体系和创建剩余价值学说,因而没有从整体上对休闲科学理论进行完整和系统的研究与论述。但是,但凡接触过马克思的《资本论》以及其他著作的人都会由衷地感受到,从思想理论上对近代大工业时代的休闲问题予以高度重视的正是马克思。

第一,马克思无情地鞭挞了资产阶级剥夺工人自由时间的恶劣行径。马克思在《资本论》中,一方面用大量活生生的事实无情地揭露资本家对工人剩余价值的剥削;另一方面又不无悲愤地指出,资本家采用这种残酷的剥削极大地限制了工人个人自由休闲时间的获得。书中写道:"至于个人受教育的时间,发展智力的时间,履行社会职能的时间,进行社交活动的时间,自由运用智力和体力的时间,以至于星期日的休息时间——这全是废话!"在分析失去自由时间的工人的现状时,马克思进一步指出:资产阶级对工人的残酷盘剥,"侵占人体成长、发育和维持健康所需要的时间。它掠夺工人呼吸新鲜空气和接触阳光所需要的时间。它克扣吃饭时间,尽量把吃饭时间并入生产过程,因此对待工人就像对待单纯的生产资料那样,给他吃饭,就如同给锅炉加煤、给机器上油一样"。不可否认,近代工业革命促使人类社会的生产力和生产关系发生了彻底变革,使人类进入了发展的新时代。但同时,近代工业化所造成的令人不堪忍受的工作环境,特别是资本家贪得无厌的本性和残酷欺诈的手段,迫使工人们根本无法也不可能通过利用有限的休闲时间的消遣来寻求自我表现、展示创造性和舒展被压抑的个性。

第二,马克思对自由时间与人的发展这一休闲科学中最基本的问题进行了深刻阐述。首先,马克思明确指出自由时间对人发展的重要作用。马克思比凡勃伦早三十七年就明确提出了人的发展主要是有赖于休闲时间多少的科学见解。马克思以非同寻常的思想敏锐性洞察到休闲的发展将带给人类社会以巨大影响这一历史发展的大趋势。在1862年完成的《剩余价值理论》草稿中,马克思指出可以自由支配的时间,"也就是真正的财富,这种时间不被直接生产劳动所吸收,而是用于娱乐和休息,从而为自由活动和发展开辟了广阔的天地。时间是发展才能等等的广阔天地"。其次,马克思科学地区分了自由时间的不同功能,认为"自由时间,可以支配的时间,就是财富本身:一部分用于消费产品,另一部分从事自由活动,这种自由活动不像劳动那样是在必须实现的外在目的的压力下决定的,而这种外在目的的实现是自然的必然性,或者说社会义务"。马克思还进一步阐明:"作为自由时间的基础,而取得完全不同的、更自由的性质,这种同时作为拥有自由时间的人的劳动时间,必将比役畜的时间具有高得多的质量。"最后,在深刻揭示缩短工人劳作时间和增加自由时间的重要性时,马克思从个人发展与社会发展相结合的角度进行了辩证的分析,强调休闲时间"不仅对于恢复构成每个民族骨干的工人阶级的健康和体力是必需的,而且对于保证工人有机会来发展智力,进行社交活动以及社会活动和政治活动,也是必需的"。

第三,马克思科学地论述了自由时间不仅对个体发展具有重要作用,而且也是国家衡量富裕程度的重要指标。马克思在《政治经济学批判手稿(1857—1858年)》中明确指出:"从整个社会来说,创造可以自由支配的时间,也就是创造产生科学、艺术等等的时间。"马克思还曾高瞻远瞩地指出,一个国家真正富裕的标志是劳动时间的减少,休闲时间的增多。自19世纪以来100多年的世界历史发展也表明,休闲发展程度高低已经成为衡量一个国家或地区富裕程度的标志。

二、恩格斯在休闲科学理论上的建树

与马克思同时代并肩奋战的无产阶级革命导师恩格斯,对休闲科学理论的发展也作出了重要贡献。首先,恩格斯提出了"人生三需要"的著名论断。恩格斯曾指出,人生有三个根本需要:一是生存的需要,消费是为了生存;二是享受的需要,人可以活得更好一些;三是发展和表现自己的需要。在此,恩格斯辩证地说明了休闲的重要性,并将自我发展和表现自己的需要作为人生追求的最高目标,从而揭示了休闲科学的本质特征,这在100多年的历史发展中已得到有力印证。恩格斯曾经引用过彼·拉·拉甫罗夫一段精彩的论述:"人不仅为生存而斗争,而且为享受,为增加自己的享受而斗争……准备为取得高级的享受而放弃低级的享受。"恩格斯在对此表示赞同后,又进一步阐述道:"人类的生产在一定阶段上适合到这样的高度——能够不仅生产生活必需品,而且生产奢侈品(即我们说的提高生活质量)……这样,生存斗争就变成为享受而斗争,不再是单纯为生产资料斗争,而是为发展资料,为社会的生产发展资料而斗争,到了这个阶段,从动物界来的范畴就不再适用了。"其次,恩格斯认为自由时间主要用于人的享受和发展。1891年,恩格斯在为马克思《雇佣劳动与资本》的单行本撰写的导言中就明确指出,这个社会已被自己的富有所窒息,而同时它的绝大多数成员却几乎得不到保障去免除极度的贫困。对此,恩格斯以一个无产阶级革命家的气概和胆略预言道:"一个新的社会制度是可能实现的,在这个制度下,现代的阶级差别将消失;而且在这个制度下——也许在经过一个短智的、有些艰苦的、但无论如何在道义上很有益的过渡时期以后,通过有计划地利用和进一步发展现有的巨大生产力、在人人都必须劳动的条件下,生活资料、享受资料、发展和表现一切体力和智力所需的资料,都同等地、愈益充分地交归社会全体成员支配。"恩格斯的论述十分清晰地表明,所谓劳动是用于社会成员生存所必需支付的时间,而用于享受和人的体力及智力发展的时间就是休闲时间。

三、其他马克思主义者的贡献

除了马克思和恩格斯外,同时代其他的一些马克思主义者也对休闲的理论问题有过不少精彩的论述。法国著名的马克思主义者拉法格(Lafargue)在1880年曾经撰文,为那个时代无产阶级争取获得合理和必要的休闲权所从事的正义斗争进行热情的呼吁和有力的申辩。在那篇题为《懒惰权》(1880)的文章中,作者引用了诗人莱辛的两句诗:"我们对于一切,除了爱情和美酒;对于一切,除了休闲本身,都懒得去管!"拉法格还指出,无产阶级如果要认识到自己的力量,就应该宣布他们有休闲权,这一权利比干巴巴的人权要神圣高贵千万倍。拉法格的《懒惰权》被认为是推动休闲社会学发展的直接起点。

通过以上对无产阶级革命导师部分言论的引用,可以清晰地表明,马克思主义理论是关心普天之下广大民众休闲的科学理论,是关注社会普通大众生存权和发展权的革命理论。现代社会发展的实际进程及其产生的一系列结果,证明了马克思主义科学论断的预见性和正确性,这是我们建设具有中国特色社会主义休闲科学理论的宝贵思想财富,也是指导我们进行休闲科学研究的重要思想武器。

第二节 西方休闲理论发展概述

自古希腊时代起,在西方休闲科学理论两千多年的发展历史中,留下了极为丰富的理论遗产,其中尤以古希腊哲学家亚里士多德为代表,在西方休闲研究领域甚至"可以将他看成是休闲之父"。工业革命以后,有关休闲的研究在西方获得了进一步的发展。从西方近百年休闲科学理论的发展过程看,大致可以分为以下三个发展阶段。

一、第一阶段:19世纪末至20世纪五六十年代

这一时期,尽管经历了两次世界大战,但是从世纪范围看,欧美地区工人阶级通过持续和广泛的斗争取得了令人瞩目的成效,8小时工作制在全球得到推广,一些国家(如法国)甚至开始实施带薪休假制度。西方不少学者们主要从哲学、文化学、社会学和经济学

的角度对休闲进行研究，主要代表观点有以下几个方面。

（一）凡勃伦与《有闲阶级论》

托斯丹·本德·凡勃伦是20世纪初美国著名的经济学家，他于1899年发表了著名的《有闲阶级论》，建立了以社会地位功能为标准的休闲理论，对现代休闲科学的发展具有重要影响。因而西方社会学家认为"托斯丹·本德·凡勃伦恐怕可以称得上是休闲社会学之父了"。凡勃伦的主要观点可以概括为以下几个方面。

第一，休闲是一种阶级的社会象征。有闲阶级之所以不愿参加劳动，把参加劳动看作是有损体面的事情，是因为在他们看来，拒绝劳动不仅是体面的，值得称赞的，而且成为保持身份的、礼俗上的一个必要条件。因此他们日常只是从事一些没有实际作用的脑力劳动，如学习礼仪，讲求修养等。

第二，"炫耀性消费"是一种社会属性。在休闲过程中对奢侈品或是对休闲活动进行无节制的消费，也是有闲阶级带有社会优越感和阶级荣誉感的消费心理的表现。凡勃伦提出了"炫耀性消费"概念，对休闲科学理论的发展影响极大。所谓"炫耀性消费"是指旨在摆阔气，炫耀自身财产、身份和地位，而非出于需要而花钱购物的消费行为。凡勃伦认为，"炫耀性消费"是美国社会资产阶级消费的特点，而且这种消费趋势逐步渗透到诸如打猎、体育等休闲活动中去。

第三，消费生活方式的仿效。通常表现为较低阶层的生活方式常以较高阶层的生活方式作为模仿的标准。上流社会摆阔气的消费和显眼的消费方式，也对社会较低阶层产生影响，甚至一直影响到最底层。如每个阶层的成员总是把他们上一阶层流行的生活方式作为他们礼仪上的典型，并全力争取达到这个理想的标准。他们如果在这方面没有能获得成功，其声名与自尊心就不免受损，因此他们必须力求符合这个理想的标准，至少在外貌上要做到这一点。

第四，消费规范的淘汰作用。由于社会上普遍盛行摆阔气、讲排场的风气，必然导致某些消费品不断变更其式样。因为人们总想追求时尚，所以表现在服饰的穿着上就是推崇新奇，紧跟潮流。服饰式样的变动一定会引起消费支出增加，因为这是人们摆阔气的需要。这一现象就被称作消费规范的淘汰作用。

凡勃伦无情地揭露了有闲阶级及其消费方式的腐朽性。然而，凡勃伦没有从资本主义制度的本质特征入手，因而也就无法厘清产生这些社会问题的真正原因，最终结论只能是无奈地等待人们的思想、习惯和心理的逐渐改变，从而实现对社会某种程度的改良。

（二）20世纪初中期休闲科学理论的发展

自凡勃伦以后，不少西方经济学家、社会学家、人类学家、文化学家也从不同学科角度关注并加强了对休闲科学理论的研究，正是有赖于这些学者所进行的接连不断的艰苦的拓展工作，才使20世纪中叶以前的休闲科学逐步发展起来。

伯特兰·罗素（Bertrand Russell）在他的随笔《懒散颂》（又名《闲散颂》）中针对资本主义制度带给工人群众的巨大痛苦，大声疾呼："劳动道德就是奴隶道德，而现代世界不需要奴隶。"罗素指出，在过去少数人的闲之所以成为可能，是因为多数人劳动。他认为现代技术使闲暇成为可能，不再是狭小的特权阶级独有的，而是社区中平均分享的。作为一名非马克思主义者，罗素的观点在当时引起强烈的反响，即使在今天，罗素的这些文章读来仍如初写时一样新鲜，恐怕将来也不会失去意义。

约翰·赫伊津哈（John Huizinga）在《游戏的人：关于文化的游戏成分的研究》书中，从游戏活动这一独特的视角出发，深刻阐述了游戏与社会文化进化的相关性，以及游戏对人的发展的作用。他认为人只有在游戏中才最自由、最本真、最具有创造力，游戏的世界是一个阳光灿烂的世界。

约瑟夫·皮珀（Pieper J.）撰写的《闲暇：文化的基础》被认为是现代休闲理论研究的经典之作。皮珀认为休闲是一种心灵的态度，也是灵魂的一种状态，可以培养一个人对世界的关照能力。他说道："在构成西方文化的诸多基础中，闲暇无疑是其中之一。"过去是如此，未来也是如此。他还进一步提出，宗教只能产生在休闲之中，因为只有身在休闲之中，我们才会有时间去沉思上帝的本质。本书被认为摧毁了 20 世纪工作至上的陈规，颠覆了当今世界的休闲观念。

需要指出的是，里斯曼（Riesman）《孤独的人群》和伯格（Berge）《休闲社会学》是 20 世纪五六十年代美国非常有影响的有关休闲理论的著作，两位作者分别在书中提出了"大众消费"和"大众文化"的观点，并将休闲问题的研究纳入文化社会学的范畴内，对此后的休闲研究产生一定影响。

二、第二阶段：20 世纪六七十年代至九十年代

20 世纪六七十年代，随着世界经济发展所引起的社会生活水平的广泛提高，导致众多国家人们可自由支配的时间大幅度增多，欧美发达国家普遍进入人均国内生产总值（GDP）3000～5000 美元的发展时期，使得西方民众"休闲第一"的观念逐渐兴盛。对此，帕克（Parker）认为西方正进入更具普遍性的"大众休闲时代"，休闲对人类社会发展影响的重要性日趋突出，推动了休闲理论在休闲社会学、休闲心理学和休闲经济学等方面研究的进一步发展。

第一，随着欧美国家逐步跨入休闲时代，围绕休闲及其社会关系的研究空前繁荣。法国社会学家杜马兹迪埃（1967）明确指出，休闲已经是一种新的、个人是自己的主人并使自己感到愉快的社会需要。他又说道："从企业的要求来说，这种社会需要过去经常被认为是无所事事，虚度时光，而现在却被说成是人的尊严所在；从家庭的要求来说，这种社会需要过去经常被称作为自私的表现，而现在却被认为是尊重他本人及其家庭成员的人格的表现。这种需要的一部分过去经常被宗教组织认为是邪恶的，而现在却被认为是生活的艺术。"到了 20 世纪 70 年代，杜马兹迪埃在《法国的休闲社会学》中又对人类休闲行为造成的巨大社会影响进行了进一步系统的分析，认为休闲带来新的社会价值的变化，主要表现为：一是个人解放的价值观加强。由于受到空闲时间在各种实践中首先出现和发展起来的模式的影响，社会权威变得更为温和，允许个人更自由地表达，空闲时间日益增多，个人价值的意义也显得日益重要。二是人民的社会关系在不断变化。空闲时间的增加使人们有更多的空余、周末、假期以及退休时间来进行交往和维系感情，日益要求有更自由、更新的社交方式。三是人与自然的关系也在变化。城市各阶层中越来越多的劳动者喜欢到这样的地方（自然界）旅游，既为了得到轻松，解除疲劳，也是出于乐趣。人们无论是对自身、对别人，还是对自然的关系，都产生了一种更自由的生活价值，空闲时间的重要性

正是体现在这种价值中。

纽曼（Neumann）面对后工业化时代经济和科技迅猛发展的趋势，对传统的工作与休闲关系进行了理性反思，并以坚定的口吻写道："不容争辩，工作已不再具有重要意义，而退居次要地位，自我肯定的学说中心已转移到未被占用的领域，休闲突出地成为唯一的支配因素"。

罗歇·苏（Roger Sue）也曾指出："休闲表现为个人或集体的积极实践，由于这些实践的扩展及其所需的基础设施，使休闲成为重要的社会现象。"

值得一提的是凯利（Kelly），突破了休闲社会学研究的原有模式，融合了存在主义和结构主义方法，采用解释性和实证性的分析模式，创建了一种全新的休闲研究方法，提出休闲应该被理解为一个成为人的过程的观点，指出"休闲是一个完成个人与社会发展任务的主要社会空间——休闲在人的整个一生中都是一个持久、重要的舞台"。

第二，休闲心理学成为这一时期的一个亮点，诞生了一批引人关注的学术成果。钮林格（Neulinger）将休闲定义为一种精神状态，与之相伴随的一种态度，并将休闲态度分为感知到的自由、内在动机和终极三个层面，指出对于休闲判断只有一个标准，那就是心灵所能体验的自由感，认为"休闲就是做自己，显示你的天赋、才能和潜力"。

对休闲心理学发展产生重要影响的是席克珍特米哈依（Csikszentmihalyi），他提出了"畅"（flow）的概念，即"具有适当的挑战性而能让一个人深深沉浸于其中，以至忘记了时间的流逝、意识不到自己存在的体验"。作者认为在休闲活动中，太难的活动会让人感到紧张和焦虑，而太容易的活动则会让人感到厌烦，这些都无法获得真正的休闲，于是"畅"是"介于焦虑感和厌烦感之间的最佳状态"。因此，休闲不应受到传统工作与休闲划分标准的限制，从而不论在工作还是休闲活动中，都更能积极地去寻求最佳的心灵体验。

第三，这一时期，休闲在经济上的重要性也日渐凸显，导致休闲经济学和休闲管理学研究的兴起和繁荣。从管理学角度看，德莱弗（Drove）提出了著名的休闲效益管理方法。他认为应将休闲项目作为一个系统，通过管理使相关方面的效益最优化。而哈维茨（Havitz）认为应加强休闲服务市场的营销管理，并通过市场营销改变居民休闲活动的偏好与活动。

从经济学角度看，相关研究主要集中于时间利用、劳动供给两个方面。科科斯基（Kokoski）在对家庭福利指标及休闲时间价值进行研究的基础上，发现国民每周工作时间下降，而家庭层次劳动活动增加以及家庭休闲消费减少的变化特征。赫克（Hek）通过对休闲效用研究后发现，如果消费者对休闲重视甚于消费，则可能出现存在于休闲和消费间的均衡增长路径。

三、第三阶段：21世纪初至今

进入新世纪，国外有关休闲研究范围进一步扩大，研究内容进一步深化。

第一，从区域性的研究看。以北美地区为例，学术界的研究除了继续关注休闲社会学、休闲心理学、休闲管理学等传统学术领域的问题外，休闲研究重点逐渐扩散到休闲制约、休闲政策、休闲与健康、休闲与性别、休闲与人种/种族、休闲与文化等方面，研究内容与社会发展和居民休闲生活的紧密度不断加强，现实性更加凸显。

第二,从期刊文献看。以世界休闲杂志为例,通过关键词分析,可知一方面学者对休闲研究的关注点以区域性的休闲问题较多(10.3%),其次是生命周期与休闲(8.9%)、大众休闲方式(8.4%),而一些休闲社会问题的研究则相对较少,如家庭与休闲(1.9%)、工作与休闲(1.9%)、休闲与教育(1.8%)。另一方面关键词所涉及的范围较为广泛,基本上涵盖了几乎所有休闲研究所触及的问题。但与北美休闲研究相似的是,西方学者对休闲经济问题的关注度较低。休闲关键词分类见表4-1。

表4-1　　　　　　　　休闲关键词分类(2000—2012年)

关键词	文章比例/%	文章数量/篇	关键词	文章比例/%	文章数量/篇
区域性休闲	10.3	85	生命周期与休闲	8.9	73
大众休闲方式	8.4	69	休闲价值/效益	7.9	65
文化与休闲	7.4	61	休闲管理	7.3	60
健康、福利与休闲	6.9	57	旅游与休闲	5.2	43
非休闲方式	5.1	42	体育与休闲	4.4	36
社区/休闲	4.0	33	休闲哲学	4.0	33
性别与休闲	3.8	31	公园/环境/户外娱乐	3.2	26
治疗性娱乐	3.2	36	休闲理论	2.7	22
家庭与休闲	1.9	16	工作与休闲	1.9	16
休闲与教育	1.8	15	地方感与休闲	1.6	13
合　　　计				100	822

第三,综合《休闲研究杂志》和《休闲科学》刊载的论文以及已经出版的相关研究著作看。欧美地区有关休闲的研究近年来体现出如下趋势:一是关注国民休闲与健康;二是注重影响国民休闲的制约因素;三是分析休闲与生活满意度的关系;四是聚焦研究公共政策与休闲城市管理;五是探索休闲服务产业对社会经济发展的影响。

实际上国外学术界围绕休闲研究重点的深化和研究趋势的演变,在国内最近的译著出版中已得到一定程度的体现。此外,从理论研究的角度看,还应注意以下两方面问题。首先,即使在欧美地区,休闲学科至今仍未能成为一个足够明确的研究领域,休闲研究和学科建设任重道远;其次,随着新兴工业化国家以及广大发展中国家居民休闲活动不断趋于大众化和普及化,休闲研究的国际化趋势进一步强化。

第三节　北美休闲理论发展

一、北美休闲研究的阶段

在北美,有关休闲研究的阶段划分,比较传统和简单的方法是以第二次世界大战为界,把北美休闲研究分为前后两个时期,即第二次世界大战以前时期和第二次世界大战以后时期,绝大多数北美休闲学者持这种观点。在此基础上,也有更细化的分段方法。加里·克罗斯(Gary Cross)在他的《1600年以来的休闲社会史》中,把20世纪以来美国的

第四章
国内外休闲理论发展

休闲社会运动和休闲研究历史划分为第二次世界大战以前、第二次世界大战至70年代和70年代以后三个阶段。另一位休闲社会学者罗尔夫·梅尔森（Rolf Meyersohn）在一篇文章中专门论述了1945—1965年间美国休闲社会学研究概况，从休闲社会学角度间接提出了北美休闲研究阶段的划分标准，与加里·克罗斯的划分基本吻合。2000年，理查德·克劳斯（Richard Kraus）在其所著《休闲：在变化中的美国》一书中认为，美国真正的休闲运动应该从第二次世界大战以后开始，而美国休闲状况的巨大变革出现在20世纪50—70年代，这一时期大量的学术专著开始出现；80年代是休闲运动和休闲研究都出现转折的时期；90年代以后美国休闲研究则进入了一个新的阶段。加拿大亚伯塔大学的托马斯·伯顿（Thomas L. Burton）和埃德加·杰克逊（Edgar L. Jackson）也曾撰文认为，北美的现代休闲研究应从1899年凡勃伦的《有闲阶级论》开始；第二次世界大战以后，大量的学术专著开始出现，与此相伴随的则是20世纪70—80年代出现的北美休闲学术期刊；90年代以后，北美休闲研究进入新的时期。

实际上，休闲研究和休闲运动是与经济、社会的发展同步的。19世纪末期，正处在快速工业化、城市化进程中的北美面临逐渐增多的城市穷人、儿童、老人、残疾人以及农民的问题，休闲被作为改善这些人健康、教育、社会调节和生活机会的一种手段。第二次世界大战以后至20世纪80年代是北美经济发展的黄金时期，随着经济的大发展、人们生活水平的提高和休闲时间的增加，社会对休闲的需求迅速膨胀，国家和地方政府开始投入大量资金用于国家公园、城市公园和休闲资源的开发、休闲设施的提供等，休闲研究也进入大发展时期。20世纪90年代以后，北美社会已完全进入了福利化社会阶段，社会产品丰富，技术领先，交通发达，休闲已经成为普遍的社会行为。与此同时，北美的休闲研究也走向成熟。这一时期，休闲学者开始反思先前的休闲理论成果，逐渐拓宽学术视野，并开始了频繁的国际学术交流与合作等。

当然，也有一些北美学者不提倡从时间角度来划分休闲研究的阶段。戈比就主张从研究的内容而不是重大历史事件的视角来看待休闲。戈比认为："休闲研究起源于一个不同但又关联的传统。它最先从欧洲大学里的社会学系发展起来，关注工业社会中不断增多的闲暇时间所带来的问题。早期的探索聚焦于每日生活中的工作——休闲模式、时间的利用、郊区化和工业工作等。后来的探索专题则包括社会阶级、科技、社区生活、有组织的休闲，以及工作安排对休闲行为的作用和影响。从20世纪80年代起，社会心理学的框架越来越多地被休闲研究所采纳。"他又谈到，其实在北美休闲研究过程中，社会群体理论，自我决定理论，流畅理论，休闲制约和协商理论，人种/种族、社会正义和文化理论，以及严肃休闲和业余休闲的区分理论，社会群体理论中的拥挤和冲突问题等，都曾经或一直是广受学术界关注的问题。所以，他更多地认为北美休闲研究是从最早关注"休闲社会学""休闲经济学"等，而后涉及公园、娱乐、旅游等实证休闲研究，并最终走向"休闲社会/心理学"研究的一个过程。

二、第二次世界大战以前的北美休闲研究

凡勃伦在《有闲阶级论》中，把休闲阶级作为一个特殊的经济队伍和消费群体来看待。他使用嘲讽的口吻来描述19世纪后期富裕的"有闲阶级"的"炫耀性消费"及其娱

乐生活，反映出在那个时期，休闲是被看作一种特殊阶层的专利的。进入20世纪初期，大量的农村人口进入城市，成为工厂的工人，工作与休闲的关系开始被广泛地关注。

长时间的枯燥乏味的体力和脑力劳动，使工人运动首先从争取缩短工作时间开始，即争取有更多的休息时间来解除工作的疲劳。但当时正处于快速工业化和经济发展时期的北美社会，在价值观念上崇尚劳动、工作，整个社会对休闲的观念还无法接受。所以，最初工人的休息权之所以被认可，是因为连资本家也认为，适当的休闲是对工作的必要补偿，对工人为资本家创造更多的利润也是有利的。休闲对于整天从事重复性、低技术含量、穿梭于工厂的机器之间的工人的单调乏味的工作来说，是一种额外的补偿。

在这种背景下，工人的工作时间逐渐被缩短，他们也可以有闲暇时间上教堂，或与家人一起度过愉快的周末。

第一次世界大战时期，美国远离欧洲战场，获得了发展国内经济的良好时机。所以，到第二次世界大战以前，北美的休闲得到了很大的发展，休闲研究则逐渐深入。这一时期的研究成果除了一直关注工作与休闲的关系、休闲与传统伦理观念的冲突等问题外，有不少成果涉及对居民休闲、娱乐时间及其利用的调研、测量方面。比如，1933—1934年，纽约市组织了一次较大规模的居民休闲时间利用调研。调研的结果认为，工作时间的缩短是一个必然的趋势，对居民逐渐增长的需求必须加以认真对待。与此同时，儿童、青少年的休闲问题也逐渐受到社会的关注；城市老人的问题、无业流动人口的问题等也逐渐引起政府的重视。一些政府和非政府组织开始从开辟公园、提供娱乐设施方面考虑市民逐渐增长的休闲需要。

根据美国国家娱乐与公园协会的相关资料，1902年，有将近800个美国城市组织了自己的公园管理系统；1916年，美国国家公园管理机构——国家公园服务部正式建立，负责管理全国的15个国家公园和21个纪念馆；1927年，有将近1700座城市建立了自己的公园管理系统，下辖的公园总面积达到了250000英亩；到第二次世界大战结束时，又有大批的公园、游泳池、图书馆，以及其他休闲机构建立起来。

这一时期，比较突出的休闲研究成果包括：柯蒂斯（Henry S. Curtis）的《游戏运动及其意义》，伦德伯格、喀马罗福斯基和麦克纳尼（George A. Lundberg, Mirra Komarovsky, and Mary Alice McInerny）的《休闲：对郊区的研究》，诺伊迈耶（Neumeyer, M. H. & Neumeyer, E. S.）的《休闲与娱乐：社会学视角的研究》，弗罗姆（Eric Fromm）的《逃避自由》，以及卡滕（Cutten G. B）的《休闲的威胁》等。

柯蒂斯在《游戏运动及其意义》中讨论了游戏与社会文化的关系问题，指出它对人的发展及社会进步的意义；《休闲：对郊区的研究》则选取第二次世界大战以前美国经济大萧条时期纽约一个郊区为背景，在对广泛收集的数据进行大量的定性研究和一些定量分析之后，对休闲受到的制约和其对社会的影响进行了评价；《休闲与娱乐：社会学视角的研究》从社会学角度对休闲进行阐释，认为对普通人来讲，休闲是史无前例的、正在走向人类的全新的事情，标志着一种新的生活形态的可能性将直接从为了生计而工作的人们那里产生；弗罗姆的《逃避自由》则从哲学层面讨论了约束与自由的问题，他认为，人类发展的过程就是不断地从自然的、人为的各种约束中找到自由的过程，但什么才是自由的真正目的则仍然是人类需要长期思考的问题；《休闲的威胁》则分析了由于休闲产生的对传统价值观念的威胁,并表示了对休闲与未来社会发展前景的忧虑。

实际上,直到第二次世界大战以后大众休闲的观念被普遍接受以前,北美休闲学术界和整个社会对休闲及其存在价值就一直在不停地争论着,而休闲研究自身的弱点也是这场争论一直存在的原因。这种弱点在北美的学者看来主要来源于以下两个主要方面:

一是一直有学者把休闲看作是危险的,甚至对文化和现代文明而言,休闲是一个问题而不是一种资源。传统的对于工作和勤劳等美德的崇尚,始终成为休闲作为普通人权利、被广泛接受的主要阻碍。

二是在一些学者看来,休闲学研究面临的困境不仅来自外界,即客观世界,也来自自身。主要有两个方面:一方面,休闲被简单地、武断地看作是依附于作为重要社会行为的经济、权力、声誉等社会系统的微不足道的社会生活的组成部分;另一方面,在使用"休闲"及其他相关词汇"游戏"和"娱乐"时,往往还存在着概念上的矛盾和模棱两可的状况。被认为是北美休闲社会学之父的杜马泽第耶(Dumazedier J.)也认为,"许多关于休闲的概念,比如自由时间、休息、游戏、消遣、娱乐、爱好、自己动手等,既彼此包含,又互相叠加,存在于一个模糊不清的系统中……所以,我们始终面对一个需要解开和澄清的思想矛盾"。

所以,第二次世界大战以前的北美休闲研究除了花费大量的精力厘清欧洲传统的工作——休闲价值观外,主要仍是在休闲的基本概念及其经济价值、社会意义等方面展开讨论。其他相关的研究还涉及休闲的历史、休闲的理想、休闲市场、休闲文化、大众娱乐、休闲教育等。

但是,应该看到,这种探讨已经为战后休闲的发展和休闲研究的进步与成熟做了很多必要的基础性工作。

三、第二次世界大战以后至20世纪90年代的北美休闲研究

第二次世界大战以后直到21世纪初期的60多年时间里,依靠远离世界大战战场的良好发展环境,北美的经济获得了长足的发展,美国成为世界超级经济、军事大国,加拿大的经济也跻身世界发达国家的行列。与此同时,北美社会也正式跨入发达的福利资本主义社会的行列。随着经济的大发展、城市化进程的加快、人口的增加、教育的发展等,居民休闲的需求也逐渐增长起来,大众休闲理论逐渐被社会接受,公园、娱乐和休闲发展也进入快速推进时期。

1955年,加利福尼亚州洛杉矶迪斯尼乐园(Disneyland)开园,标志着美国第一个主题公园的诞生;1956年,国家公园服务部开始实施旨在提升国家公园的"使命66"计划;1962年,美国联邦政府正式设立户外娱乐部,以对国民娱乐提供持续的协调、资助、管理与服务;到1978年,联邦政府又以"国家公园与娱乐行动"的名义斥资12亿美元用于城市和国家公园建设;到20世纪90年代,全美50个州和加拿大各省都进行过不少与休闲直接相关的活动。每个州都设有以户外娱乐为首要责任的专门机构。另外,处理青年、老年、教育、资源保护区、规划和其他事务的州政府机构也常常向其用户提供娱乐服务。因此,时至今日,无论是在寸土寸金的纽约曼哈顿(Manhattan),还是在休闲小镇宾夕法尼亚州的斯泰特考利奇(State College),都随处可见面积和数量不等的城市社区公园。

这些社区公园的面积和数量视具体情况而定，比如，截至2008年，在斯泰特考利奇中心区公园与娱乐部管理下的社区公园共有42处，另有3处球场、2个公共游泳池、2处草场、1处湿地、1处大型自然生态保护区和1个老年活动中心，共52处公园、娱乐休闲场地，服务于本地的38.7万居民。

与此同时，许多非政府组织的休闲学会（协会）如：美国国家娱乐与公园协会（NRPA）、美国休闲科学研究院（Academy），以及一批休闲学术期刊，如《休闲研究杂志》（*Journal of Leisure Research*）、《休闲科学》（*Leisure Sciences*）、《公园与娱乐管理杂志》（*Journal of Park and Recreation Administration*）等也先后面世，为休闲研究提供了广阔的学术舞台。

归根到底，休闲首先表现为一种社会现象，或者社会问题。因此，在第二次世界大战以后的相当长时期里，北美休闲研究的成果大多仍然是从社会学角度入手的。关于20世纪70年代中期以前北美休闲社会学研究的成果，以刊登在1969年《休闲研究杂志》创刊号上的罗尔夫·梅尔森的文章《美国的休闲社会学：介绍和参考文献》的介绍最为详细。文章从社会学角度专门论述了1965年以前美国休闲研究的成果，并按照"一般性休闲著作、休闲文集和休闲理论探讨""经济研究""社会身份和地位""工作阶层""儿童/成人与家庭""老人""城市/郊区休闲""大众娱乐活动""户外娱乐（包括旅行）"等排列，涉及的主要专著和论文达到229种。

表4-2　第二次世界大战以后至20世纪70年代中期以前北美休闲社会学研究概况

研 究 内 容	成果数量/种	代表性成果
休闲参考文献综述（Bibliography of leisure）	4	见表后
一般性休闲著作、休闲文集和休闲理论探讨（General work; collections & anthologies; theoretical discussions）	65	见表后
经济研究（Economic studies）	26	见表后
社会身份和地位（Socio-professional status）	13	见表后
工作阶层（Working class）	13	见表后
儿童/成人与家庭（Children; adults; family）	9	见表后
老人（The aged）	15	见表后
城市/郊区休闲（Urban and suburban leisure）	8	见表后
志愿者组织、宗教与成人教育（Voluntary organizations; religion; adult education）	15	见表后
大众娱乐活动（Mass entertainment activities）	23	见表后
户外娱乐（包括旅行）（Outdoor recreation, including travel）	38	见表后
合　　计	229	

主要相关成果：

1. 休闲参考文献综述

（1）Denney, Reuel & Meyersohn, Mary Lea, compilers. (1957). Preliminary Bibliography on Leisure. American Journal of Sociology, Vol. LXII, (May): 602-615.

(2) Meyersohn, Rolf & Mare, Marilyn. (1958). A Comprehensive Bibliography on Leisure, 1900—1958, Mass Leisure, ed. Eric Larrabeeand Ralf Meyersohn, Glencoe Ⅲ: Free Press, pp. 389 - 419.

(3) Neumeyer, Martin H (1958). Areas for Research in Leisure and Recreation. Sociology and Social Research Vol. ⅩLⅢ, (November - December): 90 - 96.

(4) Library of Congress. (1962). Outdoor Recreation Literature: A Survey. ORRRC Study Report 27, Washington: U. S. Government Printing Office, Vol. (I): 1 - 97.

2. 一般性休闲著作、休闲文集和休闲理论探讨

(1) Denney, Reuel & Riesman, David. (1952). Leisure and Human Values in Industrial Civilization, Creating an Industrial Civilization, ed. E. Staley, New York, Harper & Bros., pp. 245 - 281.

(2) Bell, Daniel. (1956). Work and Its Discontents. Boston, Beacon Press.

(3) Denney, Reuel. (1957). The Astonished Muse. Chicago: University of Chicago Press.

(4) Donahue, Wilma (ed.). (1958). Free Time. Ann Arbor: University of Michigan Press.

(5) Larrabee, Eric and Meyerson, Rolf (eds). (1958). MassLeisure. Glence, Ill.: Free Press.

(6) The Leisure Society: Do We Use Leisure, or Does Leisure Use Us? (effects on the individual and on management). Harvard Business Review, Vol. ⅩⅩⅩⅦ (May/June, 1959): 46 - 60.

(7) Zelomek, A. Wilbert. (1959). A Changing America at Work and Play, New York: John Wiley & Sons.

(8) Kaplan, Max. (1960). Leisure in America: A Social Inquiry New York, Wiley.

(9) Anderson, Nels. (1961). Work and Leisure. New York: Free Press of Glencoe, I1L.

(10) Brightbill, C. K. (1962). Man and Leisure: A Philosophy of Recreation. Englewood Cliffs, N. J Prentice - Hall Publishing Co.

(11) De Grazia, Sebastian. (1962). Of Time, Work and Leisure. New York, The Twentieth Century Fund.

(12) Outdoor Recreation Resources Review Commission. (1962). National Recreation Survey. ORRRC Study Report 19, Washington: U. S. Government Printing Office, p. 394.

(13) Charlesworth, James C. (ed.). (1964). Leisure in America: Blessing or Curse. Monograph JHJ4, American Academy of Political and Social Science, (April): 93.

(14) Green Arnold W. (1964). Recreation, Leisure and Politics. New York: McGraw - Hill.

(15) Dulles, Foster Rhea. (1965). A History of Recreation: America Learns to Play (2nd ed). New York: Apleton - Century - Crofts.

3. 经济研究

(1) Rottenberg, Simon. (1953). Income and Leisure in an Undeveloped Economy. Journal of Political Economy, Vol. LX, (April): 95 – 101.

(2) Outdoor Recreation Resources Review Commission. (1962). Economic Evaluation of Outdoor Recreation Benefits, Economic Studies of Outdoor Recreation. ORRRC Study Report 24, Washington: U. S. Government Printing Office, pp. 45 – 70.

(3) Bureau of Labour Statistics, U. S. Department of Labor. (1962). Estimates of the Decrease in Hours worked, 1960—2000, Projections to the Years 1976 and 2000: Economic Growth, Population, Labor Force and Leisure, and Transportation. ORRRC Study Report23, Washington: U. S. Government Printing Office, pp. 35 – 72.

(4) Fisk, George. (1963). Leisure Spending Behavior. University of Pennsylvania Press.

(5) Barlow, R. & Sparks, G. R. (1964). Note on Progression and Leisure. American Economic Review, Vol. LIV, (June): 372 – 377.

(6) Clawson, Marion & Knetsch, Jack L. (1966). Economics of Outdoor Recreation. Baltimore, Maryland: John Hopkins University Press.

4. 社会身份和地位

(1) Reissman, Leonard. (1954). Class, Leisure and Social Participation. American Sociological Review, Vol. XIX, (February): 75 – 84.

(2) White, Reuel. (1955). Social Class Difference in the Uses of Leisure. American Journal of Sociology, Vol. LXI, (September): 145 – 150.

(3) Jordan, Millard L. (1956). Leisure Time Activities of Sociologist and Attorneys. Sociology Social Research, Vol. XL, (January): 176 – 178.

(4) Clarke, Alfred. (1956). The Use of Leisure and Its Relation to Levels of Occupational Prestige. American Sociological Review, Vol. XXI, (June): 301 – 307.

(5) Heckscher, A. & de Grazia, S. (1959). Executive Leisure: 5000 Executives Report on How Much They Have, What They Do With It, and What They Look For. Harvard Business Review, Vol. XXXVII, (July/August): 6 – 8.

5. 工作阶层

(1) Berger, Bennett. (1960). Working Class Suburb. Berkeley: University of California Press.

(2) Wilensky, H. L. (1961). The Uneven Distribution of Leisure: the Impact of Economic Growth on Free Time. Social Problems, Vol. IX, (Summer): 32 – 56.

(3) Meyersohn, Rolf. (1963). Changing Work and Leisure Routines, Work and Leisure: A Contemporary Social Problem. ed. Erwin O. Smigel, New Haven: College & University Press, pp. 97 – 106.

(4) Komarovsky, Mirra. (1964). Social Life and Leisure, Blue – Collar Marriage. New York: Random House, pp. 311 – 329.

(5) Anderson, Charles & Gordon, Milton. (1964). The Blue‑Collar Worker at Leisure, Blue‑Collar World: Studies of the American Worker, ed. Arthur B. Shostak and William Gomberg, Englewood Cliffs, N. J.: Prentice‑Hall, Inc., pp. 407‑416.

6. 儿童/成人与家庭

(1) Boynton, P. L. & Wang, J. D. (1944). Relation of the Play Interests of Children to their Socio‑Economic Status. Journal of Genetic Psychology, Vol. LXIV, (March): 129‑138.

(2) MacDonald, Margherita, et al. (1949). Leisure Activities of the Socio‑Economic Status of Children. American Journal of Sociology, Vol. XLIV, (May): 505‑519.

(3) Havighurst, Robert J. (1957). Leisure Activities of the Middle‑Aged. American Journal of Sociology Vol. LXIII, (September): 152‑162.

(4) Leevy, J. Roy. (1959). Leisure Time of the American Housewife. Sociology and Social Research, Vol. XXXV, (November): 97‑105.

(5) Cunningham, Kenneth R. & Johannis, Theodore, B. (1960). Research on the Family and Leisure: A Review and Critique of Selected Studies. Coordinator, Vol. IX, (September): 25‑32.

7. 老人

(1) Chalfen, Leo. (1956). Leisure Time Adjustment for the Aged: Activities and Interests and Some Factors Influencing Choice. Journal of Genetic Psychology, Vol. LXXXVIII: 261‑276.

(2) Havighurst, Robert J. (1960). Life Beyond Family and Work, Aging and Western Societies, ed. E. W. Burgess, Chicago: University of Chicago Press, pp. 299‑353.

(3) Kaplan, Max. (1960). The Uses of Leisure—Handbook of Social Gerontology: Societal Aspects of Aging, ed. C. Tibbits, Chicago: University of Chicago Press, pp. 407‑443.

(4) Kleemeier, Robert W. (ed.). (1961). Aging and Leisure: A Research Perspective into the Meaningful Use of Time. New York, Oxford University Press.

8. 城市/郊区休闲

(1) Ennis, Philip H. (1958). Leisure in the Suburbs: Research Prolegomenon, The Suburban Community, ed. W. M. Dobriner, New York: Putnam, pp. 248‑270.

(2) Goldstein, B. & Eichhorn, R. L. (1961). Changing Protestant Ethic: Rural Patterns in Health, Work and Leisure. American Sociological Review, Vol. XXVII, (August): 557‑565.

(3) Gans, Herbert. (1963). Effects of the Move from City to Suburb: The Urban Condition, ed. Leonard Duhl, New York: Basic Books, pp. 184‑198.

9. 志愿者组织、宗教与成人教育

(1) Komarovsky, Mirra. (1946). The Voluntary Associations of Urban Dwellers.

American Sociological Review, Vol. XI, (December): 686 - 698.

(2) Nash, Jay B. (1962). The Enlarging Role of Voluntary Leisure - Time Associations in Outdoor Recreation and Education, Trends in American Living and Outdoor Recreation. ORRRC Study Report 22, Washington: U. S. Government Printing Office, pp. 157 - 186.

(3) London, J. & Wenkert, R. (1963). Leisure and American Adult Education. International Journal of Adult and Youth Education, Vol. XV (4): 167 - 170.

(4) Lee, Robert. (1964). Religion and Leisure in America: A Study in Four Dimensions. Tennessee: Abingdon Press.

10. 大众娱乐活动

(1) Meyersohn, Rolf. (1961). An Examination of Commercial Entertainment, Aging and Leisure: A Research Perspective into the Meaningful Use of Time. ed. Robert W. Kleemeier, New York, Oxford University Press, pp. 243 - 272.

(2) Glick, Ira O. & Levy, Sidney J. (1962). Living with Television. Chicago: Aldine Publishing Company.

(3) Steiner, Gary A. (1963). The People Look at Television: A Study of Public Attitudes, A Report of a Study at the Bureau of Applied Social Research. Columbia University, New York: Alfred A. Knopf.

(4) Mendelsohn, Harold. (1966). Mass Entertainment. New Haven, Conn: College and University Press.

(5) Developmental Leisure Time Activity in the United States in Relation to Cultural Ideals. Journal of Human Relations, (1966). Vol. XIV (2): 267 - 286.

11. 户外娱乐（包括旅行）

(1) Mangels, William F. (1952). The Outdoor Amusements Industry. New York: Vantage Press.

(2) Cozens, Frederick W. & Stumph, Florence S. (1953), Sports in American Life. Chicago: University of Chicago Press.

(3) Stone, Gregory P. & Taves, Marvin J. (1958). Camping in the Wilderness, Mass Leisure, ed. Eric Larrabee and Rolf Meyersohn, Glencoe, III: Free Press, pp. 290 - 305.

(4) Department of Resource Development, Michigan State University. (1962). The Quality of Outdoor Recreation: As Evidenced by User Satisfaction. ORRRC Study Report 5, Washington: U. S. Government Printing Office, p. 95.

(5) Gans, Herbert J. (1962). Outdoor Recreation and Mental Health, Trends in American Living and Outdoor Recreation. ORRRC Study Report 22, Washington: U. S. Government Printing Office, pp. 234 - 242.

(6) Goldenthal, A. James. (1962). The Future of Travel in the United States, Projections to the Years 1976 and 2000: Economic Growth, Population, Labor Force and

Leisure, and Transportation. ORRRC Study Report 23, Washington: U. S. Government Printing Office, pp. 73 – 117.

1972年，梅尔森又对全球范围内休闲社会学研究的学术成果进行过一次统计，其中第一个部分是美国的成果，反映的研究趋向基本与他1945—1965年的情况一致。后来，美国又有一些关于休闲研究学术研究进展的成果问世，比如赫伦（Herron, N. L.）的《休闲文献》介绍了1992年以前美国休闲研究的主要文献，是梅尔森工作的继续。他通过对多达283种参考文献的考察证实，三种增长最迅速的休闲研究方向分别是：旅游、体育与健康。其实，这也直接反映出，到了20世纪七八十年代以后，随着美国社会的高度发达，包括各种节假日在内的休闲时间的增加，人们了解外部世界的欲望更加强烈，旅行、旅游成为人们生活的不可缺少的组成部分。同时，通过体育锻炼和其他方式获得健康，也逐渐成为人们的一种生活追求。

1983年和1989年，美国另一位学者巴奇（Burdge R. J.）还对两个主要休闲期刊《休闲研究杂志》和《休闲科学》所刊登的文章进行了分析，从中也总结出休闲研究的不同趋向。他发现，休闲研究已经逐渐从第二次世界大战初期的注重社会学、经济学的休闲社会学研究，转向诸如森林、娱乐和公园管理等应用性研究，商业性娱乐与市场研究的成果也有不少的增加。戈比和沈杰明的研究也证明了这一点。他们认为，北美休闲研究从最早关注休闲社会学、休闲经济学等研究，而后涉及公园、娱乐、旅游等实证休闲研究，并且最终走向休闲社会/心理学研究。

从一些主要的休闲专著可以更清晰地看出这个研究的轨迹。这个时期影响比较大的专著如：布赖特比尔和迈耶（Charles K. Brightbill & Harold D. Meyer）的《娱乐》、德欧和菲茨杰拉德（Doell C. & Fitzgerald G.）的《美国公园和娱乐简史》、拉诺比和梅尔森（Eric Larrabee & Rolf Meyersohn）的《大众休闲》、梅和珀根（May H. & Petgen D.）的《休闲及其应用》、布赖特比尔（Charles K. Brightbill）的《休闲的挑战》与《人与休闲》、凯普兰（Max Kaplan）的《美国的休闲——社会调查》与《休闲：理论和政策》、麦克坎内尔（Dean MacCannell）的《旅游者：休闲阶层的新理论》、戈比与帕克（Geoffrey Godbey & Stanley Parker）的《休闲研究与休闲服务》、戈比的《娱乐、公园与休闲服务：基础、组织与管理》、布赖恩（Hobson Bryan）的《广义户外活动中的冲突》、克兰兹（Galen Cranz）的《公园设计政治学——美国都市公园史》等，都主要涉及了公园、娱乐、旅游等应用休闲的内容。

其中，布赖特比尔和迈耶的《娱乐》、德欧和菲茨杰拉德的《美国公园和娱乐简史》是对美国娱乐运动及其历史的追溯。拉诺比和梅尔森的《大众休闲》是一本关于休闲的文集。文集中还收录了皮亚杰、赫伊津哈、米德、罗素和哈克斯利等名家的论文。布赖特比尔在《休闲的挑战》与《人与休闲》中，把休闲与时间等同起来，把娱乐生活看作是对社会的挑战，是人类幸福的来源。凯普兰的《美国的休闲——社会调查》与《休闲：理论和政策》则把休闲作为一个多维度的概念来研究，这些维度涉及美国社会制度的诸多方面，其中包括工作、家庭、社会阶层、宗教、世俗的价值观等，很好地反映了20世纪60年代的美国休闲社会学。戈比与帕克的《休闲研究与休闲服务》以及戈比的《娱乐、公园与休闲服务：基础、组织与管理》则侧重于休闲服务与管理，是休闲理论与实证研究的代表作。克兰兹的《公园设计政治学——美国都市公园史》借助建筑社会学家的观点,考察了都市公园的历史演化,并解释和说明了都市公园有代表性的四种类型,为北美城市公园的建设、管理与服务提供了很好的借鉴。

而纽林格（John Neulinger）的《休闲心理学》、奇克森特米哈伊（Mihalyi Csikszentmihalyi）的《畅：最佳体验的心理学》、塞波·伊索-阿霍拉（Seppo E. Iso‐Ahola）的《休闲与娱乐的社会心理学》、曼内尔和克莱伯（Roger C. Mannell & Douglas A. Kleiber）的《休闲社会心理学》等则是北美休闲心理学/社会心理学研究领域的代表性作品。其他影响比较大的专著还包括：

①赫伊津哈（Johan Huizinga）《游戏的人》；②葛拉齐亚（deGrazia，S.）《论工作与休闲的时间》；③科尔（Walter Kerr）《休闲的衰落》；④皮普尔（Josef Pieper）《休闲：文化的基础》；⑤李（Lee R.）《美国的宗教与休闲》；⑥杜勒斯（Foster Rhea Dullers）《娱乐史：美国人学游戏》；⑦林德（Staffan Linder）《有闲阶级的困扰》；⑧格拉瑟（Ralph Glasser）《休闲：惩罚还是奖赏》；⑨帕克（Stanley Parker）《工作和休闲的未来》；⑩纳什（Jay B Nash）《娱乐与休闲的哲学》；⑪奇克和伯奇（Neil Cheek & William Burch）《休闲在人类学中的社会组织》；⑫里夫金（Jeremy Rifkin）《时间战争：人类历史最初的冲突》；⑬凯利（John R. Kelly）《走向自由——休闲社会学新论》；⑭凯利与戈比（John R. Kelly and Geoffrey Godbey）《休闲社会学》；⑮古德尔和维特（Thomas Goodale and Peter Witt）《娱乐与休闲：一个时代的论题》等。

以上著作从社会、文化、宗教等多个角度对北美20世纪60—90年代的休闲发展给出了较为明晰的线索,很多成果都对北美休闲研究产生了重要影响。其中,葛拉齐亚《论工作与休闲的时间》从政治哲学的观点讨论了休闲,从雅典人的休闲观开始,追溯了这种观念消失的过程,并且讨论了在当代西方社会中社会、经济和政治给休闲带来的障碍。杜勒斯《娱乐史：美国人学游戏》讨论的焦点集中在从17世纪初到20世纪60年代初这段时期内美国人在有组织的、公众的自由时间内的活动,留下了有关浪漫而大众化的消遣和娱乐活动方面的记载。里夫金《时间战争：人类历史最初的冲突》则提出了一个有趣的论点：时间的计算经过了四个阶段的发展,即生物-物理的（自然的）时间、日历时间、钟表时间和计算机时间。其中每一个阶段的发展都包含有矛盾,这些矛盾使人们远离了自己的生物-物理本性。特别是计算机用毫微秒对时间的计算,在某些方面已超越了人类的感知,而且正在有害地改变着人类社会和人的心理过程。凯利《走向自由——休闲社会学新论》则提出了若干新的休闲社会学理论模型,包括直接体验、存在理论、发展理论、社会鉴别理论、相互作用理论、风俗理论、政治理论、人文主义理论等,试图拓宽人们对休闲的理论认知视野。古德尔和维特的《娱乐与休闲：一个时代的论题》是一本论文集,主要探讨了从事休闲服务业的教育者和经营者所面临的问题,提出了哲学立场是娱乐与休闲领域中的核心问题的观点。

而在涉及休闲思想史、休闲发展史、休闲教育、女性休闲、综合性休闲研究等方面,古德尔和戈比（Thomas Goodale & Geoffrey Godbey）的《人类思想史中的休闲》、克罗斯（Gary Cross）的《1600年以来的休闲社会史》、希弗斯和德莱尔（Jay S. Shivers & Lee J. deLisle）的《休闲的故事》、芒迪（Jean Mundy）的《休闲教育：理论和实践》、亨德森等（Karla Henderson）的《女性休闲：女性主义的视角》、戈比的《你生命中的休闲》和《21世纪的休闲与休闲服务》、凯利（John R. Kelly）的《休闲》等则是这些方面的代表作品。

四、21世纪初期以来的北美休闲研究

21世纪初期的休闲研究领域则更加广泛。北美学术界除了继续关注公园、娱乐、旅游等研究领域的拓展和深化，也更加关注休闲和健康的关系，关注休闲文化的影响，以及休闲研究的国际化趋势，并逐步加强了休闲研究与教育的国际交流。

这一时期比较有分量的专著有：杰克逊（Edgar L. Jackson）的《休闲制约》、杰克逊和伯顿（Edgar L. Jackson & Thomas L. Burton）的《认识休闲与娱乐：回顾过去和展望未来》与《休闲研究：21世纪的前景》、维尔（A. J. Veal）的《休闲与旅游政策和规划》、韦伊梅尔和马赛厄斯（Klaus Weiermair & Christine Mathies）的《旅游与休闲产业》、戈比的《走向21世纪中期的休闲与休闲产业》与《你生命中的休闲：新视野》、克罗斯的《休闲：在变化中的美国》、弗雷辛格和凯利（Valeria J. Freysinger & John R. Kelly）的《21世纪的休闲：现实的问题》等。这些著作的特点往往在于总结过去、预测未来。比如：杰克逊和伯顿主编的两本著作《认识休闲与娱乐：回望过去和展望未来》《休闲研究：21世纪的前景》，前一本书是对休闲研究历史的回顾和展望，是对当时北美休闲杰出的研究成果的集中反映；后一本书则是40多位来自美国、加拿大、澳大利亚、英国的知名休闲学者的研究成果的合集，其中大部分作者都是休闲科学研究院成员，这本书至今还是北美休闲学术史中具有里程碑意义的作品，是休闲专业研究生的必读教科书。维尔的《休闲与旅游政策和规划》、韦伊梅尔和马赛厄斯的《旅游与休闲产业》则从休闲政策、规划，以及产业角度论述了休闲与旅游在政府、社会层面上的重要意义，把休闲与旅游并列起来也反映了北美学者对旅游重要性的认识。戈比的《走向21世纪中期的休闲与休闲产业》是《21世纪的休闲与休闲服务》的再版和拓展，克罗斯的《休闲：在变化中的美国》、弗雷辛格和凯利的《21世纪的休闲：现实的问题》用了大量篇幅对美国休闲发展历史进行回顾，同时，又对美国休闲发展的未来进行了科学的预测和评价。

前文提到，《休闲研究杂志》《休闲科学》《公园与娱乐管理杂志》等北美主要学术期刊在20世纪中期以后也陆续出现，这也是北美休闲研究蓬勃发展的标志。关于这些期刊的情况，笔者在下一个部分还要做专门的介绍。在所有期刊中，《休闲研究杂志》《休闲科学》在北美研究领域的影响最为深远。

《休闲研究杂志》是由美国国家娱乐与公园协会主办的综合性休闲科学研究期刊，一年4期，每期刊登8篇左右的学术论文；《休闲科学》侧重于体育和休闲管理，一年5期，每期刊登6篇左右的学术文章。期刊文章虽然内容宽泛，但从文章的数量、规模方面还是能够很明显看出北美休闲研究的历史轨迹。

在20世纪末期以前，大量的文章是关于休闲社会学、休闲社会心理学、休闲与工作、休闲与家庭、公园和娱乐管理与服务、休闲市场需求与供给、休闲与旅游、体育休闲、老人休闲、成人休闲、青少年休闲等学术问题的探讨。

进入 21 世纪，除了休闲社会、休闲社会心理学、公园和娱乐管理与服务、休闲与旅游、体育休闲等传统学术问题的探讨继续受到重视以外，北美休闲研究的视野逐渐拓宽到休闲与健康、休闲与性别、休闲与人种/种族、休闲与文化、休闲制约、休闲政策与规划等更广阔的学术领域。表 4-3 和表 4-4 是学者程遂营统计的 2000 年以来《休闲研究杂志》《休闲科学》两期刊登载文章的基本情况。

表 4-3　　　　　　　　2002—2008 年北美休闲研究❶

[反应在《休闲研究杂志》（*Journey of Leisure Research*）中的情况]

研究内容	文章数量/篇	代表作品	备　　注
基础及综合研究	39	见表下方	主要包括休闲有关概念及其内涵和外延，关于休闲社会学、休闲心理学等基础理论研究
女性休闲	30	见表下方	
休闲与年龄	26	见表下方	包括青少年、中年和老年人休闲
休闲与人种/种族	23	见表下方	
体育休闲	20	见表下方	
公园与户外娱乐	18	见表下方	
休闲与旅游	17	见表下方	
家庭/社区与休闲	12	见表下方	
疾病/健康与休闲	10	见表下方	
性别与休闲	10	见表下方	
休闲市场/服务	6	见表下方	
其他	41	见表下方	休闲与文化、休闲政策、休闲与压力、休闲制约、严肃休闲、休闲与环境、休闲教育、休闲与网络等研究
合计	252		

主要相关成果：

1. 基础及综合研究

(1) Sherry L Dupuis, Bryan J A Smale. (2000). Biterseee journeys: Meanings of leisure in the institution-based caregiving context. Vol. 32 (3).

(2) Gerard Kyle, Carry Chick. (2002). The social nature of leisure involvement. Vol. 34 (4).

(3) Danial R William. (2002). Leisure identities, globalization, and the politics of place. Vol. 34 (4).

(4) Raphael Snir, Itzhak Harpaz. (2002). Work-leisure relations: Leisure orientation and the meaning of work. Vol. 34 (2).

(5) Geoffrey Godbey. (2003). The Harried Leisure Class. Vol. 35 (4).

(6) Gordon J Walker, Jinyang Deng, Rodney B Dieser. (2005). Culture, Self-Con-

---

❶ 资料来源：根据《休闲研究杂志》(2000.1—2008.12)统计。

strual, and Leisure Theory and Practice. Vol. 37 (1).

(7) Lynn A Barnet. (2006). Accounting for Leisure Preference form Within The Relative Contributions of Gender, Race or Ethnicity, Personality, Affective Style, and Motivational Orientation. Vol. 38 (4).

(8) John Schulz, Michael Watkins. (2007). The Development of the Leisure Meanings Inventory. Vol. 39 (3).

2. 女性休闲

(1) Susan M Shaw. (2001). Conceptualizing resistance: Women's, leisure as political practice. Vol. 33 (2).

(2) Karla A Henderson, Sonja Hodges, Beth D Kivel. (2002). Context and dialogue in research on women and leisure. Vol. 34 (3).

(3) Jayne Raisborough, Mark Bhatti. (2007). Women's Leisure and Auto/Biography: Empowerment and Resistance in the Garden. Vol. 39 (3).

(4) Karla A Henderson, Benjamin Hickerson. (2007). Women and Leisure Premises and Performances Uncovered in an Integrative Review. Vol. 39 (4).

(5) Denise M Anderson, Angela Wozencroft, Leandra A Bedini. (2008). Adolescent Girl' Involvement in Disability Sport; A Comparison of Social Suport Mechanisms. Vol. 40 (2).

3. 休闲与年龄

(1) Cheryl K Baldwin, Linda L Caldwell. (2003). Development of the free time motivation scale for adolescents. Vol. 3s (2).

(2) Laura L, Payne. Andre J Mowen, Julian Montora – Rodriguez. (2006). The Role of Leisure Style in Maintaining the Health of Older Adults with Arthritis. Vol. 38 (1).

(3) Sarah Burnett – Wolle, Geoffrey Godbey. (2007). Refining Research on Older Adults' Leisure Implications of Selection, Optimization, and Compensation and Socioemotional Selectivity Theories. Vol. 39 (3).

(4) Marianne B Staempfi. (2007). Adolescent Playfulness. Stress Perception, Coping and Well Being. Vol. 39 (3).

(5) Megan C Janke, Galit Nimrod, Douglas A Kleiber. (2008). Leisure Activity and Depressive Symptoms of Widowed and Married Women in Later Life. Vol. 40 (2).

4. 休闲与人种/种族

(1) Monika Stodolska, Jouyeon Yi. (2003). Impacts of immigration on ethnic identity and leisure behavior of adolescent immigrants from Korea, Mexico and Poland. Vol. 35.

(2) Corliss Wilson Outley. (2004). Black Recreation: A Historical Perspective. Vol. 36 (1).

(3) Cordon J Walker, Kerry S Courneya, Jinyang Deng. (2006). Ethnicity, Gender, and the Theory of Planned Behavior: The Case of playing the Lottery. Vol. 38 (2).

(4) Chieh‑Lu Li, Garry E Chick, Harry C Zinn, James D Absher, Alan R Graefe. (2007). Ethnicity as a Variable in Leisure Research. Vol. 39 (3).

(5) Myron F Floyd, Jason N Bocarro, Timia D Thompson. (2008). Research on Race and Ethnicity in Leisure Studies: A Review o Five Major Journals. Vol. 40 (1).

5. 体育休闲

(1) Monika Stodolska, Konstantinos Alexandris. (2004). The Role of Recreational Sport in the Adaptation of First Generation Immigrants the United States. Vol. 36 (3).

(2) Robin A Recours, Mare Souville, Jean Griffet. (2004). Expressed Motives for Informal and Club/Association‑based Sport Participation. Vol. 36 (1).

(3) Dorothy L Schmalz, Deborah L Kerstetter. (2006). Girlie Girls and Manly Men: Children's, Sigma Consciousness of Gender in Sports and Physical Activities. Vol. 38 (4).

(4) Robert Madrigal. (2006). Measuring the Multidimensional Nature of Sporting Event Performance Consumption. Vol. 38 (3).

(5) Kirk L Wakefield, Daniel L Wann. (2006). An Examination of Dysfunctional Sport Fans: Method of Classification and Relationships with Problem Behaviors. Vol. 38 (2).

6. 公园与户外娱乐

(1) Raphael Snir, Itzhak Harpaz. (2002). Work‑leisure relations: Leisure orientation and the meaning of work: Vol. 34 (2).

(2) Thomas A More, James R Averill. (2003). The Structure of Recreation Behavior. Vol. 35 (4).

(3) Robert E Manning, Wayne A Freimund. (2004). Use of Visual Research Methods to Measure Standard of Quality for Parks and Outdoor Recreation. Vol. 36 (4).

(4) Derek Christopher Martin. (2004). Apartheid in the Great Outdoors: American Advertising and the Reproduction of a Racialized Outdoor Leisure Identity. Vol. 36 (4).

(5) Alan Warde, Gindo Tampubolon Mike Savage. (2005). Recreation, Informal Social Networks and Social Capital. Vol. 37 (4).

7. 休闲与旅游

(1) John L Grompton, Seong‑Seop Kim. (2004). Temporal Changes in Perceived Constraints to Visiting State Parks. Vol. (2).

(2) Christos Siderelis, Aram Attarian. (2004). Trip Response Modeling of Rock Climbers' Reactions to Proposed Regulation. Vol. 36 (4).

(3) Arne Arnberger, Wolfgang Haider. (2007). A Comparison of Global and Actual Measures of Perceived Crowding of Urban Forest Visitors. Vol. 39 (4).

8. 家庭/社区与休闲

(1) Ramon B Zabriskie. Bryan P McCormick. (2003). Parent and child perspectives of family leisure involvement and satisfaction with family life. Vol. 35 (2).

(2) Kimberly J Shinew. Troy D Glover, Diana C Parry. (2004). Leisure Space as Potential Sites for Interracial Interaction: Community Gardens in Urban Areas. Vol. 36 (3).

(3) Erin K Sharpe. (2005). Delivering Communities: Wilderness Adventure and the Making of Community. Vol. 37 (3).

(4) Alexis A Palmer, Patti A Freeman, Ramon B Zabriskie. (2007). Family Deepening: A Qualitative Inquiry into the Experience of Families Who Participate in Service Expeditions. Vol. 39 (3).

9. 疾病/健康与休闲

(1) Lan S Pagano, Harald Barkhoff, Elaine M Heiby, wolfgang Schlicht. (2006). Dynamical Modeling of the Relations Between Leisure Activities and Health Indicators. Vol. 38 (1).

(2) Robert C Burns, Alan R Graefe. (2007). Constrains to Outdoor Recreation Exploring the Effects of Disabilities on Perception and Participation. Vol. 39 (1).

(3) Jennifer B Mactavish, Kelly J MacKay. Yoshitaka lwasaki Donsa Betteridge. (2007). Family Caregivers of individuals with Intellectual Disability: Perspectives on Quality and the Role of Vacations. Vol. 39 (4).

10. 性别与休闲

(1) Kindal Shores. (2005). Gender and Leisure: Social and Cultural Perspectives. Vol. 37 (4).

(2) Jayne Raisborough (2007). Gender and Serious Leisure Careers: A Case Study of Women Sea Cadets. Vol. 39 (4).

11. 休闲市场/服务

(1) Yoshi Iwasaki, Mark E Havitz. (2004). Examining Relationships between Leisure Involvement, Psychological Commitment and Loyalty to a Recreation Agency. Vol. 36 (1).

(2) Gerard T Kyle, Andrew J Mowen, James D Absher, Mark E Havitz. (2006). Commitment to Public Leisure Service Providers: A Conceptual and Psychometric Analysis. Vol. 38 (1).

12. 其他

(1) Jennifer Wolch, Jin Zhang. (2004). Beach Recreation. Cultural Diversity and Attitudes toward Nature. Vol. 36 (3).

(2) Gordon J Walker, Jinyang Deng, Rodney B Dieser. (2005). Culture, Self-Construal, and Leisure Theory and Practice. Vol. 37 (1).

(3) Gordon J Walker, Edgar L Jackson, Jinyang Deng. (2007). Culture and Leisure Constrains: A Comparison of Canadian and Mainland Chinese University Students. Vol. 39 (4).

(4) Christopher Schmidt, Donna E Little. (2007). Qualitative Insights into leisure as a Spiritual Experience. Vol. 39 (2).

(5) James Could, DeWayne Moore, Francis McGuire, Robert Stebbins. (2008). Development of the serious Leisure Inventory and Measure. Vol. 40 (1).

表 4-4　　　　　　　　2000—2008 年北美休闲研究概览❶

[反应在《休闲科学》(*Leisure Science*)中的情况]

研究内容	文章数量/篇	代表作品	备注
基础及综合研究	47	见表下方	主要包括休闲有关概念及其内涵和外延，关于休闲社会学、休闲心理学等基础理论研究
公园与户外娱乐	37	见表下方	
体育/健康休闲	29	见表下方	包括青少年、中年和老年人休闲
休闲与人种/种族	21	见表下方	
女性休闲	19	见表下方	
休闲与年龄	18	见表下方	
休闲与旅游	9	见表下方	
性别与休闲	9	见表下方	
家庭/社区与休闲	8	见表下方	
休闲市场	4	见表下方	
其他	45	见表下方	书评、休闲与文化、休闲与市场、休闲与压力、休闲制约、严肃休闲、休闲与环境、政策/规划、休闲教育、休闲与网络等研究
合计（篇）	246		

主要相关成果：

1. 基础及综合研究

(1) Michael Watkins. (2000). Ways of Learning about Leisure Meanings. Vol. 22 (2).

(2) Chis Rojek. (2001). Leisure and Life Politics. Vol. 3 (2).

(3) Edgar L. Jackson. (2004). Individual and Institutional Concentration of Leisure Research in North America. Vol. 260 (4).

(4) VAN Koen Eijck, Hans Mommaas. (2004). Leisure Lifestyle, and the New Middle Class. Vol. 26 (4).

(5) Mary Greenwood Parr; Brett D. Lashua. (2004). What is Leisure? The Perception of Recreation Practitioners and Others. Vol. 26 (1).

(6) Robert A. Stebbins. (2005). Choice and Experiential Definition of Leisure. Vol. 27 (4).

(7) Gerard Kyle, Garry Chick. (2007). The Social Construction of a Sense of Place. Vol. 29 (3).

2. 公园与户外娱乐

(1) John L Heywood. (2002). The Cognitive and Emotional Components of Behavior Norms in Outdoor Recreation. Vol. 24 (3-4).

(2) Rudolph M. Schuster, William E. Hammitt, DeWayne Moore. (2003). A Theo-

---

❶ 资料来源：根据《休闲科学》(2000.1—2008.12)统计。

retical Model to Measure the Apraisal and Coping Response to Hassles in Outdoor Recreation settings. Vol. 25 (3).

(3) Chieh-Lu Li, Harry C. Zinn, Susan C. Barro, Michael, Manfredo. (2003). A Cross-Regional Comparison of Recreation Patterns of Older Hunters. Vol. 25 (1).

(4) Alan Ewert, Greg Place, Jim Sibthorp. (2005). Early-Life Outdoor Experiences and an Individual's Environmental Attitudes. Vol. 27 (3).

(5) Careen Mackay Yarnal, Garry Chick, John Dattilo. (2006). More False Dichotomies: Play, Leisure, Environmental Enrichment, and Important Science Questions. Vol. 28 (5).

3. 体育/健康休闲

(1) Caroline G. E. Wiley, Susan M. Shaw, Mark E, Havitz. (2002). Men's and Women's Involvement in Sports: An Examination of the Gendered Aspect of Leisure Involvement. Vol. 22 (1).

(2) Jerry Vaske, Rachel Dyar, Nicole Timmons. (2004). Skill Level and Recreation Conflict among Skiers and Snowboarders. Vol. 26 (2).

(3) Daniel C. Funk, Lynn L. Ridinger, Anita M. Moorman. (2004). Exploring Origins of Involvement: Understanding the Relationship Between Consumer Motives and Involvement with Professional Sport Teams. Vol. 26 (1).

(4) James F. Sallis, Leslie Linton. (2005). Leisure Research, Active Lifestyles, and Public Health. Vol. 27 (5).

4. 休闲与人种/种族

(1) Gordon J. walker, Jinyang Deng, Rodney B. Dieser. (2001). Ethnicity, Acculturation Self-Construal, and Motivations for Outdoor Recreation. Vol. 23 (4).

(2) Edwin Gomez. (2002). The Ethnicity and Public Recreation Participation Model. Vol. 24 (2).

(3) Edwin Gomez. (2006). The Ethnicity and Public Recreation Participation (EPRP) Model: An Assessment of Unidimensionality and Overall Fit. Vol. 28 (3).

(4) Kimberly J. Shinew, Monika Stodolska, Myron Floyd, Dan Hibbler, Maria Allison, Cassandra Johnson, Carla Santos. (2006). Race and Ethnicity in Leisure Behavior: Where Have We Been and Where Do We Need to Go? Vol. 28 (4).

5. 女性休闲

(1) Karla A. Henderson, Barbara E, Ainsworth. (2001). Researching Leisure and Physical Activity with Women of Color: Issues and Emerging Questions. Vol. 23 (1).

(2) Diana c. Parry, Kimberly J, Shinew. (2004). The Constraining Impact of Infertility on Women's Leisure Lifestyles. Vol. 26 (3).

(3) Charlene s. Shannon, Susan M. Shaw. (2008). Mothers and Daughters: Teaching and Learning about Leisure. Vol. 30 (1).

6. 休闲与年龄

(1) Howard E. Tisleyi, Diane J. Tinsley, Chelsey E. Croskey. (2002). Park Uisage, Social Milieu, and Psychosocial Benefits of Park Use Report by, older Urban Park Users from Four Ethnic Groups. Vol. 24 (2).

(2) Susan L. Hutchinson, Cheryl K, Baldwin, Sae-Sook Oh. (2006). Adolescent Coping: Exploring Adolescents' Leisure-Based Responses to Stress. Vol. 28 (2).

(3) Rylee Dionigi. (2006). Competitive Sport as Leisure in Later Life: Negotiations, Discourse, and Aging. Vol. 28 (2).

(4) Megan Janke, Adam Davey, Douglas Kleiber. (2006). Modeling Change in Older Adults' Leisure Activities. Vol. 28 (3).

7. 休闲与旅游

(1) Lori Pennington-Gray, Joseph D. Fridgen, Daniel Stynes. (2003). Cohort Segmentation: An Aplication to Tourism. Vol. 25 (4).

(2) Neil Lewis. (2003). The Accelerated Sublime: Landscape, Tourism, and Identity. Vol. 25 (1).

8. 性别与休闲

(1) Cara Aitchison. (2001). Gender and Leisure Research: The "Codification of Knowledge". Vol. 23 (1).

(2) Ellen C. Berg, Melanie Trost, Ingrid E. Schneider, Maria T. Allison. (2001). Dyadic Exploration of Relationship of Leisure Satisfaction, Leisure Time, and Gender to Relationship Satisfaction. Vol. 23 (1).

(3) Su-Hsin Lee, Alan R. Graefe, Chieh-Lu Li. (2007). The Effects of Specialization and Gender on Motivations and Preferences for Site Attributes in Padding. Vol. 28 (4).

9. 家庭/社区与休闲

(1) K. L. Siegenthaler, Irma O'De. (2000). Leisure Attitude, Leisure Satisfaction, and Perceived Freedom in Leisure within Family Dyads. Vol. 22 (4).

(2) Peter R. Brown, Wendy. Brown, Yvette D, Miller, Vibeke Hansen. (2001). Perceived Constraint and Social Suport for Active Leisure Among Mothers With Young Children. Vol. 23 (3).

(3) Susan M. Shaw, Don Dawson. (2001). Purposive Leisure: Examining Parental Discourses on Family, Activities. Vol. 23 (4).

(4) Troy D. Glover Kimberly J. Shine W, Diana C. Parry. (2005). Association, Sociability and Civic Culture: The Democratic Effect of Community Gardening. Vol. 27 (1).

10. 休闲市场

(1) Chieh-Lu Li, James D. Absher, Alan R. Graefe, Yi-Chung Hsu. (2008). Services for Culturally Diverse Customers in Parks and Recreation. Vol. 30 (1).

(2) Andrew T. Kaczynski. (2008). A More Tenable Marketing for Leisure Services and Studies. Vol. 30 (3).

11. 其他

(1) Garry Chick. (2000). Editorial: Opportunities for Cross-Cultural Comparative Research on Leisure. Vol. 22 (2).

(2) Vinod Sasidharan. (2002). Special Issue Introduction: Understanding Recreation and the Environment within the Context of Culture. Vol. 24 (1).

(3) H. Ken Cordell, Gary T. Green, Carter J. Betz. (2002). Recreation and the Environment as Cultural Dimensions in Contemporary American Society. Vol. 24 (1).

(4) Keith A. Jones. (2004). Killing Time: Leisure and Culture in Southwestern Pennsylvania, 1800-1850. Vol. 26 (1).

(5) Monica Z. Li, Monika Stodolska. (2006). Transnationalism, Leisure, and Chinese Graduate Students in the United States. Vol. 28 (1).

(6) Kindal A. Shores, David Scott, Myron F. Floy. (2007). Constraints Outdoor Recreation: A Multiple Hierarchy Stratification Perspective. Vol. 29 (3).

(7) Cordon J. Walker, Xiye Wang. (2008). A Cross-Culture Comparison of Canadian and Mainland Chinese University Students' Leisure Motivations. Vol. 30 (3).

需要说明的是：

(1) 以上两个表格中的分类有一些交叉的情况存在，比如一些涉及女性休闲的文章可能同时谈到了女性的运动休闲参与，或者人种/种族问题，而一些疗养性娱乐活动同时也是户外娱乐活动等。遇到这种情况，文章只按照其中有侧重的方面来分，不重复计算。所以，一定意义上讲，表中的数据是为了在这里给读者提供分析北美休闲类别的依据。

(2) 每一种类别的文章数量都是比较多的，列举的部分是其中有代表性的文章，考虑到原文检索的方便，在这里没有把相关文章译为中文。

根据以上对2000年以来两种杂志的数据分析，北美休闲学术论文主要集中在有关概念、休闲社会学、休闲心理学等基础理论研究和女性休闲，休闲与年龄，休闲与人种/种族、公园与户外娱乐、体育休闲，休闲与旅游，家庭/社区与休闲，疾病/健康与休闲、性别与休闲、休闲与市场，以及休闲与文化、休闲制约、严肃休闲、休闲政策/规划、休闲与环境、休闲体育、休闲与网络等方面的研究，涉及十分广阔的休闲研究领域。

另一个有趣的现象是：根据统计，在所有文章的著作中，北美休闲高校所占的比例最大。而其中，又以美国的伊利诺伊大学、宾夕法尼亚州立大学、佛蒙特大学、克莱姆森大学、加利福尼亚州立大学等，加拿大的滑铁卢大学、亚伯塔大学等高校休闲学者发表的文章数量最多。这恰好反映了这些高校在北美休闲研究领域的学术地位。同时，有越来越多的论题涉及欧洲、亚洲、非洲和拉丁美洲的休闲问题，也有越来越多的作者来自北美以外的国家和地区，休闲研究的跨文化、国际化趋势越来越显著。

综观从19世纪末期到21世纪初期长达100多年的历史发展过程，北美休闲研究论著的数量相当庞大，至今也没有一个准确的统计。期间，一些休闲的专业出版社为北美休闲研究所付出的努力是不可忽视的。比如，成立于20世纪八九十年代的北美两家著名的休闲专业出版社——文特（Venture Publishing Ine.）和萨格莫尔（Sagamore Publishing Ine.），每年都出版一定数量的休闲专著，至今已经出版了数百种之多，其中不少或者成为北美休闲研究里程碑式的作品，或者成为受到高校普遍欢迎的教材。

五、北美休闲研究的特点与不足

以上对北美休闲研究过程及不同阶段的研究状况进行了回顾，下面简要分析北美休闲研究的特点和不足。

（一）北美休闲研究的特点

从休闲研究的思想体系和历史渊源上来考察，北美的休闲研究继承了欧洲的传统；在发展过程中，又以第二次世界大战节点分为前后两个时期；进入 21 世纪以后，又出现了新的研究特点和趋势；同时由于北美具有良好的政治环境，所以，起初的休闲运动来自民间，而后政府开始参与，大量的政府和非政府组织出现，高等教育快速发展，加速了休闲实践和研究的进程。另外，基于自由主义的背景，北美休闲研究也明显具有西方个体主义的特色。

关于休闲发展过程中政府所扮演的角色和发挥的作用，大多数北美学者基于其西方自由思想的背景，认为休闲发展是一个由下而上的自然过程，只是由于政府认识到了休闲对于社会稳定与发展的作用才逐渐介入其中的。他们认为，在西方，"休闲公共供给有悠久的传统，与其他发展稍逊色的国家和地区相比，北美在休闲参与方面具有更大的社会公平"。同时，北美大量土地资源掌握在私人手中，比如在美国，私人和土著拥有的土地资源占 60%，而联邦和地方政府只拥有 40% 的土地占有和使用权。因此，北美始终把政府置于提供服务的地位。在大多数历史时期和大多数地区，政府休闲服务机构只是大量的商业和个体休闲服务机构与组织的补充而已，政府的参与对于为全体人民提供总体福利是必要的。随着社会变得越来越都市化，人与人之间的依赖性越来越大，现在的观点是公共休闲服务能够起到一个促进作用，它能够提供一些非政府不能提供的休闲服务。也就是说，政府的最大贡献之一就是提供了商业组织认为在经济上不可行的娱乐设施。

政府在娱乐方面的功能主要体现在：①规划；②所有权；③开发；④管理；⑤立法；⑥刺激；⑦技术支持；⑧教育；⑨协调；⑩研究等。在 21 世纪，由于用于娱乐的土地、森林、水等资源日益紧张，联邦和地方政府在北美休闲发展的地位将变得越来越重要。

为了取得第一手的数据资料，美国一些地方政府部门先后组织了一些休闲调研：1918—1920 年的克里夫兰娱乐调研、1925 年的布法罗娱乐调研、1934 年的纽约委员会"关于休闲时间利用"的报告等。1958 年，美国联邦政府成立了户外娱乐资源审查委员会（ORRRC）。从 1960 年开始，由户外娱乐资源审查委员会举办全国娱乐调查（NRS），以评估美国的户外娱乐参与。自 1960 年以来，美国共进行过 6 次全国娱乐调查，其中 1999—2000 年由联邦政府所进行的娱乐与环境全国调查的覆盖面最广、规模也最大。此外，关于美国时间预算的研究还有 1965 年、1975 年、1985 年、1995 年的 4 次全国性调查，以及 1965 年和 1985 年杰克逊市关于时间预算的辅助性调查。

在对美国休闲资源进行广泛调查的基础上，1962 年，户外娱乐资源审查委员会出版了资料丰富的《美国的户外娱乐》。一些学者利用这些资料提供的数据，建立了以一系列描述人口及社会经济状况的指标为自变量、休闲需求为因变量的多元回归模型，用来定量地预测未来的休闲需求。这方面的研究以西彻蒂（C. J. Cicchetti）1973 年发表的《预测美国未来的娱乐》较有代表性。这种模型后来还被用于美国各州的"户外娱乐规划"项目，而且被一些欧洲国家所采纳，用于其休闲服务的规划。在关于时间预算的诸多成果中，1997年由罗宾逊和戈比合作出版的《美国人时间利用的社会学调查与方法》在北美休闲研究进程中具有里程碑式的影响。

另外，在研究方法上，北美休闲研究很好地借鉴了其他相关学科的方式、方法。同时，在一个相当长的时间段里，"休闲研究一直使用小规模、实证调查为基础的研究方法，虽然也有一些实验性的研究"。这种方法在形成学术成果时大多表现为定量化的分析和研究，20世纪80年代以后，更为先进的定性分析方式逐渐开始影响北美休闲理论研究进程。与此同时，女权运动、马克思主义的研究方法，后现代主义，跨文化研究、人口统计学方法等也都对休闲研究产生了一定的影响。在这个过程中，我们还可以看到以20世纪80年代为界，社会学透视法的衰落以及社会心理学方法的兴起，后者并逐渐占有支配的地位。

(二) 北美休闲研究的不足

当然，始终在探索过程中的北美休闲研究也不可避免地存在一些不足。在第二次世界大战以前，北美休闲研究的不足主要表现在：

(1) 休闲的概念被曲解，甚至怀疑其存在价值。

(2) 只是在西方（欧洲和北美）的背景下研究休闲，当研究非西方社会的休闲问题时，往往使用西方意义上的概念。

(3) 休闲和娱乐被看作是一种可以培养的业余爱好或体育活动，所以，这一时期的许多成果往往发表在与体育相关的杂志上。

(4) 早期的休闲研究往往被看作是扩大的社区研究的一部分，其社会价值和意义没有被充分认识等。

20世纪50年代以来，随着北美研究范畴的逐步拓展、研究数据的逐步丰富，以及休闲研究成果的大量涌现，关于休闲的概念、学科体系、研究方法等逐步取得相对一致的看法，休闲教育大规模扩张，休闲研究逐步成熟。但在社会学/心理学研究方法的普遍运用过程中，也出现了几个方面的主要问题。

一是个体取向与群体动机。大量的学术成果建立在对休闲满意度、休闲态度、休闲制约、休闲利益的个体测量的基础上，而忽视了新出现的群体的属性，群体被看作是个体的简单集合，群体属性被看作是个体属性的总和或平均。

二是过分依赖社会心理学和标准的社会科学模式。认为所有人类的行为都是社会交往的结果，而且生物和遗传因素对人类的思想和行为没有什么影响。进化不包括在标准的社会科学模式的考虑范围之内。

三是虽然关注了文化环境对休闲的影响，但一般都把种族、人种和语言等作为文化的代表，而缺乏真正的人种学（民族学）的分析。所以，研究的结果往往仅仅是这种研究的近似的解答，而不是最终的答案。

四是北美学者虽然认识到西方文化中的个体主义与东方文化中的集体主义的根本区别，但对东方集体主义背景下休闲的研究还处于较肤浅的认识阶段。

同时，由于休闲研究比较突出理论的方法，而公园与娱乐业研究往往采取实证手段，所以，部分休闲学者甚至有主张把休闲研究从公园和娱乐研究中分离出来等偏颇的看法，但最终并没有得到学界的认同。

六、北美休闲研究的趋势

20世纪90年代以来，北美不少休闲学者致力于对休闲未来发展和研究走向的预测，其中比较突出的成果有：杰克逊和伯顿的《认识休闲与娱乐：回顾过去和展望未来》《休闲研究：21世纪的前景》，克罗斯的《休闲：在变化中的美国》、弗雷辛格和凯利的《21世纪的休闲：现实的问题》，以及戈比的《21世纪的休闲服务》和《走向21世纪中期的休闲与休闲产业》等。其中，杰克逊和伯顿主编的《休闲研究：21世纪的前景》集中了10多位在当时北美休闲研究不同领域的权威学者，就休闲相关问题进行回顾、总结和展望，在北美休闲研究历史上起到了承前启后的划时代作用；而戈比的《21世纪的休闲与休闲服务》和《走向21世纪中期的休闲与休闲产业》两本专著从环境、工业技术，价值观、人口、经济、健康、工作与休闲等多个角度论述了外在物质和文化环境变化对休闲和休闲服务的影响，以及未来休闲服务和管理的发展趋势，体现出了杰出的未来休闲思想。

关于休闲研究的未来，2004年，宾夕法尼亚州立大学沈杰明曾以向美国休闲科学研究院专家征询意见的方法开展了自己的博士论文《北美和韩国的休闲研究进展》。作者做了一个很有意义的调查，其中的五个主要议题是：

（1）"在过去，什么是休闲研究的主要课题和方向？"排名前五位的回答分别是：休闲行为、休闲动机/满意度、户外娱乐、休闲的利益和旅游。

（2）"什么学科在过去对休闲研究产生了重要影响？"排名前列的答案则是：心理学/社会心理学、社会学、旅游学、森林学和管理学。

（3）在"什么是以往大学的主要休闲课程"的问题中，依据其重要性则是：休闲行为、休闲的基本概念和理论、户外娱乐、公园与娱乐业管理，以及自然资源。这与前文的分析是相吻合的。

（4）在关于"未来什么学科将对休闲研究产生重要影响"的调查中，排名前五位的依次是健康、社会学/心理学、社会心理学、经济学、信息技术。

（5）在"什么将是未来大学生的主要休闲课程"的问题中，答案依次是：旅游业、与健康相关的问题、户外娱乐、老龄化和休闲的利益等。

大多北美休闲学者都表示了几乎相似的看法。比如，在奇克看来，北美未来休闲研究的主题将是：旅游业、休闲与健康、休闲与老龄化、休闲与环境保护、休闲与文化多样性（包括跨文化研究）、作为休闲的体育运动、休闲与社会公平、休闲与性别等。在研究方法上的趋势表现在：实证主义将在休闲研究中继续运用；后现代主义研究将有所扩张；标准的社会科学模式将渐趋衰落；作为可变视角的休闲生物学将出现（可能与健康研究相关）；通过人类学图示法研究对休闲概念的再定位；运用越来越成熟的跨文化比较休闲研究等。

戈比也认为，将来会对休闲研究产生影响的学科，健康似乎排位第一，随后是社会学和社会心理学/心理学。同时，休闲越来越多地被视为积极运动，视为是减少压力的生活的一部分；政府休闲、公园娱乐服务部门，企业和非政府组织，与健康水平及医疗机构的关联度正不断加强。旅游业，与健康有关的行业和户外娱乐将会是未来大学休闲课程最重要的专题。

不过，对于休闲研究和休闲行为本身，北美学者也有不少疑惑，诸如："什么环境推动了或将促进休闲研究的发展，哪些是或将会是休闲研究的主要议题，以及休闲学者应该有何作为来提高这些专题在大学里的重要性？""并非单一的少数力量，而是错综复杂的多股力量促进了休闲研究的发展，未来也很可能如此。休闲研究探讨各种议题，未来也将继续如此。"戈比甚至还注意到，"休闲研究领域缺乏共识可以被理解为该领域缺乏学科文化"。或许在北美，"休闲仍未能成为一个足够明确的研究领域，或许该领域就其性质而言还远远没有或甚至不应该形成同一方向，而应该适应多样化的、不断变化的社会需求"。

另外，大多数北美学者也认识到，随着越来越多的亚洲、非洲和拉丁美洲国家和地区进入休闲时代，越来越多的休闲学者加入休闲研究的大家庭，不同文化背景的交流将更加普遍，休闲研究的世界意义将更加明显。

第四节 我国休闲理论发展

随着改革开放的深入和我国经济持续良好的发展，一方面，城镇居民的家庭收入不断增加，生活水平得到普遍提高；另一方面，新休假制度的实施使我国职工的休闲时间获得大幅度提升，全年休假日总数将近120天，已接近发达国家水平，导致人们的社会生活方式发生深刻变化，休闲开始成为我国城镇居民重要的生活主题。在这一社会发展的大背景下，自20世纪80年代以来，国内越来越多的学者对休闲问题展开了多层次和多角度的探讨。

于光远在20世纪80年代就开始关注并倡导对休闲的研究，早在1983年就指出，我国对体育竞赛很重视，但对体育竞赛和游戏的理论研究远远不够。1996年，他进一步论述道，闲暇时间的长短与人类的文明进步是并行发展的。"从现在看将来，如果不属于闲暇的劳动时间随着社会生产力的发展能够进一步减少，闲暇的地位还可进一步提高，这是走向未来经济高速发展的必经之路。"邓伟志在《生活的觉醒——漫话生活方式》（1985）一书中，根据我国当时社会生活所发生的实际变化，对休闲、休闲时间和休闲活动方式等内容分别进行了比较充分的论述。王雅林、董鸿扬主编的《闲暇社会学》（1992），虽然在理论和方法上主要借鉴苏联和东欧国家的研究思路，视角也有一定的局限性，但对于促进我国休闲理论的研究也具有重要的借鉴作用。

从近20年发展看，我国休闲科学理论的研究进展大致可以从以下四方面进行分析。

第一，从西方当代休闲学术思想的引入看。近年来，我国休闲科学理论发展的一个重要特征就是积极翻译并出版西方当代休闲学术理论著作。从译著内容的选择和市场反应看，比较有影响的有以下三套丛书。一是由马惠娣主编出版的"西方休闲研究译丛"于2000年和2009年分别面世，共计10本。需要指出的是，于2000年出版的第一批译丛，如《走向自由——休闲社会学新论》《人类思想史中的休闲》和《你生命中的休闲》等5本，对于处在刚刚起步阶段的我国学术界而言，无异于久旱之后逢甘露，影响深远。二是由马勇主编出版的"休闲与游憩管理丛书"（2008），译著共计6本。三是由浙江大学亚太休闲教育研究中心庞学铨主编出版的"休闲丛书"（2010），译著有4本。由于我国休闲研究起步较晚，西方当代休闲理论研究成果的引入，极大地拓宽了我国学者的研究视野，对于推进我国休闲科学理论研究工作的深入发展发挥了极其重要的作用。

第二，从国内学术著作的出版看。近年来，国内学术界在休闲研究的完整性和系统性方面有了长足的进步，出版了一批具有一定学术价值的著作，数量将近70部。除了马惠娣主编的"中国学人休闲研究丛书"（2004）一套5本外，其他较有代表性的还有王雅琳主编的《城市休闲——上海、天津、哈尔滨城市居民时间分配的考察》（2003）、魏小安的《中国休闲经济》（2005）、楼嘉军的《休闲新论》（2005）、卿前龙的《休闲服务与休闲服务业发展》（2007）、郭鲁芳的《休闲经济学——休闲消费的经济分析》（2005）、魏翔的《闲暇经济导论——自由与快乐的经济要义》（2009）等，近四年来出版的有关休闲的著作还有楼嘉军的《论休闲与休闲时代》（2013）和《中国城市休闲化发展研究报告2013》（2014）、宋瑞的《寻找中国的休闲——跨越太平洋的对话》（2015）、陈占彪的《自由及其幻象——当代城市休闲消费的发生》（2015）。这些学术著作反映了学者们从不同的角度审视我国休闲发展现状、总结我国休闲发展经验与教训以及思考我国休闲发展路径的学术探索历程，也对推动我国休闲理论科学的发展产生了积极意义。

第三，从期刊论文的研究特征看。我国学术界有关休闲研究在新世纪发展较快，近年来更是凸显了快速发展的态势。综合起来看，近年来我国休闲研究呈现以下六大特征：一是休闲研究成为热点，文献数量持续增加。据不完全统计，20年间有关休闲研究的文献数量增长约50倍。二是研究涉及的学科以经济学最多，社会学和地理学居其次。三是研究主题较为全面，尤以一般理论和休闲体育为多。四是定量研究相对较少，案例研究逐年增多。五是学生、女性和老人等特殊群体受到关注。六是北京、杭州、上海和长沙等城市案例研究较多。

第四，从休闲研究趋势看。国内有关休闲研究呈现如下趋势：一是经济学角度对国民休闲消费行为的研究；二是统计学角度对国民休闲市场的实证研究；三是公共服务角度对休闲城市建设和政府管理的研究；四是社会学和文化学角度对不同阶层居民休闲的研究。

下 篇
实证研究

第五章 研究设计

第一节 研究背景

一、研究目标

理论方面,本书拟通过研究乡村居民休闲动机、休闲决策、休闲活动内容与方式、休闲时空结构等一系列过程,为休闲行为研究建立一定的研究范式。把休闲行为及发展策略结合研究,使得理论研究成果更具实践指导意义。

应用方面,本书拟通过对乡村居民的实证研究,了解乡村居民休闲生活状态和精神面貌。本书提出的发展策略,将使乡村休闲公共设施配套建设和服务更人性化、更科学。同时,为企业投资发展乡村休闲产业,为乡村居民过上健康与高品质的休闲生活提供指导。

二、国内外相关研究的学术史梳理及研究动态

休闲是指人们在闲暇时间里所参与的使自己身心得到放松、愉悦的活动(John Tribe,1999)。对于休闲问题,早在工业社会形成初期就引起了不少西方社会思想家的关注,1899年,凡勃伦的《有闲阶级论》出版,开启了休闲学研究的先河。在100多年的休闲研究中,西方国家已建立了包括休闲哲学、休闲社会学、休闲行为学、休闲经济学等在内的庞大休闲研究体系。虽然对乡村居民休闲行为研究较少,但是休闲行为研究却是国外休闲学研究的重要组成部分。国外对休闲行为研究主要是侧重于对动机的研究,其次是对决策和满意度的研究。关于动机的研究,主要侧重于构建模型和动机的测量(Sarah Todd,1999;Linky,Luhp,2011)。除了对动机的研究,决策研究也是一个热点,对决策研究主要侧重于模型的构建。在模型构建中,首先是实证主义和后实证主义模型,如Cyert,March(1963)提出"有限理性决策模型";然后是解释主义和结构分析主义模型,如Pfeffer(1981)提出"决策制定的集团模型";而Crompton、Mutinho、Woodisde 三位学者最先尝试了采用全球化的观点对决策制定的因素进行综合分析,三人分别创建了"克朗普顿模型""莫提荷模型"和"无德赛德模型"。以上提到的模型是最具有代表性的传统模型,迄今为止,休闲决策的研究文献和实践活动一直高度依赖于上述模型。尽管这些模型很有用,但是它们并不能对现实生活中的复杂现象做出圆满解释,而且也难以论证

一些诸如情绪和感觉的作用、低介入和被动的信息搜寻等重要问题。这些问题的存在迫切需要我们采用更贴切自然、更符合经验实证的视角来研究休闲决策。从国外对休闲行为研究来看，主要是侧重于基础理论的研究（如模型的构建，概念的辨析），而实证研究中，主要从休闲行为的某一方面入手，把这一方面研究深、研究透，而对休闲行为进行系统研究的论著鲜有，从系统的角度对休闲行为进行全面的研究还需进一步深化。

我国学者对休闲研究的全面关注始于20世纪90年代，1995年于光远先生倡导成立休闲文化研究小组标志着我国休闲学术研究的开始。在20多年的研究中，我国休闲研究取得了一定的成果，而国内休闲的研究借用国外理论较多，本土化研究尚处于发展之中。关于休闲生活的研究，最初主要是针对城市社区，以城市居民为研究对象。与城镇居民的休闲生活成为学术界研究的热点之一不同，近20多年来，乡村居民的休闲生活一直被冷落忽视，关于乡村居民休闲生活的系统研究非常匮乏，只是在以往学者对于乡村居民生活的全面研究中，或多或少地涉及乡村居民的休闲生活，如葛学溥对凤凰村乡村居民生活的研究以及周大鸣对该村的追踪研究中涉及乡村居民的休闲生活，费孝通在《江村农民生活及其变迁》中也有对乡村居民休闲生活的描述，等等。至2005年，田翠琴、齐心撰写的《农民闲暇》才进一步完善了此方面的研究。随着乡村社会的快速发展，我国对乡村扶持政策力度的加大，乡村居民生活方式和生活条件也发生了许多变化。在新时代下，有必要对乡村居民休闲生活状态进行系统调查研究，以了解乡村居民目前的休闲生活状况、质量、问题及提出改进措施。

三、研究可行性

（1）思路可行性。本研究结合乡村振兴战略和新时代乡村居民精神文明建设、生活质量进行研究，在借鉴国内外相关研究基础上，系统分析新时代乡村居民休闲生活特点并提出相应的发展策略，在研究构思上具有可行性，选题和研究内容与新时代发展的特征相吻合。

（2）科研基础可行性。著者长期从事相关研究工作，具备良好的学术素养和丰富的科研经验，并且著者工作的高校建有"乡村振兴战略研究院"等相关省级社科研究基地进行支持。

（3）资料可行性。著者于2021年立项国家社会科学项目"新时代乡村居民休闲行为、制约因素及发展策略研究"，参加1项关于人居环境研究的国家课题，1项关于游憩空间研究的国家课题；主持并完成5项和休闲或"三农"相关的市级和厅级课题，积累大量一手资料。著者将联合河南、河北、山东、浙江、福建、四川等省份的同行和学生进行联合收集资料，确保资料的全面性。

第二节 研 究 构 思

一、研究思路

休闲行为是一个复杂连贯的过程，本研究将系统地对乡村居民的休闲行为过程展开调研与分析。动机是产生休闲具体行为的直接原因，所以本研究首先将对休闲动机进行调研与分析，包含对休闲动机进行分类，研究休闲动机的总体特征，对休闲动机进行属性分析。如何选择休闲具体行为是由决策来控制的，所以在分析动机之后，本研究将尝试对休闲决策进行探讨，因为决策行为是一个非常复杂的心理行为，包括的决策内容也非常宽泛，本研究在了解乡村居民的休闲生活状况基础上，主要分析其做出休闲行为决策的影响因素和内在联系。在动机的推动与决策的选择下，产生了休闲的具体活动行为，休闲活动内容和行为方式是具体休闲行为的重要组成部分，所以对乡村居民这两部分内容展开深入研究，对于这两部分内容的研究除了分析两者的相关性，还要对工作日和休息日状况做对比分析。休闲时空结构特征也是休闲具体行为的重要组成部分，此部分内容主要采用行为地理学和时间地理学相结合的方法来展开分析研究。

二、研究对象

本研究将以行为地理学为主要研究方法，辅以社会学、心理学等方法，分析新时代乡村居民休闲时空行为结构特征。运用归纳、推理和比较等逻辑学方法，对所得到的相关性文献资料、数据统计结果进行分析，探究乡村居民休闲行为的特征。

本研究以河南、河北、山东、浙江、福建、四川这六个省份的乡村居民为调查对象，以这几个省份代表了中国北部、西部、南部、东部地区，分析乡村居民休闲行为特征。在2021年9—10月对这几个省份的乡村进行问卷发放，收集不同省份不同年龄的乡村居民对休闲行为的意见感知，并对问卷数据通过EXCEL和SPSS26.0版等软件进行整理和分析，作为研究的数据资料。因每一部分研究内容有差异，故问卷数量也有少量波动性。

三、研究创新

（1）以往对休闲的研究主要侧重于城市地区，而本研究则把研究对象选择在了容易被人们忽视的乡村地区，有利于解决目前城乡发展和研究不平衡不充分问题。

（2）以往对休闲行为的研究往往只侧重于休闲行为的一个方面，本研究拟通过全面地研究休闲动机、休闲决策、休闲活动内容与方式、休闲时空结构等一系列过程，为休闲行为系统研究建立一定的研究范式。

（3）本研究从政府管理者视角、休闲企业视角、乡村居民本体视角全方位提出对策建议，有利于全面提升乡村居民精神文明建设和生活质量，推进新时代全面建成小康社会的实现。

第六章 我国乡村居民休闲动机

第一节 乡村居民休闲动机研究目的

一、研究背景

国务院颁布的《国民旅游休闲纲要（2013—2020）》（以下简称《纲要》），标志着我国进入休闲时代。《纲要》中明确提出"以满足人民日益增长的旅游休闲需求为出发点和落脚点"的基本方针，这体现出休闲不仅仅是社会进步的标志，也是国家发展的需要。党的十九大报告指出"我国当前的社会主要矛盾已经转化为人民日益增长的美好生活需要和不平衡不充分的发展之间的矛盾"，随着社会经济的发展以及人民生活水平的提高，人们所追求的不仅仅是简单的物质需求，对于精神生活的需求也不断提升，而对于休闲需要成为一种刚性需求，休闲因此成了美好生活需要的重要组成部分，对于乡村居民的休闲动机研究变得尤其重要。

当今社会是一个变革的社会，"世界正处于大发展大变革大调整时期"，人类迎来了"百年未有之大变局"。党的十八大提出中国各族人民奋斗的第一个共同目标是到中国共产党成立100年时（2021年）全面建成小康社会，而在2021年7月1日，在庆祝中国共产党成立100周年大会上，习近平总书记宣告："经过全党全国各族人民持续奋斗，我们实现了第一个百年奋斗目标，在中华大地上全面建成了小康社会"，这也意味着全国人民的生活水平得到了提高。而我国自古以来是一个农业大国，农村居民占我国人口的70%，随着我国不断加强新农村建设以及实施乡村振兴战略，农村社会也得到迅速发展，我国乡村居民拥有更多的闲暇时间进行休闲活动，中国特色社会主义进入新时代，乡村居民的休闲活动方式变得多样化，因此，对于乡村居民这一庞大群体的休闲动机调查成为重点问题。

在我国进入中国特色社会主义新时代背景下，休闲逐渐进入广大群众的生活之中。"动机"一词最早被运用于心理学，较多学者认为休闲动机是一种内在力量，对于其的研究是一个基于多学科交叉的领域，也从不同视角提出了相关理论，同时，至今为止对于休闲动机的研究对象也涉及许多不同社会群体，但是对于我国来说，应该充分考虑我国国情时代背景以及区域特点进行研究，希望结合新时代发展，从旅游视角出发，针对新时代乡村居民群体进行休闲动机研究。

基于此，基于休闲、休闲动机等相关概念以及相关理论，借鉴国内外相关文献以及政治政策，通过文献综述法进行相关概念以及相关理论的解读分析，对乡村居民的休闲动机行为进行分类，并通过问卷调查法对乡村居民的休闲动机现状进行分析，运用数理统计对调查结果进行研究。以此来了解我国乡村居民休闲动机的差异，从我国乡村居民的休闲现状中得出能够改善乡村居民生活水平的建议以及启示，从而不断丰富乡村居民的休闲活动，提高乡村居民的生活水平。

二、研究目的

（一）理论目的

（1）首先深度挖掘休闲动机相关概念以及相关理论，结合旅游视角，对新时代乡村居民休闲动机进行分类，丰富休闲动机的相关理论，强化休闲动机理论框架，构建符合中国特色社会主义新时代的休闲动机理论框架，加强休闲动机在中国休闲学中的地位与作用。

（2）通过分析研究对比休闲与旅游概念，从而更加明晰休闲与旅游的区别与联系以及休闲动机与旅游动机概念差异，使得对休闲动机概念有更加清晰的认识。

（3）新时代乡村居民较以往乡村居民不同，所以本研究通过对调查结果的分析，得出新时代乡村居民休闲动机的基本类型，为之后对于乡村居民休闲动机分类提供参考依据。

（二）实践目的

（1）中国现处于中国特色社会主义新时代，已经在2021年全面建成小康社会，全国各族人民的生活水平也不断提高，新时代乡村居民作为其中的重要群体，也不再只是简单地追求温饱问题，对于生活品质的提升也成为大众所关注的重点，机械化水平的提高使得乡村居民拥有更多的休闲时间进行休闲活动。本研究把我国乡村居民这一庞大群体作为研究对象，有利于更深入了解乡村居民的休闲活动、休闲动机，从而丰富乡村居民的休闲活动，提高对于乡村居民的关注度。

（2）本研究根据调查结果的分析研究将会得出相关启示以及完善措施，希望为乡村在开展相应休闲活动时提供一些参考依据，从而满足乡村居民对进行休闲活动的需求，提高乡村居民的生活水平，休闲生活质量。

第二节　乡村居民休闲动机研究综述

一、休闲动机概念

（一）休闲概念

休闲是休闲研究中最核心的一个词，对于休闲的概念定义，不同学者的理解有所不同。卿前龙通过分析国外不同学者对休闲的研究，将国外学者对休闲的理解大致分为六个类型：第一类休闲社会学家将休闲看作为一种时间的利用方式；第二类一部分来自社会学领域的学者则认为休闲等同于闲暇时间；第三类则是心理学家，他们将休闲当作一种愉悦的心理体验；第四类是认为休闲是一种自由的生存状态，这一观点主要来自哲学领域；第五类同样也是哲学家所提出的，休闲是一种生活态度或方式；第六类是从经济学角度出发，认为休闲是一种时间的非生产性消费。

综合来看，对于休闲的定义主要分为三大类：一是闲暇时间；二是休闲活动；三是在休闲活动中的精神状态。而王宁认为这三种定义往往是紧密相连的，休闲是指人们在闲暇时间里所进行的各种自由活动，并在自由活动中能够满足人们闲适的精神状态。

（二）休闲与旅游

休闲与旅游都是人们的重要活动之一，两者有所相似之处，相互交叉，但又有所区别。休闲主要是从时间范畴来考虑，而旅游主要是从地理范畴考虑的。刘德谦将它们用一个示意图进行表示（图6-1）。

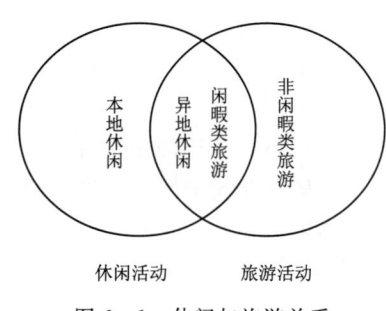

图6-1 休闲与旅游关系

从图6-1中可以看出休闲分为本地休闲和异地休闲，旅游的定义有广义以及狭义之分。世界旅游组织"旅游统计国际大会"《旅游统计国际大会建议书》规定的"闲暇"包括了休假、文化、参与体育、探亲访友等；"事务"包括了会议、宗教、商务等；"其他"包括了求学、就医等。而旅游的分类也有很多种，并不是所有旅游都属于闲暇旅游，我们无法判断哪类旅游属于闲暇旅游，所以根据国际标准分类，休闲并不等于旅游，更不能包含旅游。如刘德谦所说"休闲"与"旅游"是不可能相互替换的。伍延基从狭义的旅游概念出发，认为旅游即异地休闲，是休闲的一部分。

从旅游与休闲的概念出发，两者都是以追求愉悦体验，放松身心为目的，在行为上高度重叠，其本质是一致的。但两者在形式、内容等方面有所差异，曹诗图就列举了两者在空间与时间、消费属性、活动内容、活动复杂程度、文化取向、活动层次、文化制度上的七种差异。

综上所述，休闲与旅游既相互融合，又有所区别，休闲业与旅游业的相互融合与发展对于未来有着重要意义，因此本研究对于休闲动机的研究，是结合旅游动机所进行的，旅游为休闲充实内涵，休闲为旅游培根育本，其二者相得益彰，共同发展有利于促进人们全面发展和社会进步。

（三）休闲动机概念研究

休闲行为是由动因所引起的，与人们的需要，如放松心情、自我实现、获得成就等有着密切关系，不同的动因所进行的休闲行为所获得的满足感也会有所不同，因此，一定程度上休闲动机是提供休闲服务的前提和基础。

1. 国外休闲动机概念研究

国外关于休闲动机研究最早开始于20世纪80年代，Crandall将休闲动机定义为刺激参与休闲活动的需要、理由或满足。对于休闲动机这一概念国外学者也有多种不同的理解，但较多学者认为休闲动机是一种内在力量，或者是一种直接推动个体活动达到某种目的的一种内在推动力，不仅驱动行为，同时也会提高行为归属感、幸福感以及效能感。除此之外，一部分学者认为休闲动机还应受到外在动机如外部奖励等影响。王帆、林岚、胡慧、罗琴、郭子林几位学者将国外学者对于休闲动机概念的不同理解总结为表 6-1。

表 6-1　　　　　　　　国外学者对于休闲动机概念的不同理解

作　者	年份	概　念
Crandall	1980	休闲动机是刺激参与休闲活动的需要、理由或满足
Mayo & Jarvis	1981	动机是个人内部的驱动力,而这种驱动力是由人们不舒服的精神和身体紧张程度所产生的
Iso-Ahola	1982	休闲动机是激发,引导和融入人们休闲行为的内在因素
Fodness	1994	休闲动机是所有休闲行为背后的驱动力,其显著地影响人们的总体态度和行为,如参与、感知和满意度
Crompton & McKay	1997	休闲动机是一组内部心理需求,这种需求促使人们按某种方式参与休闲活动
Moutinho	2000	休闲动机是一种休闲需要的状态或促使人们采取某种能引起休闲满足感的行动
Pearce & Lee	2005	休闲动机是个人内部的力量,使人们按照特定的目标行动
Aziz & Ariffin	2009	休闲动机是一种休闲需求状态,一种驱动和鼓励人类进行休闲行为的内在力量;能促使人们根据情境或活动做出相应的行为,激发偏好,并最终获得预期的满足感
Hanafiah & Othman	2010	休闲动机是一种满足人类生理和心理需求的动力,是一种能引导人们的休闲行为和休闲活动达到预期休闲目标的内在动力。人类为了满足需要而行动,而动机决定行动的导向性

同时国外对于休闲动机的研究内容也不断丰富起来,王帆、林岚、胡慧、罗琴、郭子林几位学者将国外休闲动机研究分为起步探索和快速发展两个阶段,早期国外学者侧重对休闲概念、对象、术语等研究,到了 2003 年之后休闲动机研究的主要方向为实证研究,因此,国外休闲动机研究内容已从简单的对于休闲动机概念、理论及量表探索转变为对于不同群体的休闲动机类型、行为特征及影响因素和休闲动机与其他休闲要素的影响关系以及影响机制的实证研究。

2. 国内休闲动机概念研究

相较于国外关于休闲动机的研究,我国起步较晚,研究成果相对于国外不是非常丰富。在 20 世纪 90 年代初期我国学者才开始逐步关注休闲动机研究,而我国关于休闲动机的研究大多以实证研究为主,研究内容包括休闲动机概念、休闲动机分类等,同时也注重不同群体的休闲动机研究。在李仲广等编写的《基础休闲学》中描述休闲动机是一种引起、引导以及整合个人休闲活动,继而导致休闲活动朝向某一目标的内在心理过程。而楼嘉军则将休闲动机定义为是在受到休闲需要的激发下,引导以及整合个人休闲活动,并导致该项休闲活动指向某一目标的内在心理过程和个体行为。

综上所述,对比国内外对于休闲动机的研究趋势,对于我国有关于休闲动机研究也有许多启示,我国休闲动机研究已经晚于国外,因此在研究内容上我们应有所创新与差异,应充分考虑我国国情以及区域特点,对国外休闲动机的理论、量表等给予清晰的认识和辩证分析,从国外休闲动机研究的普适性结果出发,针对我国新时代乡村居民这一特定研究对象,顺应中国特色社会主义新时代发展趋势,构建符合我国国情的休闲动机理论框架,丰富我国休闲动机研究成果。

二、休闲动机理论

休闲动机的研究是多学科交叉的研究领域,许多学者从心理学、社会心理学、社会学、人类学等视角提出了有关于休闲动机的相关理论,例如不平衡理论、社会激励理论、社会文化理论、马斯洛需求层次理论、社会冲突理论、熟悉/好奇理论、期望值理论、畅爽理论、自我效能理论、补偿/溢出理论、自我决定理论、计划行为理论等,以上理论都从不同视角分析人们的休闲行为可能发生的生理、心理、社会以及文化方面的影响机制。其中较为常见的为畅爽理论、推拉理论、自我决定理论以及计划行为理论。

本研究主要根据新时代乡村居民特点开展。我国正处于中国特色社会主义新时代时期,2021年我国已经全面建成小康社会,新时代乡村居民在进行农业生产过程中机械化水平提高,生产力水平也有所提升,因此新时代乡村居民收入水平提高,进行休闲活动的空闲时间有所增加,从对物质生活的追求转变为精神生活的追求。综合来看,本研究主要运用到马斯洛需求层次理论、推拉理论、自我决定理论、计划行为理论四种理论。

(一) 马斯洛需求层次理论

马斯洛需求层次理论是由美国心理学家亚伯拉罕·马斯洛(Abraham Harold Maslow,1908—1970年)于1943年在《人类动机的理论》中提出的,该理论由较低层次到较高层次把需求分成生理需求、安全需求、社会需求、尊重需求和自我实现需求五类。这五种需求从低到高,按层次逐级递升,但是次序不是完全固定的,当某一层次的需要相对满足时,追求更高一层次的需要就成为驱使行为的动力,而各层次的需要是相互依赖和重叠的,高层次的需要发展后,低层次的需要仍然存在,只是对行为的影响程度大大减小,马斯洛认为一个国家的需求层析结构,与这个国家的经济发展水平、科技发展水平、文化和人民受教育程度直接相关,而同一国家的不同时期,人的需求层次随着生产水平的变化而变化。

随着我国进入中国特色社会主义时期,2021年全面建成小康社会,生产水平不断提高,新时代乡村居民较以往的乡村居民,收入水平、生活质量也不断提高,物质条件等有所改善,乡村居民不再只是追求简单的物质生活,同时更加注重精神生活的追求,即对于低层次的生理需要并没有消失,而是更加注重安全、感情、尊重和自我实现的需要。

(二) 推拉理论

推拉理论最早是由英国学者 E. G. Ravenstein 在《人口迁移规律》一书中提出的人口迁移的七条规律,是研究人口流动、移民现象的理论之一。Dann 在1977年将推拉理论应用到旅游研究领域,其认为推的因素是由于内在的不平衡或者紧张引起的动机因素或需求,从而驱使休闲动机(旅游动机)的产生,而拉的因素则是与目的地自身属性以及吸引物相关联的外部力量"吸引"。即推动动机与休闲者的内在欲望和想要去往某一特定目的地的内在力量有关,主要存在于个人内部,不依赖于外部压力等,例如放松心情、进行社会交往等;而拉力动机则是与目的地自身属性特征有关,是外在的吸引因素,吸引人们进行休闲活动,如目的地的服务设施、独特的自然景观等。1979年,Crompton 将休闲游客的出游动机归纳为逃避、自我探索、放松、声望、回归、和家人在一起,以及社会互动等七个社会心理动机(即推动动机),以及新奇和教育两个文化动机(即拉力动机)。

(三) 自我决定理论

自我决定理论是由美国心理学家 Deci Edward 和 Ryan Richard M 在 20 世纪 80 年代提出的关于人类自我决定行为的动机过程理论。该理论认为对人的动机理解需要考虑到内在心理需要包括能力、自主和关系等，强调人类行为的自我决定程度。该理论把动机分为无动机（Un motivation）、外部动机（Extrinsic motivation）以及内部动机（Intrinsic motivation）三种类型。

无动机是一种无自我决定的动机类型，即个体不能认识到自身的行为与行为结果之间的联系，对所从事的休闲活动毫无兴趣，缺少外在或者是内在的调节行为来确保休闲活动的正常进行。外部动机是指人们是为了某种可分离的结果而去进行某项活动的动机倾向，主要通过外部、内摄、认同和整合等四种进行调节。其中，外部调节是由外部动机完全控制的，个体行为完全遵循外部因素，受行为结果影响，其目的是获得理想的报酬或者逃避惩罚；内摄调节是指个体受到外在因素影响，但没有完全接受自我的一部分，此种情况下人们进行某项休闲活动是为了避免焦虑或者责怪，或者是增强自我，是为了展示自己的能力或者避免失败从而维持价值感，并没有真正体会到自我部分；认同调节则是指个体开始意识到某一行为的重要性时，将其接纳为自我的一部分的动机类型，含有更多的自主或者自我决定的成分；整合调节则是将某一项行为完全同化到自我当中。内部动机是一种受到内部激励的动机，与内部因素有关，是高度自主的动机类型，是人类追求新奇和挑战，寻求学习和探索，发展和锻炼自身能力的先天倾向的表现，Vallerand 把其分为了解刺激型、取得成就型、体验刺激型三种类型，在内部动机的驱动下，个体逐渐产生自我满足感，从而实施行为。

(四) 计划行为理论

计划行为理论（theory of planned behavior，TPB）是对理性行为理论（theory of reasoned action，TRA）的延伸扩展。理性行为理论认为个体行为在一定程度上可以根据行为意向进行合理的推断，但是对于不完全由个人意识控制的行为上的解释是具有局限性的，因为个人行为意向还受到行为的态度和主观规范的等其他非个人意识所能控制的因素影响。计划行为理论认为人的行为意向影响着人的行为，是产生个体行动的直接因素，并且个体的行为意向受到主观规范、行为态度、知觉行为控制三种因素的影响。同时，个人的行为意向与行为态度、主观规范以及知觉行为控制成正比例关系，当这三种因素越正向越强时，个人行为意向也就越强。在之后的研究中，Ajzen 利用了计划行为理论和模型对人们的休闲行为意向和休闲动机开展了研究。

三、休闲动机量表

休闲动机量表的制定是进行休闲动机研究的前提。自 1980 年开始，国外就有对休闲动机量表的编制，Crandall 研究了人们参与休闲活动的动机，并将休闲动机分成了 17 类，包括享受自然，逃避日常例行公事与义务，锻炼身体，增强创造力，释放压力，社交，接触新的人，接触异性，家庭交际，获得地位，社会权利，利他主义，寻求刺激，自我实现，成就感、挑战、竞争，打发时间、避免无聊，知识性的唯美主义。Bread 和 Ragheb 则总结出知识动机，例如学习、探索以及发现；社交动机例如人际关系交往等；能力-支配,例如迎接挑战、竞争、任务完成;刺激-逃避放松以及避免日常压力四个动机因子共48项指标。大多数休闲动机的研究,所运用的多为此类休闲动机量表,并在此基础上进行修改。

我国对于休闲动机的研究目前较少,主要是借鉴国外经验,而且我国对于休闲动机量表的编制主要针对的研究对象有大学生、老年人、城市居民等,例如刘慧以长沙市居民为研究对象,设计编制长沙市居民参与休闲活动量表,其中包括知识性动机、胜任-熟练性动机、社交性动机、刺激-逃避性动机共32项动机因子;金贤以滑雪旅游者为研究对象,设计出内部动机、外部动机两个维度共10项动机因子的量表;对于乡村居民的休闲动机量表的编制是空缺的,对于农村居民休闲动机分类有郑春霞关于中国东南沿海农村居民休闲动机研究,其研究分为放松休息动机、学习发展动机、社会交往动机、康体健身动机4个类型共12个动机因子,其研究发现农村居民的休闲活动是由多种动机共同驱动的。

乡村居民在我国是一大重要群体,尤其随着我国乡村振兴发展战略的实施,机械化水平的不断提高,乡村居民拥有更多的闲暇时间进行休闲活动,乡村居民进行休闲活动的动机直接影响到新时代乡村居民的休闲活动的质量和生活品质等。由于研究对象地区文化的差异,研究过程使用的休闲动机量表不能很好地反映新时代乡村居民的休闲动机特点。而国外文化与我国本土文化的差异性,国家之间的休闲动机也有所差异,因此,本研究在主要运用Bread与Ragheb于1982年编制的休闲动机量表的基础上,以及根据我国关于农村居民休闲动机的分类,结合我国文化特色和现状,对我国新时代乡村居民休闲动机进行分类,分析新时代乡村居民休闲动机现状,为新时代乡村居民的休闲指导提供一定的理论和实践基础。

四、不同群体的休闲动机

关于休闲动机研究,其研究对象不断拓宽,主要涉及在校大学生、老年人、运动锻炼者、女性、残疾人等不同社会群体,不同的社会群体对于休闲动机分类也是有所差异性,Iso-Ahola与Allen认为大学生进行室内篮球比赛的休闲动机为人际转移和控制、个人能力逃避日常、积极的人际关系、消遣放松、人际能力和与异性相处六个动机;Ahn则认为55岁以及以上岁数的老年人进行休闲旅游的休闲动机为避免疾病、保持健康的身体和积极参与生活;Santos等则认为妇女参与体育活动的主要动机为控制体重和缓解生活压力;Adam针对哈纳地区身体和视觉残疾人这一研究群体,将休闲动机划分为能力掌握、社会、智力、刺激-逃避等,并且社会动机由于婚姻状况以及家庭规模的差异而不同,刺激回避则因残疾类型、性别以及就业状况也有所不同。

国内关于休闲动机研究起步较晚,多为实证研究,其研究对象涉及城市居民、大学生、老年人等。刘慧针对长沙市居民认为其休闲动机主要为学习与体验新鲜事物、保持健康、建立与他人的良好关系、与朋友加深关系、发展友谊、增强身体灵活性、更具活力、提高技巧和能力、扩充自己的知识、增强身体的适应能力、与他人互动11种休闲动机类型;陈美爱则对杭州市居民进行调查,得出其休闲动机主要有智力休闲动机、社交休闲动机、技能掌握动机以及刺激-逃避休闲动机4种;陈楠对河南大学在校大学生进行调查研究,得出其主要包括社会动机、内部积极动机和内部消极动机3种。

五、休闲动机的影响因素及机制

国外关于休闲动机研究中认为对于休闲动机的影响因素有人们某种特定的心理需求、经验、性别等。在对于运动锻炼者而言,其经验水平越高,进行户外冒险活动的动机就越显著,更加倾向于更加本质的挑战、个人测试等动机,而缺乏经验的人多为社交类的因素影响,Ewert 就关于参与户外冒险休闲活动研究中证实了此项观点。性别的差异也使得主要休闲动机的不同,Fortier 研究显示女性进行体育运动时,其完成任务的内在动机更加强烈,受外部影响较少,而男性则相反。

国内则认为影响休闲动机的因素主要有性别、年龄、文化程度等。王玮的研究中显示影响休闲动机的主要因素包含年龄、婚姻状况、受教育程度、个人收入等;陈彦宏认为影响休闲活动的主要因素有性别、家庭条件以及年级。

综合上述,休闲动机的影响因素具有多样性,并且不同群体主要的影响因素也有差异性,因此,在讨论新时代向居民休闲动机的影响因素时应考虑年龄、文化程度、收入水平等多种因素对于休闲动机的影响,从而得出符合调查结果的结论。

六、旅游动机与休闲动机

旅游动机则是游客产生旅游行为的内在驱动力。对于旅游动机的成因研究主要有以马斯洛需求层次理论、逃避-寻求二分法、推拉理论为基础的动机分类,与休闲动机研究具有相似性。Mcintosh R W 等将旅游动机归纳为身体健康动机、文化动机、人际动机和地位与声望动机 4 种类型以及日本今井省指出现代人的旅游动机包括消除紧张、社会存在以及自我完善的动机。国内关于旅游动机分类,有郭亚军等关于"旅游度假者动机测定表"的基础数据分析,归纳为社会、放松、知识、技能 4 大动机因子,陈巧林将农村居民的旅游动机划分为 4 个维度,包括增长知识和阅历、放松休闲、获得声望、强化人际交往等共 17 项动机因子,蔡隽将农村居民的旅游动机划分为探索学习动机、健康休闲动机、感情交流动机、自我实现动机、社会实践动机等共 28 个动机因子。

对于休闲动机以及旅游动机的研究理论基础是具有相似性的,但休闲与旅游二者并不是完全的包含关系。因此对于休闲动机的研究并不能完全照搬旅游动机的研究,通过对比分析国内外关于旅游动机的研究分类,再通过上述关于旅游动机的分类对休闲动机进行分类,然后结合新时代乡村居民休闲行为特点,通过问卷调查分析,对我国新时代乡村居民休闲动机进行分类。

通过对国内外文献的检索分析比较,对于休闲动机的研究从起初的概念、理论构建到之后的实证研究,研究方法研究对象等也逐渐趋于多样化,而休闲动机的研究与其社会背景有很大一部分关系,不同研究对象进行休闲活动的动机也有所差异。因此,在研究过程中应加强对不同群体的休闲动机量表的设计,目前,对于研究对象大多为大学生、老年人等和对于乡村居民的研究区域的研究相对空缺,同时国外关于休闲动机量表的分类并不能完全适用于我国背景之下,因此,借鉴国内外学者关于休闲动机量表的设计还应结合我国时代特点,对新时代乡村居民的休闲动机进行分类。本研究将通过上述文献对比分析提出符合乡村居民休闲特点的休闲动机,对我国新时代乡村居民休闲动机进行分类,了解我国

第六章 我国乡村居民休闲动机

乡村居民休闲动机类型，并运用数理统计分析法了解不同属性人口特征休闲动机的差异，分析乡村居民的休闲现状，得出不同因素对于乡村居民休闲动机的影响，并提出相应建议，丰富乡村居民休闲活动，提高乡村居民。

第三节 我国乡村居民休闲动机特征及建议

一、研究设计

（一）研究区域

基于以上分析，本研究采用问卷调查法。以乡村居民为研究对象，以福建、河南、河北、山东、浙江、四川六个省份为代表通过问卷星发放问卷，问卷收集时间为 2021 年 9—10 月，问卷涉及六大省份不同年龄层次的乡村居民。一共收集 1677 份问卷，其中有效问卷 1563 份，问卷剔除条件为：上述六个省份以外乡村居民、问卷填写时间不足两分半，共 114 份，故问卷有效率为 93.2%。本研究借助 SPSS 26.0 软件采用因子分析法，得出乡村居民的动机类型，并运用独立样本 T 检验分析和单因素方差分析对不同背景变量的乡村居民休闲动机差异性进行研究，了解动机类型以及对休闲动机影响。

（二）研究假设

本研究首先通过因子分析法对乡村居民的休闲动机进行分类，再运用独立样本 T 检验和单因素方差分析法对不同背景变量的乡村居民的休闲动机进行分析，了解不同背景变量的乡村居民的主要休闲动机类型，以及休闲动机的影响因素。

根据国内外研究，本研究提出以下假设：

(1) 不同性别的乡村居民对于休闲动机具有显著性差异。
(2) 不同年龄的乡村居民对于休闲动机具有显著性差异。
(3) 不同受教育程度的乡村居民对于休闲动机具有显著性差异。
(4) 不同月收入水平的乡村居民对于休闲动机具有显著性差异。
(5) 不同职业的乡村居民对于休闲动机具有显著性差异。

（三）问卷设计

根据上述研究结合乡村居民休闲的特点，提出 13 项动机因子。问卷设计如下：

(1) 乡村居民的基本资料，包括所在地区、性别、年龄层次、受教育程度、月收入、职业。

(2) 乡村居民休闲动机。根据提出 13 项动机指标设计出的 13 个问题，采用李克特量表进行测量，按很不同意、不同意、一般、同意、很同意 5 个等级划分，并从 1~5 分进行赋值。让被调查者根据实际情况做好选择。

二、研究过程

（一）样本统计特征

通过问卷星问卷回收，发现样本中性别结构相对较均衡，男性 635 人，占 40.63%，女性 928 人，占 59.37%。样本年龄主要集中在 18~25 岁、26~45 岁、46~65 岁之间，

18~25岁占28.79%，26~45岁占35.06%，46~65岁占25.66%，其中26~45岁样本占主体，而18岁以下占4.8%，66岁以上占5.69%。样本中大学（含大专）学历占主体部分占39.09%，初中及以下占33.46%，高中（含中专）学历占24.44%，研究生及以上占比为3.01%，可以看出我国现在乡村居民的文化程度处于中等水平。乡村居民的月收入集中分布在1000元以下、1000~3500元、3500~6000元之间，其中1000~3500元为主体部分，1000元以下占25.21%，1000~3500元占33.21%，3500~6000元占24.18%，6000~8000元占9.15%、8000~10000元占4.86%，10000元以上占3.39%，可以看出我国乡村地区收入还是有一定的差距。乡村居民的从事职业更加多样，其中工人、农民、企事业人员、学生占比超10%，政府（机关）公务员、文教卫生人员、商务人员、服务及销售人员、私营业主等分布较为均衡，具体占比如图6-2所示。

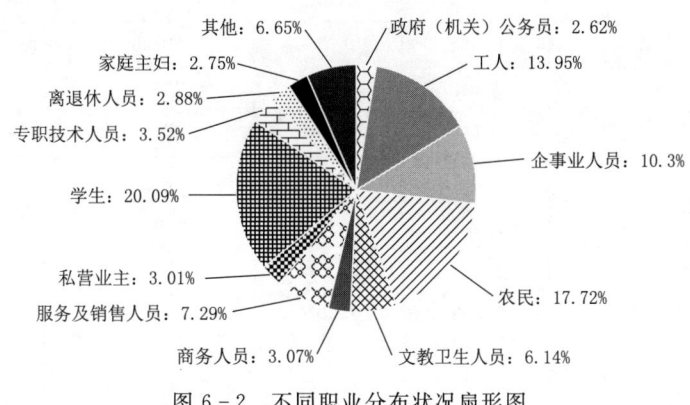

图6-2 不同职业分布状况扇形图

（二）问卷信度分析

信度检验常用的方法为L. J. Cronbach所创造的α信度系数法，当Cronbach's Alpha系数越靠近1，则说明问卷的稳定性、一致性越好，可信度越高。通常认为一份调查问卷的α系数超过0.7则表示问卷具有较高的信度。借助SPSS 26.0对1563份调查问卷进行信度分析（表6-2），休闲动机调查中的13个选项的Alpha系数值为0.938＞0.7，因此调查问卷具有较高的信度。

表6-2 可靠性统计

克隆巴赫 Alpha	基于标准化项的克隆巴赫 Alpha	项数
0.938	0.939	13

（三）问卷效度分析

1. 效度检验

使用KMO和巴特利特球形度检验。通常认为，KMO统计量超过0.9时效果最好，0.7以上则可以接受。巴特利特球形度检验用于判断变量是否适宜做因子分析，当显著性概率小于0.05时，证明数据适宜做因子分析。借助SPSS 26.0软件，利用KMO和巴特利特球形度检验指标进行检验得出（表6-3），KMO值为0.966＞

表6-3 KMO和巴特利特球形度检验

KMO取样适切性量数		0.966
巴特利特球形度检验	近似卡方	12182.950
	自由度	78
	显著性	0.000

0.9，巴特利特球形度检验值为 12182.950，在自由度为 78 的条件下达到显著，巴特利特球形度检验的显著性为 0<0.05，因此说明，问卷的效度好，适宜因子分析。

2. 因子分析

本研究借助 SPSS 26.0 软件，采用主成分分析法，共提取出 5 个公因子，其累计方差贡献率为 76.738%，说明它对原有的 2 个因子有 76.738% 的解析能力。用凯撒正态化最大方差法对因子载荷矩阵进行旋转，得到结果见表 6-4。

表 6-4 因子分析表

因子	成分				
	1	2	3	4	5
发展兴趣爱好	0.726	0.306	0.294	0.188	0.082
拓宽视野、获得新知识	0.685	0.257	0.335	0.282	0.077
了解身边事物	0.642	0.314	0.366	0.115	0.181
获得生活动力	0.595	0.198	0.275	0.289	0.357
获取成就感	0.344	0.745	0.125	0.178	0.201
探亲访友	0.155	0.695	0.496	0.171	0.135
参加节庆活动	0.313	0.668	0.285	0.251	0.170
结交朋友、了解他人	0.482	0.516	0.046	0.426	0.223
缓解心理压力	0.391	0.200	0.721	0.134	0.240
排忧解难、愉悦心情	0.374	0.223	0.696	0.204	0.171
锻炼身体、增强体魄	0.253	0.331	0.513	0.546	0.052
康体理疗	0.274	0.251	0.222	0.822	0.158
打发消磨时间	0.179	0.241	0.208	0.134	0.895

提取方法：主成分分析法。
旋转方法：凯撒正态化最大方差法

从结果看出，共可以提取出 5 个公因子。第 1 个公因子有发展兴趣爱好，拓宽视野、获得新知识，了解身边事物，获得生活动力，将其概括为发展动机；第 2 个公因子为获取成就感，探亲访友，结交朋友、了解他人，参加节庆活动共 4 项动机，将其总结为社交动机；第 3 个公因子为缓解心理压力，排忧解难、愉悦心情，总结为放松动机；第 4 个公因子为锻炼身体、增强体魄，康体理疗，概括为健康动机；第 5 个公因子为打发消磨时间，将其概括为无动机。根据自我决定理论，无动机指个体不能认识到自身的行为与行为结果之间的联系，对所从事的休闲活动缺乏兴趣，打发消磨时间这一休闲动机，使得乡村居民在进行休闲活动的选择是缺乏主动性的，在选择休闲活动过程中不具有强烈意愿，较为随意，因此将其概括为无动机。

3. 乡村居民的休闲动机分类

根据上述调查结果，通过表 6-5 可以看出新时代乡村居民休闲动机分为 5 种类型，分别为发展动机、社交动机、放松动机、健康动机、无动机。

第三节 我国乡村居民休闲动机特征及建议

表 6-5　　　　　　　　　　乡村居民休闲动机分类

发展动机	社交动机	放松动机	健康动机	无动机
发展兴趣爱好	获得成就感	缓解心理压力	锻炼身体、增强体魄	打发消磨时间
拓宽视野、获得新知识	探亲访友			
了解身边事物	参加节庆活动	排忧解难、愉悦心情	康体理疗	
获得生活动力	结交朋友、了解他人			

（四）新时代乡村居民休闲动机现状分析

根据上述分类，将新时代乡村居民休闲动机划分为五个等级，进行各项的平均数和标准差、方差对比分析。从表 6-6 可以看出这 13 项休闲动机均位于 3.5～4 分之间，平均值接近量表的"同意"一项，方差在 1.059～1.322 之间。其中放松动机即缓解心理压力、排忧解难，愉悦心情平均值超过 3.8，可以看出放松动机相对较为强，为主要成分。位于第二位的是发展动机，可见现在的乡村居民更注重通过休闲活动提升发展自己，并且方差相对较小，说明这一项也比较重要。打发消磨时间动机的平均值较小，且方差较大，因此，相较于其他休闲动机，这一项不是乡村居民的主要动机。

表 6-6　　　　　　　　　各动机平均数、标准差、方差统计表

动　机	均　值	标　准　差	方　差
获得生活动力	3.79	1.051	1.104
拓宽视野、获得新知识	3.84	1.062	1.128
发展兴趣爱好	3.85	1.029	1.059
了解身边事物	3.85	1.062	1.128
探亲访友	3.76	1.060	1.123
参加节庆活动	3.72	1.051	1.104
获取成就感	3.64	1.089	1.186
结交朋友、了解他人	3.77	1.060	1.123
缓解心理压力	3.82	1.078	1.162
排忧解难、愉悦心情	3.89	1.064	1.131
锻炼身体、增强体魄	3.88	1.064	1.132
康体理疗	3.77	1.055	1.112
打发消磨时间	3.55	1.150	1.322

通过以上分析可以得出结论：乡村居民的休闲动机具有多样性，由多种休闲动机构成；在这些休闲动机中，主要休闲动机为发展动机和放松动机，而打发消磨时间动机相对较弱。

（五）休闲动机的差异性研究

1. 不同性别乡村居民休闲动机差异性分析

运用独立样本 T 检验进行分析，由表 6-7 可以看出只有探亲访友显著性概率为 0.55＞

0.05，说明不同性别的乡村居民的探亲访友动机不具有显著性差异，而在发展动机、放松动机、健康动机和无动机上具有显著性差异，因此这一结果证实上述研究假设1。

表6-7　　　　　　　　　不同性别乡村居民休闲动机差异性分析表

休闲动机	性别	个案数	平均值	标准差	显著性
缓解心理压力	男	635	3.76	1.136	0.000
	女	928	3.86	1.035	
排忧解难、愉悦心情	男	635	3.81	1.138	0.000
	女	928	3.95	1.007	
打发消磨时间	男	635	3.47	1.218	0.001
	女	928	3.60	1.098	
获得生活动力	男	635	3.72	1.107	0.000
	女	928	3.83	1.008	
拓宽视野、获得新知识	男	635	3.77	1.114	0.000
	女	928	3.88	1.023	
发展兴趣爱好	男	635	3.83	1.056	0.005
	女	928	3.86	1.010	
了解身边事物	男	635	3.77	1.127	0.000
	女	928	3.90	1.012	
探亲访友	男	635	3.77	1.101	0.055
	女	928	3.75	1.031	
参加节庆活动	男	635	3.66	1.111	0.000
	女	928	3.77	1.006	
获取成就感	男	635	3.61	1.136	0.020
	女	928	3.67	1.055	
结交朋友、了解他人	男	635	3.72	1.136	0.000
	女	928	3.80	1.004	
锻炼身体、增强体魄	男	635	3.85	1.124	0.000
	女	928	3.90	1.021	
康体理疗	男	635	3.76	1.122	0.001
	女	928	3.77	1.006	

在各项休闲动机的平均值上，除了探亲访友动机男性高于女性外，其余12项休闲动机均为女性高于男性，说明女性休闲动机更加凸显，而男性相比于女性更喜欢通过探亲访友进行休闲活动，增强与朋友和亲戚之间的感情。

2. 不同年龄的休闲动机差异性分析

运用单因素方差分析法（ANOVA）对不同年龄层次的群体进行休闲动机差异性分析，由表 6-8 可以得出，不同年龄的乡村居民在所有休闲动机上显著性概率均小于 0.05，此结果证实上述研究假设 2，不同年龄层次的乡村居民在休闲动机上具有显著性差异。

表 6-8　　　　　　　　　　不同年龄休闲动机差异性分析表

休闲动机	年龄	个案数	平均值	标准差	显著性
缓解心理压力	18 岁以下	75	3.72	1.214	0.000
	18～25 岁	450	4.13	0.944	
	26～45 岁	548	3.83	1.068	
	46～65 岁	401	3.56	1.110	
	65 岁以上	89	3.43	1.086	
排忧解难、愉悦心情	18 岁以下	75	3.88	1.174	0.000
	18～25 岁	450	4.18	0.934	
	26～45 岁	548	3.94	1.009	
	46～65 岁	401	3.59	1.108	
	65 岁以上	89	3.56	1.270	
打发消磨时间	18 岁以下	75	3.56	1.244	0.000
	18～25 岁	450	3.77	1.103	
	26～45 岁	548	3.49	1.179	
	46～65 岁	401	3.40	1.121	
	65 岁以上	89	3.49	1.109	
获得生活动力	18 岁以下	75	3.61	1.184	0.000
	18～25 岁	450	4.00	0.983	
	26～45 岁	548	3.85	0.979	
	46～65 岁	401	3.56	1.087	
	65 岁以上	89	3.42	1.223	
拓宽视野、获得新知识	18 岁以下	75	3.69	1.185	0.000
	18～25 岁	450	4.08	0.969	
	26～45 岁	548	3.87	1.079	
	46～65 岁	401	3.64	1.040	
	65 岁以上	89	3.42	1.106	
发展兴趣爱好	18 岁以下	75	3.81	1.123	0.000
	18～25 岁	450	4.05	0.996	
	26～45 岁	548	3.88	1.000	
	46～65 岁	401	3.62	1.039	
	65 岁以上	89	3.71	1.036	

续表

休闲动机	年龄	个案数	平均值	标准差	显著性
了解身边事物	18岁以下	75	3.72	1.169	0.000
	18～25岁	450	4.12	0.963	
	26～45岁	548	3.86	1.039	
	46～65岁	401	3.64	1.085	
	65岁以上	89	3.48	1.169	
探亲访友	18岁以下	75	3.67	1.298	0.001
	18～25岁	450	3.81	1.036	
	26～45岁	548	3.86	1.021	
	46～65岁	401	3.64	1.049	
	65岁以上	89	3.46	1.149	
参加节庆活动	18岁以下	75	3.53	1.234	0.000
	18～25岁	450	3.90	0.978	
	26～45岁	548	3.79	1.042	
	46～65岁	401	3.54	1.022	
	65岁以下	89	3.46	1.225	
获取成就感	18岁以下	75	3.55	1.211	0.001
	18～25岁	450	3.80	1.054	
	26～45岁	548	3.66	1.067	
	46～65岁	401	3.51	1.066	
	65岁以上	89	3.46	1.289	
结交朋友、了解他人	18岁以下	75	3.71	1.100	0.000
	18～25岁	450	3.93	0.984	
	26～45岁	548	3.78	1.053	
	46～65岁	401	3.62	1.080	
	65岁以上	89	3.56	1.224	
锻炼身体、增强体魄	18岁以下	75	3.75	1.187	0.000
	18～25岁	450	4.04	0.995	
	26～45岁	548	3.95	1.049	
	46～65岁	401	3.72	1.069	
	65岁以上	89	3.45	1.158	
康体理疗	18岁以下	75	3.75	1.175	0.002
	18～25岁	450	3.85	1.005	
	26～45岁	548	3.82	1.051	
	46～65岁	401	3.70	1.055	
	65岁以上	89	3.39	1.134	

在放松动机、发展动机、健康动机这类休闲动机 18～25 岁的群体平均值均超过 4，可以看出该年龄层次的群体学业繁重，大部分处于学业以及工作的过渡期，压力较大，希望通过休闲活动放松自己，继续学习提升自己，所以在放松动机以及发展动机上相较于其他群体更加强烈。并且 18～25 岁的群体在所有动机中，平均值都高于其他年龄层次，因此，该年龄层次的休闲动机更为凸显。45～65 岁的群体以及 65 岁以上的老年群体其休闲动机平均值在这五个年龄层次中位于最后两名，45～65 岁的群体和 65 岁以上老年群体受年龄影响，身体水平相对较弱，进行休闲活动的难度系数相对较大，所以其休闲动机相较于其他年龄层次较弱。

3. 不同受教育程度的休闲动机差异性分析

由表 6-9 可以得出，不同受教育程度的群体在所有休闲动机上具有显著性差异，此项结果证实上述研究假设 3。

表 6-9　　　　　　　不同受教育程度休闲动机差异性分析表

休闲动机	受教育程度	个案数	平均值	标准差	显著性
缓解心理压力	初中及以下	523	3.46	1.146	0.000
	高中（含中专）	382	3.69	1.130	
	大学（含大专）	611	4.18	0.837	
	研究生及以上	47	4.13	1.115	
排忧解难、愉悦心情	初中及以下	523	3.54	1.121	0.000
	高中（含中专）	382	3.82	1.109	
	大学（含大专）	611	4.21	0.857	
	研究生及以上	47	4.26	1.132	
打发消磨时间	初中及以下	523	3.40	1.121	0.000
	高中（含中专）	382	3.50	1.197	
	大学（含大专）	611	3.70	1.124	
	研究生及以上	47	3.70	1.196	
获得生活动力	初中及以下	523	3.54	1.095	0.000
	高中（含中专）	382	3.71	1.068	
	大学（含大专）	611	4.03	0.928	
	研究生及以上	47	4.06	1.187	
拓宽视野、获得新知识	初中及以下	523	3.56	1.083	0.000
	高中（含中专）	382	3.78	1.105	
	大学（含大专）	611	4.09	0.940	
	研究生及以上	47	4.04	1.179	
发展兴趣爱好	初中及以下	523	3.59	1.038	0.000
	高中（含中专）	382	3.78	1.086	
	大学（含大专）	611	4.10	0.915	
	研究生及以上	47	4.13	1.055	

续表

休闲动机	受教育程度	个案数	平均值	标准差	显著性
了解身边事物	初中及以下	523	3.57	1.085	0.000
	高中（含中专）	382	3.77	1.161	
	大学（含大专）	611	4.12	0.898	
	研究生及以上	47	4.06	1.071	
探亲访友	初中及以下	523	3.51	1.075	0.000
	高中（含中专）	382	3.78	1.097	
	大学（含大专）	611	3.94	0.977	
	研究生及以上	47	4.02	1.093	
参加节庆活动	初中及以下	523	3.49	1.047	0.000
	高中（含中专）	382	3.71	1.144	
	大学（含大专）	611	3.91	0.947	
	研究生及以上	47	3.98	1.073	
获取成就感	初中及以下	523	3.43	1.092	0.000
	高中（含中专）	382	3.71	1.150	
	大学（含大专）	611	3.76	1.016	
	研究生及以上	47	3.96	1.122	
结交朋友、了解他人	初中及以下	523	3.54	1.093	0.000
	高中（含中专）	382	3.76	1.086	
	大学（含大专）	611	3.96	0.967	
	研究生及以上	47	3.81	1.154	
锻炼身体、增强体魄	初中及以下	523	3.58	1.082	0.000
	高中（含中专）	382	3.85	1.138	
	大学（含大专）	611	4.12	0.933	
	研究生及以上	47	4.23	0.960	
康体理疗	初中及以下	523	3.59	1.078	0.000
	高中（含中专）	382	3.77	1.097	
	大学（含大专）	611	3.93	0.977	
	研究生及以上	47	3.70	1.121	

在排忧解难、愉悦心情，缓解心理压力，获得生活动力，发展兴趣爱好，探亲访友，参加节庆活动，获取成就感，锻炼身体、增强体魄这8种动机，随着学历的提高，休闲动机的平均值上升，并且所有休闲动机中，大学（含大专）、研究生以上学历平均值相对较高，说明学历越高，其休闲动机越为强烈。放松动机和发展动机这两类动机，大学（含大专）、研究生及以上学历的群体平均值高于4，说明这一类群体压力更大，并且更希望通过休闲活动学习提升自己，求知欲更加强烈。

4. 不同月收入水平的休闲动机差异性分析

根据表 6-10 可以得出，不同月收入水平的群体的打发消磨时间动机的显著性概率为 0.275＞0.05，因此不同月收入水平在打发消磨时间动机上不具有显著性差异，在其他四种类型上具有显著性差异。此项结果证实上述研究假设 4。

随着月收入水平的提高，大部分动机的平均值有所提高，休闲动机更加强烈。因为本次调查中在 18～25 岁的学生群体较多，月收入水平在 1000 元以下的多为该类群体，而该类群体受教育程度多为本科及以上学历，因此相较于 1000～3500 元的收入群体，其均值较高，休闲动机更加强烈。

表 6-10　　　　　　　　不同月收入水平休闲动机差异性分析表

休闲动机	收入水平	个案数	平均值	标准差	显著性
缓解心理压力	1000 元以下	394	3.77	1.029	0.001
	1000～3500 元	519	3.71	1.154	
	3500～6000 元	378	3.89	1.006	
	6000～8000 元	143	3.89	1.069	
	8000～10000 元	76	3.97	1.131	
	10000 元以上	53	4.30	0.952	
排忧解难、愉悦心情	1000 元以下	394	3.86	1.027	0.000
	1000～3500 元	519	3.76	1.142	
	3500～6000 元	378	3.97	0.991	
	6000～8000 元	143	4.06	0.980	
	8000～10000 元	76	3.91	1.168	
	10000 元以上	53	4.38	0.882	
打发消磨时间	1000 元以下	394	3.65	1.048	0.275
	1000～3500 元	519	3.49	1.144	
	3500～6000 元	378	3.55	1.144	
	6000～8000 元	143	3.53	1.260	
	8000～10000 元	76	3.41	1.308	
	10000 元以上	53	3.66	1.386	
获得生活动力	1000 元以下	394	3.75	0.976	0.000
	1000～3500 元	519	3.67	1.132	
	3500～6000 元	378	3.81	1.005	
	6000～8000 元	143	3.97	0.949	
	8000～10000 元	76	3.89	1.126	
	10000 元以上	53	4.32	1.015	

续表

休闲动机	收入水平	个案数	平均值	标准差	显著性
拓宽视野、获得新知识	1000元以下	394	3.79	1.005	0.000
	1000～3500元	519	3.75	1.110	
	3500～6000元	378	3.84	1.022	
	6000～8000元	143	4.08	1.017	
	8000～10000元	76	3.84	1.201	
	10000元以上	53	4.32	0.996	
发展兴趣爱好	1000元以下	394	3.84	0.954	0.000
	1000～3500元	519	3.75	1.089	
	3500～6000元	378	3.84	0.984	
	6000～8000元	143	4.08	0.975	
	8000～10000元	76	3.87	1.193	
	10000元以上	53	4.42	0.929	
了解身边事物	1000元以下	394	3.81	0.974	0.001
	1000～3500元	519	3.80	1.132	
	3500～6000元	378	3.81	1.011	
	6000～8000元	143	4.03	1.071	
	8000～10000元	76	3.84	1.255	
	10000元以上	53	4.40	0.817	
探亲访友	1000元以下	394	3.65	1.026	0.000
	1000～3500元	519	3.63	1.120	
	3500～6000元	378	3.90	0.979	
	6000～8000元	143	3.98	0.968	
	8000～10000元	76	3.68	1.224	
	10000元以上	53	4.32	0.872	
参加节庆活动	1000元以下	394	3.69	0.947	0.000
	1000～3500元	519	3.64	1.125	
	3500～6000元	378	3.76	1.019	
	6000～8000元	143	3.89	0.958	
	8000～10000元	76	3.70	1.265	
	10000元以上	53	4.21	1.007	
获取成就感	1000元以下	394	3.64	1.010	0.002
	1000～3500元	519	3.54	1.151	
	3500～6000元	378	3.66	1.039	
	6000～8000元	143	3.76	1.055	
	8000～10000元	76	3.74	1.237	
	10000元以上	53	4.17	1.087	

续表

休闲动机	收入水平	个案数	平均值	标准差	显著性
结交朋友、了解他人	1000元以下	394	3.71	0.990	0.000
	1000~3500元	519	3.66	1.102	
	3500~6000元	378	3.78	1.053	
	6000~8000元	143	4.05	0.937	
	8000~10000元	76	3.84	1.265	
	10000元以上	53	4.21	0.968	
锻炼身体、增强体魄	1000元以下	394	3.85	0.954	0.000
	1000~3500元	519	3.75	1.146	
	3500~6000元	378	3.96	1.025	
	6000~8000元	143	4.02	1.051	
	8000~10000元	76	3.88	1.177	
	10000元以上	53	4.40	0.927	
康体理疗	1000元以下	394	3.68	1.007	0.000
	1000~3500元	519	3.65	1.113	
	3500~6000元	378	3.85	0.980	
	6000~8000元	143	3.97	1.010	
	8000~10000元	76	3.95	1.188	
	10000元以上	53	4.23	1.012	

5. 不同职业乡村居民休闲动机差异性分析

根据表6-11可以得出，不同职业的乡村居民休闲动机具有显著性差异。此项结果证实上述研究假设5。

表6-11　　　　　　不同职业休闲动机差异性分析表

休闲动机	职业	个案数	平均值	标准偏差	显著性
缓解心理压力	政府（机关）公务员	41	4.05	1.048	0.000
	工人	218	3.50	1.129	
	企事业人员	161	3.96	1.097	
	农民	277	3.41	1.051	
	文教卫生人员	96	4.09	0.963	
	商务人员	48	4.10	1.077	
	服务及销售人员	114	3.48	1.305	
	私营业主	47	4.00	0.978	
	学生	314	4.27	0.747	
	专职技术人员	55	4.02	0.913	
	离退休人员	45	3.31	1.328	

续表

休闲动机	职业	个案数	平均值	标准偏差	显著性
缓解心理压力	家庭主妇	43	3.70	1.013	0.000
	其他	104	3.97	0.970	
排忧解难、愉悦心情	政府（机关）公务员	41	4.10	0.917	0.000
	工人	218	3.64	1.082	
	企事业人员	161	4.14	0.932	
	农民	277	3.56	1.054	
	文教卫生人员	96	4.27	0.957	
	商务人员	48	3.73	1.125	
	服务及销售人员	114	3.54	1.291	
	私营业主	47	4.09	0.880	
	学生	314	4.29	0.801	
	专职技术人员	55	4.04	1.036	
	离退休人员	45	3.18	1.571	
	家庭主妇	43	3.77	0.895	
	其他	104	3.97	0.990	
打发消磨时间	政府（机关）公务员	41	3.71	1.031	0.000
	工人	218	3.34	1.101	
	企事业人员	161	3.44	1.203	
	农民	277	3.41	1.058	
	文教卫生人员	96	3.88	1.181	
	商务人员	48	3.94	0.885	
	服务及销售人员	114	3.45	1.256	
	私营业主	47	3.57	1.363	
	学生	314	3.84	1.054	
	专职技术人员	55	3.20	1.311	
	离退休人员	45	3.24	1.368	
	家庭主妇	43	3.49	1.162	
	其他	104	3.57	1.130	
获得生活动力	政府（机关）公务员	41	4.00	0.922	0.000
	工人	218	3.67	1.030	
	企事业人员	161	3.91	1.039	
	农民	277	3.44	1.022	
	文教卫生人员	96	4.17	0.902	
	商务人员	48	3.98	1.021	
	服务及销售人员	114	3.57	1.197	

第三节 我国乡村居民休闲动机特征及建议

续表

休闲动机	职业	个案数	平均值	标准偏差	显著性
获得生活动力	私营业主	47	3.89	1.108	0.000
	学生	314	4.05	0.892	
	专职技术人员	55	3.82	1.090	
	离退休人员	45	3.16	1.551	
	家庭主妇	43	3.72	0.908	
	其他	104	3.89	0.975	
拓宽视野、获得新知识	政府（机关）公务员	41	3.90	1.091	0.000
	工人	218	3.68	1.067	
	企事业人员	161	3.94	1.038	
	农民	277	3.51	1.017	
	文教卫生人员	96	4.13	0.965	
	商务人员	48	4.17	1.018	
	服务及销售人员	114	3.54	1.298	
	私营业主	47	3.98	1.073	
	学生	314	4.12	0.869	
	专职技术人员	55	4.05	1.177	
	离退休人员	45	3.18	1.336	
	家庭主妇	43	3.67	1.017	
	其他	104	4.04	0.891	
发展兴趣爱好	政府（机关）公务员	41	3.95	1.094	0.000
	工人	218	3.61	1.069	
	企事业人员	161	3.98	0.965	
	农民	277	3.56	0.964	
	文教卫生人员	96	4.13	0.886	
	商务人员	48	4.21	0.874	
	服务及销售人员	114	3.57	1.283	
	私营业主	47	3.85	1.142	
	学生	314	4.16	0.854	
	专职技术人员	55	3.95	1.177	
	离退休人员	45	3.67	1.279	
	家庭主妇	43	3.67	1.017	
	其他	104	3.97	0.886	
了解身边事物	政府（机关）公务员	41	3.90	1.179	0.000
	工人	218	3.61	1.123	
	企事业人员	161	3.95	0.980	

续表

休闲动机	职业	个案数	平均值	标准偏差	显著性
了解身边事物	农民	277	3.55	1.030	0.000
	文教卫生人员	96	4.23	0.864	
	商务人员	48	3.96	1.129	
	服务及销售人员	114	3.63	1.292	
	私营业主	47	3.89	1.289	
	学生	314	4.19	0.815	
	专职技术人员	55	3.93	1.152	
	离退休人员	45	3.18	1.419	
	家庭主妇	43	3.77	0.812	
	其他	104	4.03	0.853	
探亲访友	政府（机关）公务员	41	3.93	1.010	0.000
	工人	218	3.61	1.082	
	企事业人员	161	4.01	0.978	
	农民	277	3.55	0.968	
	文教卫生人员	96	4.15	0.917	
	商务人员	48	3.79	1.051	
	服务及销售人员	114	3.54	1.277	
	私营业主	47	3.74	1.170	
	学生	314	3.85	0.996	
	专职技术人员	55	3.89	1.066	
	离退休人员	45	3.22	1.428	
	家庭主妇	43	3.77	0.996	
	其他	104	3.90	0.981	
参加节庆活动	政府（机关）公务员	41	4.02	1.037	0.000
	工人	218	3.67	1.047	
	企事业人员	161	3.91	0.954	
	农民	277	3.44	0.993	
	文教卫生人员	96	4.03	0.900	
	商务人员	48	3.92	1.048	
	服务及销售人员	114	3.39	1.280	
	私营业主	47	3.68	1.065	
	学生	314	3.91	0.933	
	专职技术人员	55	3.62	1.269	
	离退休人员	45	3.13	1.424	

续表

休闲动机	职业	个案数	平均值	标准偏差	显著性
参加节庆活动	家庭主妇	43	3.79	0.940	0.000
	其他	104	3.91	0.915	
获取成就感	政府（机关）公务员	41	3.85	1.152	0.000
	工人	218	3.51	1.129	
	企事业人员	161	3.78	1.000	
	农民	277	3.51	0.965	
	文教卫生人员	96	3.72	1.093	
	商务人员	48	4.10	0.973	
	服务及销售人员	114	3.41	1.316	
	私营业主	47	3.68	1.125	
	学生	314	3.77	1.039	
	专职技术人员	55	3.69	1.153	
	离退休人员	45	3.27	1.529	
	家庭主妇	43	3.72	0.984	
	其他	104	3.71	0.972	
结交朋友、了解他人	政府（机关）公务员	41	3.73	1.205	0.000
	工人	218	3.63	0.981	
	企事业人员	161	3.98	0.981	
	农民	277	3.50	1.045	
	文教卫生人员	96	3.95	1.070	
	商务人员	48	3.98	1.139	
	服务及销售人员	114	3.59	1.268	
	私营业主	47	3.85	1.179	
	学生	314	3.95	0.927	
	专职技术人员	55	3.76	1.122	
	离退休人员	45	3.51	1.502	
	家庭主妇	43	3.86	0.889	
	其他	104	3.86	0.949	
锻炼身体、增强体魄	政府（机关）公务员	41	4.12	1.077	0.000
	工人	218	3.66	1.114	
	企事业人员	161	4.17	0.937	
	农民	277	3.59	1.009	
	文教卫生人员	96	4.16	0.955	
	商务人员	48	3.92	1.217	
	服务及销售人员	114	3.56	1.357	

续表

休闲动机	职业	个案数	平均值	标准偏差	显著性
锻炼身体、增强体魄	私营业主	47	3.87	1.076	0.000
	学生	314	4.14	0.861	
	专职技术人员	55	4.07	1.086	
	离退休人员	45	3.13	1.342	
	家庭主妇	43	4.02	0.938	
	其他	104	4.02	0.892	
康体理疗	政府（机关）公务员	41	4.05	1.048	0.000
	工人	218	3.67	1.069	
	企事业人员	161	3.96	0.999	
	农民	277	3.53	0.987	
	文教卫生人员	96	4.15	0.858	
	商务人员	48	4.02	1.062	
	服务及销售人员	114	3.46	1.298	
	私营业主	47	4.06	1.051	
	学生	314	3.85	1.002	
	专职技术人员	55	3.76	0.981	
	离退休人员	45	3.31	1.379	
	家庭主妇	43	3.81	0.958	
	其他	104	3.87	0.956	

政府（机关）公务员、文教卫生人员、学生、专职技术人员、商务人员等休闲动机相较于其他职业更加凸显，离退休人员为年龄较高的老年群体，休闲动机的平均值较低，休闲动机不太明显。分析可以得出，休闲动机较高的职业多为收入较为稳定、闲暇时间较为规律集中，收入较高的职业人群。

三、结论与建议

（一）研究结论

通过上述分析，得出以下结论：

（1）新时代乡村居民的休闲动机整体处于中等偏上的水平，在李克特量表中靠近同意这一选项。

（2）乡村居民的休闲动机分为发展动机、放松动机、社交动机、健康动机以及无动机五种类型。

（3）乡村居民的休闲动机具有多样性，由多种休闲动机构成；在这些休闲动机中，发展动机和放松动机较为明显，为主要休闲动机，打发消磨时间动机相对较弱。

（4）不同性别、年龄、受教育程度、月收入水平、职业的新时代乡村居民休闲动机具有显著性差异。其中不同性别的乡村居民的探亲访友动机不具有显著性差异，不同月收入水平的打发消磨时间动机不具有显著性差异。

（二）研究建议

1. 充分满足乡村居民的学习发展以及放松需求

通过调查研究了解到新时代乡村居民的休闲动机主要为发展动机和放松动机。随着社会的不断发展，乡村振兴发展战略的实施，乡村居民更加注重通过休闲活动开拓视野，提升自己，但与此同时，社会压力随之而来，因此需要通过不断地放松，才能保持良好的状态。可以通过加大乡村休闲设施的建设，满足乡村居民的休闲需求，充实乡村居民的休闲生活。

2. 激发乡村居民的社交和健康动机

乡村居民的休闲动机具有多样性，但在社会交往和康体健身上相对不是特别强烈。因此，为了促进乡村居民休闲动机多样化，不仅仅要满足其学习发展与放松休息的需求，让乡村居民了解到休闲活动不只局限于学习发展和放松休息，还可以强身健体，加强社会交往，提高乡村居民的休闲意识，使得乡村居民意识到休闲活动的意义。

3. 满足不同背景群体的休闲动机，开展多样化休闲活动

上述研究显示不同背景特征乡村居民的休闲动机有所不同。在开展休闲活动时，可以根据乡村居民的差异性开展丰富多样的休闲活动，满足不同群体的需求，促进乡村居民整体休闲生活质量的提高。乡村居民可以组织广场舞群体、读书群体、唱歌群体等共同开展休闲活动。

4. 加强休闲设施建设，提高休闲生活质量

政府部门应该提高对乡村休闲娱乐活动的重视程度，不仅乡村居民本身提高休闲意识，政府部门也应该加强引导建设，例如提供图书馆，修缮健身器材等，为乡村居民提供可供休闲的平台，加大投资力度。

5. 培育休闲市场，开发休闲产品

通过开发休闲市场满足休闲活动需求，不仅需要政府的投入和建设，还需要居民本身的进入，以及企业的投资建设。随着生活水平的提高，休闲市场的发展潜力不断凸显。政府部门应该从制度、市场机制上给予支持，吸引企业投资，开发具有个性化的休闲产品。

四、研究局限与展望

本研究通过查阅大量文献，归纳和总结了休闲动机的概念，梳理休闲动机相关理论，通过对调查数据分析处理得出乡村居民的休闲动机分为无动机、发展动机、社交动机、放松动机、健康动机五种类型。在调查人群上，老年群体、高收入群体数量较少，因此对于该类群体，本研究可能不具有说明性。在研究方法上，由于我国的国情差异，休闲动机量表的适用性不强，因此在未来研究中，可以根据我国国情设计编制休闲动机量表，并且有条件的话可以进行实地调研，在问卷发放过程中保证人群的均衡化，使得调查结果更加准确。

第七章 我国乡村居民休闲决策

第一节 乡村居民休闲决策研究目的

一、研究背景

大量研究证明，居民休闲参与可以在一定程度上提升居民的幸福感，并促进社会的和谐发展。根据消费者行为学的理论可知，个人在进行决策时会综合评价外部影响和内部影响，继而进行行为的选择，而居民休闲参与是一种典型的消费行为网，无论是日常的随意休闲，抑或是深度休闲，无不受到内外各层面因素的影响。在全民休闲日益发展的大背景下，休闲已经成为新时代城乡居民的刚性需要，然而已有研究多聚焦城市居民，对乡村居民休闲状况的关注严重不足，对经济欠发达的乡村休闲的关注度更是匮乏。因此，本研究的研究目的是以乡村居民为对象探究居民的休闲行为，初步了解乡村居民的休闲生活状况，分析其做出休闲行为决策的影响因素和内在联系，有针对性地帮助乡村休闲体系建设，提升其服务管理水平，提高乡村居民休闲参与意愿，从而提高其休闲生活质量。

二、研究目的

（一）理论目的

深化对乡村居民的休闲决策研究。在国内外关于居民的休闲决策研究中，研究成果还算丰富。但还存在些许不足之处，一方面，研究内容大多从休闲群体的人口统计学特征出发，例如性别、年龄、职业、收入等，但从休闲决策外在影响因素的角度研究较为缺乏；另一方面，从国内外的研究成果来看，国内外的研究群体主要以城市居民为主，对于乡村居民的休闲决策研究缺乏关注。所以，本次研究将转换对象，将乡村居民作为研究群体，对其休闲行为决策进行研究，为居民的休闲决策研究提供了一个新的视角，同时还会进一步深入对休闲决策的影响因素调查与探讨，拓展外在影响因素与休闲决策之间的关系，有助于丰富对休闲决策相关理论的研究，具有一定的理论意义。因此，研究乡村居民休闲决策的理论意义极为重大。

（二）实践目的

随着我国经济的快速稳定发展，人们的物质生活质量有了充分的提高。休闲在成为人们日常生活中不可或缺的部分之后，被越来越多的人将其当作是生活质量高低的一个象征。在往年对于居民休闲决策的研究中大多以城市居民为主，但如今乡村振兴策略呼吁我们加强对于乡村居民的关注。本研究旨在了解乡村居民的休闲生活状况，针对休闲条件、休闲设施、休闲场地、休闲观念四大决策影响因素，分析其重要程度，并提出有效建议，帮助构建独特乡村休闲体系，提升乡村休闲服务管理水平，关注核心性休闲及村落主体内生的休闲诉求，培育积极健康休闲观念，为居民今后的休闲活动类型及空间场所的选择提供合理化的建议，进一步提高他们的休闲生活质量。

第二节 乡村居民休闲决策研究综述

一、休闲行为研究综述

（一）国内研究综述

休闲行为从字义上来理解就是人在休闲过程中进行的行为，我国对休闲行为的研究起步较晚，但近年来对于休闲行为的相关研究开始逐步深入，著者整理了相关文献，从休闲行为的群体角度进行划分，将其分为女性、老年人、职业、民族四个层面进行研究综述。

1. 女性层面的休闲行为研究

许晓霞、柴彦威（2011）、洪秋艳（2011）、严江平等（2017）对城市女性人群的休闲行为进行调查研究其现状，分析其影响因素和差异性，并提出相关建议来提升女性休闲地位和休闲素质。杨香花等（2012）以广东佛山城市女性为研究对象，系统分析她们休闲消费前、中、后三个阶段的休闲行为特征。

2. 老年人层面的休闲行为研究

对老年人层面的研究，齐莉莉等（2011）、方玲梅、王蕾（2011）针对老年人户外休闲行为，集中研究休闲行为的时间和空间特征，摸索特征一般规律，结果发现老年人的闲暇时间增多、偏好更加广泛、休闲消费水平有显著提升等特征，发现问题并提出建议。

3. 职业层面的休闲行为研究

刘昌雪（2011）研究城市外来务工人者休闲行为，提出消除影响外来务工者休闲活动的限制因素，提高休闲活动质量的相关措施。陈宗正、万秀兰（2009）研究中小学教师休闲活动，分析失范休闲行为和跟风休闲。龚玉枝等（2017）则是对老年病医院医护人员的休闲态度现状及其影响因素进行调查，发现他们休闲情感和休闲行为有待提高。

4. 民族层面的休闲行为研究

吴玉宝（2012）研究苗族在众多非休闲的社会活动中具有很多的休闲行为。郑怡清、朱立新（2009）依托于上海都市，研究长期居住外籍人士的休闲行为，发现外籍人士需要降低休闲期望值，调整休闲伙伴结构，加强休闲主动意识。乐上泓（2011）对华侨大学的侨生进行休闲现状调查和分析，为高校休闲设施提出优化措施。

从国内近年来对休闲行为的研究综述来看，虽然我国对于居民的休闲研究起步较晚，但还是卓有成效。至少在休闲行为的群体角度方面，研究的还算深入。但从上述研究来看，我国的休闲行为研究主要集中在城市方面，对于乡村居民的研究较为缺乏。且大多从休闲行为的个体条件出发,对于外在因素对其休闲行为的影响还缺少一定研究。

(二) 国外研究综述

Gorely、Marshal 和 Biddle (2007) 研究英国 15 个地区的 561 名男孩在休闲时间耗时最多的是久坐行为最少的是体育活动。Balboa-Castillo、Luz 和 Graciani (2011) 研究社区老年人在休闲时间进行身体活动和久坐行为与健康相关生活质量的纵向关联。Carnelley 和 Ruscher (2000) 研究成年人在休闲活动中的探索行为是为了减少负面影响和增强社会认同。Zuzanek (1978) 探讨了休闲行为的三个主要维度,即休闲参与率、休闲商品和服务的货币支出以及休闲活动的可支配时间,是如何分布在不同的社会人口和社会职业群体中的。Eng 和 Ginis (2007) 探讨计划行为理论 (TPB) 在慢性肾脏病人群休闲时间体力活动 (LTPA) 解释和预测中的应用价值,对 80 名患有慢性肾脏病的病人进行电话访谈,评估 LTPA 的频率和强度。Shin 和 Gweon (2020) 利用增强现实技术支持学龄前儿童从屏幕时间过渡到屏幕空闲时间,鼓励离线休闲活动。Irving 和 Giles (2011) 从单亲妈妈的角度去调查母亲的休闲活动,他发现并非是母亲本身因素限制了休闲活动,而是孩子。

从国外对于休闲行为的研究综述来看,可以看出国外对于休闲决策的研究起步较早,其分别从不同群体、不同维度对休闲行为进行研究,可以得出休闲行为的区别很大程度上是由于休闲人群的差异,不同的性别、文化、职业、收入、爱好的人群,他们的休闲观念和休闲动机都不一样,自然而然他们的休闲行为也大不相同。

二、休闲决策影响因素研究综述

(一) 国内研究综述

休闲决策的影响因素涵盖经济条件、休闲时间、休闲观念、休闲场所等方面。虽然对比国外休闲行为决策的研究来说,我国起步相对较晚,但是近年来,我国学者对休闲决策的内容做了大量的调查研究。

1. 休闲条件与休闲决策研究

从受休闲时间影响的角度,宋子千、扈兵 (2014) 从休闲时间制度安排的角度,发现城市居民更倾向于增加集中的休闲时间,还表明休闲时间对城市居民休闲生活满意度具有重要影。秦小朝、李洪波 (2012) 针对台北居民休闲时间利用方式、影响休闲时间分配因素、居民休闲意愿进行调查,并结合居民的社会属性进行分析,研究表明台北居民除了传统休闲方式外,更倾向于多地参与能够提高自身素质、体现自身价值的休闲活动。

从受经济影响的角度,张安民 (2013) 提出经济收入、职业类别、单位类型和所处区域等因素都会对居民休闲决策有显著的影响;王琪延、侯鹏 (2012) 通过实证分析发现政府财政支出、城镇居民可支配收入是我国居民休闲决策的重要影响因素,提高居民收入的同时可以有效拉动我国居民的休闲支出;楼嘉军等 (2015) 通过构建居民休闲消费能力评价指标体系,研究发现中国城市居民休闲消费能力总体上处于较低水平,人均可支配收入是影响城市居民休闲决策能力的最重要因素,在空间上呈现出由沿海发达地区向内陆较不发达地区递减的特点。

2. 休闲观念与休闲决策研究

郑宁（2008）从心理层面探讨当前大学生的休闲态度和休闲阻碍的基本状况及二者之间的关系发现：大学生对于休闲活动的认知倾向正面积极，在休闲阻碍中主要受人际阻碍的影响；不同学科大学生在休闲行为和休闲阻碍上存在差异；休闲态度与休闲阻碍存在典型相关。张朋、冯媛媛（2013）认为个人会因环境、经验、认知、文化背景、社会身份、人格特质等差异产生不同的休闲观念，做出不同的休闲决策。认为休闲功能主要体现在修身、修心、自我实现三个方面；阻碍人们休闲因素大致可以分为个体自身、交际因素和结构性因素三类。许晓霞和柴彦威（2011）的研究发现，女性居民的休闲决策受到年龄、教育程度、家务活动的影响，这些因素会影响女性居民休闲参与的次数；最后，在总结相关文献的基础上，沃克和梁海东（2012）认为休闲决策实际上是受3个因素影响，即个人特征与需求组成的普遍层级因素、内外在动机组成的背景层级因素以及意图和主观规范等组成的情景层级因素。

3. 休闲场所与设施与休闲决策研究

从公共休闲场所的角度，林朝晖、林艳芳、郑传安（2010）在城市公园场所环境里研究人们的公园体育休闲行为，发现公园体育休闲更侧重于活动本身的娱乐休闲和情感交流功能。吴元芳（2015）则是在公园免费开放的背景下研究市民做出休闲决策行为的变化和特征。徐秀玉（2010）、孙姗姗（2015）对公园的使用群体进行问卷调查，发现休闲动机与方式选择存在差异，对其进行分析和提供优化对策。史春云、杨旸、Timothy J Fik、姚晓蔚等（2017）通过评价绿地空间免费开放对不同收入水平居民休闲行为和地方情感的影响，探讨绿地空间免费开放的意义和必要性。宗彦（2015）从五个方面就公共休闲空间休息座椅的人性化设计原则进行分析研究。从非公共休闲场所的角度，郭梦媞、马春利（2010）研究海滨休闲行为与海滨生态冲突，探讨海滨旅游业可持续发展模式。赵莹、柴彦威、桂晶晶（2016）认为休闲方式的功能差异也影响到居民的休闲决策，表现为中国居民偏向于进行放松、娱乐等被动型休闲活动，而西方居民偏向于参与以自我提升为目的的主动型休闲活动。

著者查阅了国内近年来对休闲决策影响因素的研究综述，将其主要分为三个方面进行整理总结，分别是休闲条件、休闲观念、休闲场所与设施，综上所述可以得出国内近年来对于休闲决策的影响因素都围绕个体出发，探究其休闲时间、收入、职业、年龄、个体特质等展开得出研究成果，对于影响居民休闲决策的外在环境研究还有待进一步探究，不够全面。著者认为，影响休闲决策的外在因素也极为重要，应该综合考虑。

（二）国外研究综述

国外对休闲的研究历史悠久。因为国外相比我国更早地进行工业革命，从第二次工业革命开始到最近一次的技术革命，一直都是国外领先，所以国外比我们拥有更充实的物质基础去更早地进入休闲时代。而且他们的福利待遇一直以来都是以高水平著称，国外居民能够更加自由地享受休闲。国外的专家学者自然而然地对休闲有着大量的研究。从国际上看，西方学者对居民休闲决策影响因素的研究表现出了较高的关注，研究成果主要集中在以下几个方面。

1. 休闲群体与休闲决策研究

Thrane C（2000）从人口统计学特征出发，认为男女性别之差会影响他们在休闲时间上的休闲活动决策。Wheaton B（2017）同样从人口统计学特征出发，认为不同年龄群体做出的休闲决策也不同。Fredman P、Romild U、Yuan M（2011）探究人口统计学特征对居民休闲决策的影响，认为职业因素影响到居民的休闲参与和游憩活动的选择。

2. 休闲活动与休闲决策研究

Abraham J、Velenczei A、Szabo A（2012）认为休闲活动本身的特质对居民休闲决策有影响，休闲活动的效益被视为居民休闲参与的重要原因，他们将这种效益归纳为7个方面，即参与休闲获得的健身作用、静养、智力提升、社交体验、日常放松、自我实现和内心平静。

3. 休闲观念与休闲决策研究

Han H S、Hwang J S、Woods D P（2014）认为个体态度对居民休闲决策有影响，并根据计划行为理论的观点可知，居民的行为意向是其参与休闲活动的"先在性"因素，这决定了居民休闲参与的主观表现；Tsai E H L、Coleman D J（2015）认为在居民日常的休闲活动中，自我效能（self-efficacy）对休闲兴趣、意向和积极性都产生了强烈的正向影响，表现为居民有能力（如具备技能、良好的身体状态等），并可获取资源（如时间、金钱等）去进行休闲活动。

4. 休闲制约与休闲决策研究

Crawford D W、Godbey G（1987）围绕阻碍居民参与休闲活动的因素展开了系统的研究，提出了休闲制约理论。研究表明，个人身体状态和兴趣所组成的内在制约，同伴及家庭背景下的人际制约以及成本和设施状况等因素组成的结构制约，可以有效地解释居民不参与休闲的深层次原因；Jackson E L、Witt P A（1994）在此基础上，从一个新的角度对休闲制约影响因素的稳定性和变化规律进行分析；Godbey G、Crawford D W、Shen X S（2010）讨论了休闲制约的约束层次问题。

综上所述，国外对于休闲决策的研究大致可以从三个层面进行划分，分别是休闲群体、休闲观念与休闲制约。但实际上国外的研究大多也是探讨了个体特征对居民休闲决策的影响或者哪些因素阻碍了居民休闲参与。对与外在环境因素对于居民做出决策的影响研究还不够深入。

三、总结

综上所述，从研究对象来看，国内外对休闲主体的研究是以经济发达的大城市为主，对于乡村居民的休闲决策研究较为空缺，所以本研究以针对新时代乡村居民的研究为切入点便具有研究意义。就研究内容来看，过往的研究大多探讨了个体特征对居民休闲决策的影响。然而现实情况是，居民进行休闲决策时会根据最大效益的原则，综合考量外在环境和内在因素做出决定，在这样一个过程中居民不仅受到个体特征、制约因素、自身偏好和需求的影响，同时外在环境也起到了一个不容忽视的角色。但从国内外研究来看，国内外对于休闲决策的外在因素研究不够广泛和深入，本研究可以对外在因素例如休闲场所、休闲设施对休闲决策的影响可以做进一步探究和完善，具有一定的理论和现实意义。

且随着我国经济的快速稳定发展，人们的物质生活质量有了充分的提高。我们国家开始大力推动居民进行积极的休闲活动，同时居民本身也对休闲有着强烈的诉求。在这两个有利的条件下，然而国内对于休闲决策的研究仍然落后于国外，不能完全为政府提供休闲发展的理论指导，没有合适的理论指导，乡村的休闲建设便无法落实到实处，这便难以吸引乡村居民进行休闲行为的决策，科学提高居民休闲意识和质量。由此看来，本研究从乡村居民出发，将休闲条件、休闲观念、休闲设施、休闲场所作为研究变量，将居民的休闲决策与综合变量因素进行考量，便有了研究意义。且进一步的分析研究成果能够提供给相关企业、政府等单位关于乡村休闲体系建设的意见以及切实可行的计划策略。

第三节　我国乡村居民休闲决策特征及建议

一、研究假设与问卷设计

(一) 研究假设

1. "刺激(S)-机体(O)-反应(R)"理论与休闲决策

从环境心理学中借鉴的 SOR 模型解释生物体的内部状态（O）受环境刺激（S）影响，并随后驱动其行为反应（R）。SOR 模型认为"物理环境所创造的氛围，可以影响人的内心状态，进而影响人的行为决策"。乡村居民做出休闲决策行为这一过程中，乡村居民作为介于外界刺激变量与最终所做出行为和反应（R）的机体（O），其受到的刺激（S）包含许多因素，国内外近年来在居民休闲决策影响因素上都做了许多研究。绝大部分研究集中在休闲条件、休闲观念上对于居民休闲决策的影响，少部分研究休闲设施、休闲场地对居民休闲决策的影响。

休闲条件因素包括居民的可支配时间、经济能力、健康状况。休闲观念因素包含对待休闲行为态度即对日常生活中的休闲行为抱有的态度，以及认为工作与休闲平衡的重要性。休闲设施包含道路交通设施建设、餐饮购物设施建设、文化娱乐设施建设、体育健康设施建设、休闲设施安全性、休闲设施便捷性、休闲设施舒适性。其中，道路基础设施主要包括为交通保障及安全顺利运营所修建的路面、轨道、隧道、通信信号、道路标线等基础设施；餐饮购物基础设施，主要提供用餐以及购物的场地（咖啡厅、餐厅、商场等）基础设施等，娱乐购物则更加强调时尚化、综合化与娱乐化；文化娱乐设施则包括博物院、图书室、展览会、影剧院、纪念馆等进行文化休闲消费活动的重要场地设施，人们到诸如此类的文化娱乐场地参与休闲活动，可以去除一天工作的疲惫、释放个人情绪、转换自己的心情；体育健康设施包含了一些大型的运动馆、高尔夫球场、台球室以及相关设备。另外值得一提的是，目前已经在部分居民社区中也建立了一些公共运动健康器械以及其他相应的服务设施，这样更有助于人们进行体育锻炼，而这些休闲设施的安全性、便捷性、舒适性也对居民的决策产生影响。休闲场地因素包含休闲场地的离家距离、活动空间大小、场所治安、场所价格、服务态度。研究对 SOR 理论与休闲决策之间的关系做出如图 7-1 所示的阐释。

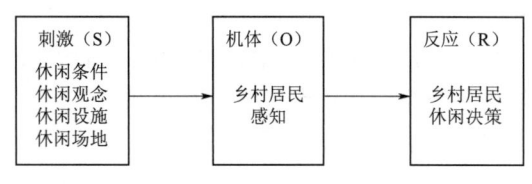

图 7-1 "刺激(S)-机体(O)-反应(R)"理论与休闲决策关系图

2. 休闲决策刺激变量与研究假设

在国内外的有关研究中，已有研究成果证实休闲条件、休闲观念所涉及的个人可支配时间、经济情况、个人健康状况等各种因素都对休闲决策有重要影响。在休闲条件方面，如张安民（2013）提出居民在做出休闲决策时，受许多因素的影响，其中就包含经济收入、从事的工作、所处的区域等，许晓霞和柴彦威（2011）的研究表明，作为女性居民，其所做出休闲决策行为跟她们所处的年龄段、受教育的程度，以及其承担的家务都有关，上述各种因素会直接影响她们进行休闲活动的次数；在个人休闲观念方面，如 Han H S、Hwang J S、Woods D P（2014）认为个人态度对居民的休闲决策有显著影响，即居民的休闲行为意愿被认为是进行休闲活动的"先在性""原因"，沃克和梁海东（2012）认为居民的休闲观念即其进行休闲的意图也影响着他们进行休闲决策，但没有参照变量确定休闲条件和休闲观念因素在居民休闲决策上的重要程度。

对于外在影响因素即休闲设施、休闲场地对乡村居民的休闲决策研究，前人也做了相关研究，如从公共休闲场所的角度，林朝晖、林艳芳、郑传安（2010）在城市公园场所环境里研究人们的公园体育休闲行为，发现公园体育休闲更侧重于活动本身的娱乐休闲和情感交流功能，吴元芳（2015）则是在公园免费开放的背景下研究市民做出休闲决策行为的变化和特征，但研究角度与乡村居民休闲决策缺少相关性，还有待做进一步探究和完善，且没有参照变量分析其重要程度。

从过往的研究来看，已经有许多研究证明了休闲条件、休闲观念、休闲设施、休闲场地对于居民休闲决策都具有一定的影响，但由于国内外文献研究角度不同，在四个刺激变量都有影响的前提下，可互相作为参照变量，本研究通过问卷调查分析其具体重要程度，在此基础上做出以下假设：

H1：休闲条件和休闲观念在乡村居民休闲决策影响因素中重要程度较小。

H2：休闲设施和休闲场地在乡村居民休闲决策影响因素中重要程度较大。

H3：休闲条件在乡村居民休闲决策影响因素中重要程度最小。

H4：休闲设施在乡村居民休闲决策影响因素中重要程度最大。

（二）问卷设计

调研问卷的第一部分主要是为了获取新时代乡村居民的一些基本数据和行为倾向，从而为进一步的分析提供数据。调查问卷从调查对象的性别、年龄以及其受教育水平、月平均收入、职业等 12 个方面对乡村居民进行了调查研究。

调研问卷的第二部分题项设置旨在对新时代乡村居民进行调查，研究他们进行休闲决策行为的影响因素，这就需要针对 SOR 模型中的刺激变量开展相关研究分析。因为态度和感知作为内隐变量，具有不易察觉、难以测量的特点，因而需要运用态度量表将态度和感知进行量化表达。态度量表类型很多，但目前最为常用的是李克特量表，研究人员大多利用该量表对个体关于概念认知程度进行测量。本研究利用的则是李克特五分量表，让新时代乡村居民用从"1"（代表完全不重要）到"5"（代表非常重要）的等级方法来表示自己对于乡村休闲决策行为各项影响因素的认同程度。新时代乡村居民休闲决策受到多方面因素的影响，个人因素和外界环境因素需要综合考虑。本问卷调查主要借鉴"刺激（S）-机体（O）-反应（R）"为理论研究支撑，在乡村居民基本特征数据分析结果的基础下，以"休闲条件""休闲观念""休闲设施""休闲场地"作为刺激变量，以乡村居民作为机体，分析乡村居民对该变量包含因素的态度及感知对其做出休闲决策的影响。具体情况见表7-1。

表7-1　　　　　　　　　　　　李克特五分量表设计

项目主题	项目编号	研究内容	完全不重要	不重要	不确定	重要	非常重要
休闲条件	A1	经济能力	○	○	○	○	○
	A2	可支配时间	○	○	○	○	○
	A3	健康状况	○	○	○	○	○
休闲观念	B1	对待休闲行为态度	○	○	○	○	○
	B2	工作与休闲平衡	○	○	○	○	○
休闲设施	C1	道路交通设施建设	○	○	○	○	○
	C2	餐饮购物设施建设	○	○	○	○	○
	C3	文化娱乐设施建设	○	○	○	○	○
	C4	体育健康设施建设	○	○	○	○	○
	C5	休闲设施安全性	○	○	○	○	○
	C6	休闲设施便捷性	○	○	○	○	○
	C7	休闲设施舒适度	○	○	○	○	○
休闲场地	D1	离家距离	○	○	○	○	○
	D2	活动空间大小	○	○	○	○	○
	D3	场所治安	○	○	○	○	○
	D4	场所价格	○	○	○	○	○
	D5	服务态度	○	○	○	○	○

二、问卷分析

（一）数据采集

本次研究于2021年9—10月收到来自全国各地的样本共1620份问卷，剔除信息不全的无效问卷共52份，有效问卷率为96.79%。此次问卷从福建、河南、河北、浙江、四川以及山东分别收取252份、241份、256份、272份、275份以及272份。

（二）数据分析

1. 样本分析

描述性样本分析见表7-2。人口学变量频率分析见表7-3。

表7-2　　　　　　　　　　　　描述性样本分析

省份	频率	百分比/%	有效百分比/%	累积百分比/%
福建	252	16.1	16.1	16.1
河北	256	16.3	16.3	32.4

续表

省份	频率	百分比/%	有效百分比/%	累积百分比/%
河南	241	15.4	15.4	47.8
山东	272	17.3	17.3	65.1
四川	275	17.5	17.5	82.7
浙江	272	17.3	17.3	100
总计	1568	100	100	

表 7-3　　　　　　　　　　人口学变量频率分析

变量	选项	频率	百分比/%	平均值	标准偏差
您所在地区是否属于贫困乡村	是	362	23.10	1.77	0.422
	否	1206	76.90		
您所在地区是否属于城郊乡村	是	848	54.10	1.46	0.498
	否	720	45.90		
您的性别	男	626	39.90	1.6	0.490
	女	942	60.10		
您的年龄段	18 岁以下	78	5	2.98	0.995
	18~25 岁	469	29.90		
	26~45 岁	528	33.70		
	46~65 岁	400	25.50		
	66 岁及以上	93	5.90		
受教育水平	初中及以下	507	32.30	2.14	0.916
	高中（含中专）	380	24.20		
	大学（含大专）	628	40.10		
	研究生及以上	53	3.40		
您的月收入	1000 元以下	407	26	2.46	1.295
	1000~3500 元	504	32.10		
	3500~6000 元	381	24.30		
	6000~8000 元	143	9.10		
	8000~10000 元	76	4.80		
	10000 元以上	57	3.60		
您目前从事的职业	政府（机关）公务员	45	2.90	6.21	3.472
	工人	223	14.20		
	企事业人员	163	10.40		
	农民	267	17		
	文教卫生人员	98	6.30		
	商务人员	48	3.10		

续表

变量	选项	频率	百分比/%	平均值	标准偏差
您目前从事的职业	服务及销售人员	114	7.30	6.21	3.472
	私营业主	47	3		
	学生	322	20.50		
	专职技术人员	53	3.40		
	离退休人员	45	2.90		
	家庭主妇	42	2.70		
	其他	101	6.40		
人均休闲活动月支出	500元以下	696	44.40	1.89	0.964
	500~1000元	472	30.10		
	1000~2000元	274	17.50		
	2000元以上	126	8		
您倾向的休闲组织方式	个人休闲	334	21.30	2.52	1.141
	家庭休闲	452	28.80		
	与朋友/同学休闲	542	34.60		
	村集体组织休闲	115	7.30		
	其他	125	8		
您认为自己的休闲时间充足吗	充足	824	52.60	1.47	0.5
	不充足	744	47.40		
您一周平均休闲活动次数是多少	几乎没有	450	28.70	1.96	0.823
	一周1~3次	847	54		
	一周4~6次	157	10		
	每天	114	7.30		
	总计	1568	100		

从描述的样本分析结果和人口学变量频率分析结果可以看出本次问卷的人口学变量的数值特征，反映了本次被调查的对象的分布情况。其中均值代表的是集中趋势，而标准差则反映了波动情况。

此次样本构成中其中性别调查结果，男性比例为39.90%，女性比例为60.10%，可以看出本次调查的结果重点偏向的是女性的意愿。从年龄层次来看，26~45岁、18~25岁以及46~65岁的年龄层占比比较大，分别是33.70%、29.90%以及25.50%，说明使用乡村居民休闲主体是年轻人以及中年人。从职业来看，占最大比例的是学生，达到20.50%，其次是工人，达到14.20%，位居第二。从可支配平均月收入水平来看，3500~6000元和1000~3500元群体占比最大，分别占24.30%和32.10%，这与调查对象以学生和工人占比最大相符。

2. 信度、效度分析

（1）信度分析。对问卷采用的是由Cronbach于1951年提出的Cronbach's α 系数法，是最常使用的信度分析方法。一般情况下的信度系数范围为0~1，且问卷Cronbach's α 系数大于0.6才会被认为该问卷具有可靠性与有效性。由本量表的分析结果（表7-4）可知，Cronbach's α>0.9，说明该问卷信度较高。

（2）效度分析。本研究为了检验问卷测量的题项设计是否合理，对问卷KMO值和巴特勒球形检验其效度。KMO度量标准中效度大于0.9表示非常适合，由表7-5的分析结果显示KMO>0.9，说明该问卷信度较高。

表7-4 信度分析结果

Cronbach's α	N
0.930	25

表7-5 效度分析结果

KMO		0.962
巴特勒球形检验	近似卡方	19318.117
	自由度	300
	显著性	0.000

删除后的Cronbach's α 见表7-6，由表7-6分析结果可知，删除项后的Cronbach's α 没有很大的提升，因此不予删除。

表7-6 删除后的统计表

休闲行为决策影响因素	删除项后的标度平均值	删除项后的标度方差	修正后的项与总计相关性	删除项后的Cronbach's α
经济能力	66.77	162.804	0.670	0.926
健康状况	66.70	164.658	0.693	0.926
可支配时间	66.71	162.628	0.722	0.925
对待休闲行为态度	66.79	164.542	0.692	0.926
工作与休闲平衡	66.78	163.733	0.717	0.925
道路交通设施建设	66.73	163.623	0.734	0.925
餐饮购物设施建设	66.79	162.201	0.747	0.925
文化娱乐设施建设	66.75	162.834	0.743	0.925
体育健康设施建设	66.77	164.112	0.710	0.925
休闲设施安全性	66.63	162.735	0.745	0.925
休闲设施便捷性	66.73	162.819	0.755	0.924
休闲设施舒适性	66.69	162.548	0.754	0.924
离家距离	66.94	163.701	0.653	0.926
活动空间大小	66.87	164.661	0.665	0.926
场所治安	66.65	162.637	0.738	0.925
场所价格	66.75	163.604	0.703	0.925
服务态度	66.70	162.752	0.737	0.925

（3）因子分析。为确定每个影响因素的权重，对李克特五分量表进行因子分析，首先对要分析的题项进行KMO检验，看其是否适用于做因子分析，分析结果见表7-7，显示

KMO=0.974>0.9，说明非常适合进行因子分析。

接着对问卷采用的是主成分分析法：主成分分析法要求在数据中提取特征值大于1的因子，得到的分析结果见表7-8，根据图7-2显示，提取1个主成分，贡献累积率为57.58%，根据贡献累积率和成分矩阵，最终计算得出每个影响因素的权重见表7-9。由计算结果可知，大于6%的影响因素为休闲设施便捷性、休闲设施舒适性、休闲设施安全性、餐饮购物设施建设、文化娱乐设施建设、道路交通设施建设、体育健康设施建设，由变量归类可知这些因素均为休闲决策刺激变量中的休闲设施因素；再者大于5.8%的影响因素为场所治安、服务态度、活动空间大小、离家距离、场所价格，由变量归类可知这些因素均为休闲决策刺激变量中的休闲场地因素，可见，人们在休闲决策时较看重的是休闲设施和休闲场地因素，而最看重的是休闲设施因素，研究假设H2、H4成立。健康状况、经济能力和可支配时间是权重小于5.5%的影响因素，由变量归类可知这些因素均为休闲刺激变量中休闲条件因素；工作与休闲平衡、对待休闲行为态度是权重小于5.7%的影响因素，由变量归类可知这些因素均为休闲刺激变量中的休闲观念因素，可知休闲条件和休闲设施在作为刺激变量时对于乡村居民的休闲行为决策影响相较另外两个变量来说较小，其中乡村居民最不看重的是休闲条件因素，研究假设H1、H3成立。综上所述，假设结果显示见表7-10。

表7-7　KMO检验结果表

KMO		0.974
巴特勒球形检验	近似卡方	18137.261
	自由度	136
	显著性	0.000

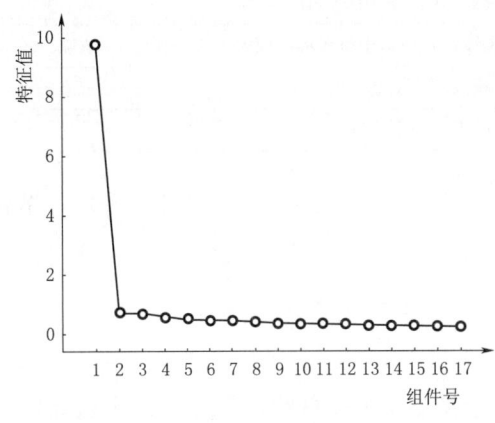

图7-2　碎石图

表7-8　总解释方差表

成分	初始特征值			提取载荷平方和		
	总计	方差百分比	累积率/%	总计	方差百分比	累积率/%
1	9.789	57.581	57.581	9.789	57.581	57.581
2	0.748	4.403	61.983			

表7-9　成分矩阵和权重表

休闲行为决策影响因素	成分1	权重/%	休闲行为决策影响因素	成分1	权重/%
休闲设施便捷性	0.798	6.19	休闲设施舒适性	0.797	6.18
休闲设施安全性	0.788	6.11	餐饮购物设施建设	0.786	6.10
文化娱乐设施建设	0.784	6.08	道路交通设施建设	0.783	6.08
体育健康设施建设	0.783	6.07	场所治安	0.774	6.01

续表

休闲行为决策影响因素	成分1	权重/%	休闲行为决策影响因素	成分1	权重/%
服务态度	0.760	5.90	活动空间大小	0.758	5.88
离家距离	0.758	5.88	场所价格	0.746	5.81
工作与休闲平衡	0.732	5.68	对待休闲行为态度	0.732	5.68
健康状况	0.709	5.50	经济能力	0.706	5.48
可支配时间	0.694	5.39			

表7-10 假设结果显示表

假设题号	假设内容	最终结果
H1	休闲条件和休闲观念在乡村居民休闲决策影响因素中重要程度较小	成立
H2	休闲设施和休闲场地在乡村居民休闲决策影响因素中重要程度较大	成立
H3	休闲条件在乡村居民休闲决策影响因素中重要程度最小	成立
H4	休闲设施在乡村居民休闲决策影响因素中重要程度最大	成立

从图7-2可以看出，因子2的特征值小于1，且因子2之后的碎石图比较平缓，结合总解释方差表，只提取1个因子。

三、结论与建议

（一）研究结论

在本次调查结果中，乡村居民作为SOR理论模型中的感知机体，在感知来自休闲条件、休闲观念、休闲设施、休闲场地作为的刺激变量时，对其做出的休闲决策影响程度不同。通过李克特量变的因子分析来分析这四个变量与乡村居民休闲决策之间的关系，主要得出的以下研究结论。

1. 休闲条件和休闲观念在乡村居民休闲决策影响因素中重要程度较小

从数据分析结果来看，休闲条件和休闲观念作为影响乡村居民决策的两个刺激变量，在以往的研究中已有研究证明其有显著影响，从研究结果来看，但我们将休闲条件、休闲观念与其他变量放在一起进行因子分析时，调查结果显示休闲条件和休闲观念在乡村居民休闲决策影响因素中重要程度较小，及居民对其刺激的感知力度较小。

2. 休闲设施和休闲场地在乡村居民休闲决策影响因素中重要程度较大

休闲设施和休闲场地作为影响乡村居民决策的两个刺激变量，在以往的文献中缺乏进一步的研究，但在本篇报告调查结果显示，休闲设施和休闲场地在乡村居民休闲决策影响因素中重要程度较大，及居民对其刺激的感知力度较大。

3. 休闲条件在乡村居民休闲决策影响因素中重要程度最小

调查结果显示，休闲条件作为乡村居民休闲决策变量之一，所包含的因素：可支配时间、经济能力、健康状况在乡村居民休闲决策影响因素中所占权重综合最低，及居民对其刺激的感知力度最小，对于居民做出休闲决策行为的影响最小。

4. 休闲设施在乡村居民休闲决策影响因素中重要程度最大

调查结果显示，休闲设施作为乡村居民休闲决策变量之一，所包含的因素：休闲设施便捷性、休闲设施舒适性、休闲设施安全性、餐饮购物设施建设、文化娱乐设施建设、道路交通设施建设、体育健康设施建设所占权重综合最高，及居民对其刺激的感知力度最大，对于居民做出休闲决策行为的影响最大。

（二）研究建议

1. 完善乡村休闲设施建设，提高乡村居民满意度

本研究结果显示休闲场地和休闲设施在四个刺激变量中对于乡村居民的休闲决策中影响较大。其中休闲设施作为居民做出决策时最看重的因素，所以目的地要做好相关设施建设的配合。休闲设施包含的因素有道路交通设施建设、餐饮购物设施建设、文化娱乐设施建设、体育健康设施建设、休闲设施安全性、休闲设施便捷性、休闲设施舒适性，通过乡村居民对于休闲设施的诉求，因地制宜为乡村居民提供具有针对性的设施改进，从而提高乡村居民满意度。

从政府的层面来讲，政府可以从两个方面进行改善，一是要充分利用现有自然资源以及文化资源，例如开放一些教育场所，比如科技馆、博物馆，也可以开放一些群众文化场所如图书馆、书吧，还可以开放如游乐场、公园这类的娱乐场所，风景旅游区和纪念馆这类旅游场所应该从居民的具体需求出发，制定切实可行的措施，帮助居民在进行休闲活动中体会到良好的休闲氛围。二是要加大对乡村休闲基础设施建设的投入，改善乡村居民的休闲环境质量，提高休闲设施的安全性、便捷性、舒适性，方便居民进行休闲活动，要加大资金投入力度，多渠道多方面筹集资金，并且加强基础设施的投入，如修建道路、景观小品、购置健身器材、建立休闲活动室等，以实现休闲供求的平衡，改善居民休闲的环境，为居民休闲提供便利、舒适的场所。

从管理者的层面来讲，有关部门和企业经营单位的管理者都应该在休闲设施的建设上积极提出有益的发展策略，并监督执行项目建设的实施，落实到真正地为居民服务。

2. 整治休闲场地治安，提升休闲场所服务管理水平

从问卷调查结果来看，休闲场地所包含的因素也被作为影响居民休闲决策较为看重的。其中休闲场地所包含的场所治安和服务态度所占权重较大，说明休闲场地的治安和服务管理水平对居民休闲决策有重要影响。因此，整治休闲场地治安和提升休闲场所服务管理水平刻不容缓。在治安方面，政府可以制定有关措施规范居民活动行为，保护居民安全，同时有关企业和部门为休闲场地配备相关的安保人员，保证居民的人身安全；在服务管理水平方面，免费或收费类型的公共场所都应该做好服务人员的有关培训，在待人接客方面应该持以真诚热情的态度，真正地从内心为居民服务，系统化地提升休闲场所的服务管理水平。

3. 加强居民休闲教育，发展健康休闲观念

居民休闲生活水平的提高、社会整体文明水平提升并不是自发行为的必然成果，它必须在有规范、合理的政策前提下和制度环境中才能进行。调查发现，乡村居民存在休闲观陈旧等问题，需要加大对居民们的休闲教育，并且尽快普及健康的休闲观念。应当充分地运用自然资源，在学校教育中融入对少年儿童的休闲教学；从社会利益出发，对城乡居民进行休闲教育，以帮助人们通过追求健康、文明的休闲方式，调整心态，减少疲劳，并且通过持续举办的各类休闲活动，利用专业知识的传播与技巧训练去帮助人们形成更合理的

生活时间价值观，深入了解人们在闲暇生活中的自我，系统地培育个人休闲兴趣，个性化地进行休闲生活，以提升人们休闲生活的品质。

4. 注重乡村居民休闲动机，增强乡村居民休闲体验效果

在乡村休闲项目的开发过程中，为了能够让乡村居民进一步发挥自身的作用，需要着重增强乡村居民休闲体验程度的提高，根据乡村居民不同休闲动机将休闲由单一的观光发展到参与体验。相关经营单位可以对于休闲项目进行创新性的规划开发，让居民参与进其中，将客变为主，提高居民参与感，增强乡村居民的休闲体验效果。

（三）研究不足与展望

1. 问卷设计有待进一步完善

本次调查仅限于浙江省、福建省、河南省、河北省、四川省以及山东省，其结论是否在全国的乡村居民中具有普遍性，还待进一步考察探究。后续研究中可以增加国内省份案例地的数量，探讨不同区域，以此来增加研究结论的代表性与普遍性。

2. 分析方法不够全面

研究方法不够全面，通过翻阅文献资料，参考其他人所用的研究方法，本研究采用统计分析方法进行数据处理，只单纯使用SPSS的卡方检验与因子分析对乡村居民的休闲行为进行研究。在以后新的研究方面要使用更全面的组合分析方法，例如线性分析、回归分析等研究方法。

3. 研究内容有待分类细化

在探究乡村居民的休闲决策影响因素中，将各个因素进行休闲条件、休闲观念、休闲场地、休闲设施四个变量归类，但研究内容比较笼统，还可以做进一步细化，例如休闲场地可以进一步细分为公共休闲场地、非公共休闲场地，这样研究更具有科学性和代表性，有充足的理论价值意义。

第八章 我国乡村居民休闲活动内容与方式

第一节 乡村居民休闲活动内容与方式研究目的

一、研究背景

改革开放 43 年来，随着社会经济发展和市场经济规模不断扩大，中国农村居民的生活方式和休闲娱乐方式等方面都发生了较大的变化。随着社会经济水平的不断提高，国家"十四五"规划不断推进，乡村振兴战略深入发展，城镇化建设稳步推进，新时代乡村居民的可支配收入与闲暇时间增加，得以获得更加充足的休闲时间，因此，居民拥有了更加丰富、多样的休闲活动。乡村居民日常休闲活动行为也逐步引发社会各界的关注，这些变化，也反映了中国农村社会发展速度加快和程度加深的特点。自 20 世纪末起，我国就有诸多学者就城乡居民日常休闲行为活动进行相关研究。因此，在休闲行为方面的研究中，关于城镇居民的研究成果有很多，但关注新时代乡村居民休闲活动内容及方式的方面却少有涉及。同时受制于城乡地理区位和居民生活方式等内容，乡村居民休闲活动与城市居民休闲活动在特征及内容方面仍然不尽相同。为推动全国乡村居民日常休闲发展，围绕全域发展战略部署，使当地乡村休闲发展取得良好成效，探查影响乡村居民休闲行为活动内容及行为方式的因素，从而借鉴其中优秀的政府和居民休闲行为管理经验，可为全国其他地方开展乡村休闲、提升乡村居民生活满意度和满足乡村居民追求更高精神层次的需要提供指导借鉴。研究影响乡村居民进行休闲行为的活动内容及行为方式的因素，明确影响力较大的因子，为发展乡村日常休闲活动、建设美丽乡村、实施乡村休闲提升计划提供一些价值参考，结合实际情况推动当地发展。在当代中国不断深入推进乡村振兴战略及促进乡村发展、产业升级的大背景下，对新时代乡村居民休闲行为活动内容及行为方式进行研究具有特殊意义，也能够为培养新时代乡村居民健康休闲习惯、提升乡村居民自身素质等方面内容形成积极影响。

二、研究目的

（一）理论目的

（1）深化对乡村居民休闲行为内容的研究。在休闲行为方面的研究中，关于城镇居民的研究成果有很多，但关注新时代乡村居民休闲活动内容及方式的方面却少有涉及，这是一个十分独特、具有创新性的研究视角。

（2）通过不同的研究方法和模型对比并设计乡村居民休闲活动体系，对以往的乡村居民休闲行为研究内容作出相应补充。

（3）乡村居民休闲活动内容及行为方式研究作为学界相关行为内容研究的补充，弥补了构建新时代乡村居民休闲服务体系研究等空缺，为政府制定切实可行的新时代乡村居民休闲活动指南和乡村居民针对自身需求有效改善自身休闲行为、养成良好休闲习惯等方面提供了切实的参考。

（二）实践目的

（1）有助于乡村居民合理审视自身休闲活动内容，培养健康的休闲习惯，从实际层面提升乡村居民的自身素质，对帮助发展乡村振兴战略有着重要实践意义。

（2）发展乡村休闲有利于提高乡村居民休闲满意度，平衡在日常劳动中的工作压力等，针对休闲行为活动内容及方式进行研究能够更有效地获取乡村居民的休闲需求和休闲活动关联影响因素，并进一步对乡村居民休闲尤其是以满足乡村居民日常休闲需求为主的休闲设施、休闲场所、休闲服务开发等方面提出相应的对策。本研究旨在了解休闲时段、休闲时长、休闲交通工具、区分节假日与工作日对乡村居民休闲活动内容及行为方式的影响，有利于根据乡村居民的休闲活动需求及目的进一步完善休闲产品的设计和休闲活动的举办等，促进乡村休闲产业的发展。

第二节　乡村居民休闲活动内容与方式研究综述

一、中外文献综述

休闲行为的内涵十分丰富，涵盖了从休闲方式、休闲时间到休闲消费等多个方面。就休闲活动定义而言，Ragheb & Griffith（1982）提出：休闲活动参与是指休闲个体参与到某种休闲活动的频率或者休闲个体所参与的休闲活动类型。而所参与的活动必须为非工作性质的活动，且可以自主选择是否参与这项活动。这些活动应该在休闲个体的自由时间段内发生。周佳慧（2001）则认为：人们经过游戏或者休闲活动参与能够获得一些社会化经验，进而进入社会，同时在休闲活动中习得的工作技能也能够对个人表现、社会人际交往等内容形成一定的助益，借此能够避免反社会行为。黄立贤（1996）在休闲行为研究中指出，休闲活动是个人或集体在闲暇时间所从事的任何活动，且活动后令人身心愉悦，是能够帮助个人发展生理、心理或者实践能力的实际执行。同时国内学者李卫飞、石少湘（2019）依循休闲与工作关系研究的L-O-W范式，以恢复体验为个体认知变量研究了我国员工的休闲生活方式与职业倦怠的关系，研究方法结合了定性和定量分析，通过数理统计方法探究分析，最后对结果进行讨论并提出相应的建议。温燕（2016）以浙江省中小城市为例，通过运用Ordered Probit模型计量法等方法，对中小城市居民的休闲满意度的影响机制进行探讨，结果显示城市的生态环境、社会环境、休闲场所、休闲设施等城市特征变量和居民的收入、学历、年龄及休闲时间等变量对休闲满意度影响显著。

其次是休闲方式调研。田雷、王丽梅等（2010）通过问卷调查的形式对居民休闲行为进行研究和分析，探讨了休闲行为存在的问题并提出解决方案。Garnelly K B 和 Ruscher J B（2000）的研究成果表明：成年人在休闲活动中进行探索行为的目的是寻求社会认同和期待减少自身的负面社会影响。于一、钟木根（2017）则从休闲方式与体育相结合的角度，研究了休闲方式选择的现状与特征。据徐雨晨、陆海洲和陆林（2019）在回溯国外主流休闲概念的前提下，进而系统梳理和总结国外休闲研究的理论进展和主要研究内容。研究发现，国外休闲研究具有研究内容广泛、研究范式和方法综合、基础理论体系完善、研究对象复杂等特征。

就休闲时间而言，卢思雯和张承毅（2015）利用中国家庭追踪数据调查报告，选取年龄、收入等影响因素构建了 OLS 模型对休闲时间及休闲内容影响做出了进一步的论证和调查。国外学者 Zuzanek（1978）将休闲行为分为三个主要维度，即休闲商品及服务支出、可支配的休闲活动时间和休闲活动参与率。这些学者运用了各式各样的方法就休闲活动内容及行为方式定义和实效进行了研究。

二、概念界定

数次工业化革命带来了高速发展的生产力，将人们从传统的劳动模式中解放出来，开始审视自身价值追求与精神满足，因此产生了更加形式多样、种类丰富的休闲活动。

休闲行为的来源历史悠久。目前休闲同时具有两个方面的定义：一是休闲能够降低体力劳动所带来的感官疲惫；二是休闲能够使人在精神层面获得满足。因此，根据马斯洛需求层次理论，休闲行为属于中、高级需求层次。休闲行为能够借助人的行为表达情感，进而创造其特有的休闲文化，传递信息，最终完成对外部的文化输出。休闲与社会文化、政治、经济等多维度因素具有紧密联系，并在联系中不断加深彼此的相互作用。

亚里士多德曾有这样的观点："休闲才是一切事物环绕的中心"，认为休闲应作为一切事物的中心；马克思也在他的著作中写道："休闲所具有的双方面含义，一是用于娱乐和休闲的闲暇时间；二是发展智力，使人在精神上掌握自由的时间"。这也与马斯洛需求层次理论的中、高级需求层次相符合，休闲能够帮助人们升华精神世界，释放精神压力，巩固精神信念。

休闲行为，从字面意义理解就是人在进行休闲的这一过程中所发生的行为，即休闲主体为了达到身心放松、自我价值实现等目的，利用自身可支配时间、可支配收入等要素，主动、自觉地参与相应休闲活动并获得期待结果的过程。休闲行为内容包括休闲期待、休闲空间、休闲行为方式与休闲内容等。其中，依据休闲行为活动内容与行为方式进行划分，则可以发现休闲行为所具有的多样性特征。例如，按照活动内容划分，可以分为具备社交性质的休闲活动、康体休闲活动、自我提升需求休闲活动等；按照休闲行为方式可以分为艺术性休闲行为、运动性休闲行为等。因此，休闲行为并非传统认知之下单一的行为模式及内容，而是所有不同休闲行为功能与行动自身的总和。

本研究是通过对福建、山东、河南、河北、四川、浙江等六个省份的乡村居民休闲行为进行研究,针对乡村居民在非劳动时间内,以满足自身休闲需求为目的的休闲活动过程。因此,休闲行为描述的是休闲主体从拥有休闲动机到完成休闲反馈的完整休闲体验。

三、总结

通过对国内外文献的梳理、分析、比较,可以得出以下结论:

(1)国外乡村休闲研究起步较早,在各方面都领先于国内。近年来,随着我国社会各界对于乡村的关注,对乡村休闲的研究也被不断地丰富。目前,虽然国内学界对日常休闲活动的研究日益完善,但主要研究还是集中在城市居民相关研究领域,在乡村方面的相关研究还比较空缺,有待进一步完善。

(2)乡村居民日常休闲活动是个体参与活动,良好的休闲活动体验是休闲者持续行为产生的重要因素,乡村休闲活动的发生是多元条件因素交叉作用的结果。然而,现阶段社会各界对休闲活动的理解重在感官体验和交互体验,极少有人从理论的角度去审视乡村居民日常休闲活动的重要性,忽视了休闲体验中时间体验、关联体验和思考体验要素,这是学者和企业在以后研究中要注意的问题。

(3)随着互联网的发展和经济水平的进步,休闲活动的进步和发展逐渐成为大众的焦点,日常休闲活动作为其中重要的一部分,也成为大多数学者研究的对象。但是,在目前的研究中,国内外对于乡村居民日常休闲活动都没有专门的机构或组织给出公认的定义或者认识。且现在学者们的研究方向较为单一和集中,不能体现活动内容与行为方式的多元化。然而乡村经济正处于发展的关键期,是未来国家经济发展和乡村振兴建设的重要方向之一,值得学者们更深层次的研究。

综上所述,本研究将尝试探索新时代乡村居民休闲行为活动内容及行为方式就节假日与工作日进行区分后的各项影响水平和联系,并根据研究结果提出相关建议,其研究结果不仅可以为本土的乡村休闲企业提供经营发展参考,还可以对相关领域的研究做出进一步完善,具有一定的理论和现实意义。

第三节 我国乡村居民休闲活动内容与方式特征及建议

一、研究假设与问卷设计

(一)研究假设

休闲是生活方式的一部分,对维护健康起到十分重要的作用。目前国内外针对乡村居民休闲行为活动内容及其行为方式的研究主要集中在对休闲行为内容的分类上。其内容涵盖了休闲时间、休闲消费、休闲方式等。窦树超通过相应的研究发现:长春市乡村居民休闲行为活动内容与时空因素具有显著相关性。郭力源则通过对乡村文化休闲实地调研后提出乡村休闲活动建设时间优化意见。张红喜、魏卫通过对贵州乡村居民休闲行为进行调查研究,从中得出乡村居民休闲偏好显著差异的规律性影响因素。

综上可见,休闲者的休闲行为有一定差异,且在实证研究中有证明休闲者休闲行为与

活动内容受到休闲距离等制约因素影响,并做出如下假设:

H1:工作日与休息日对乡村居民休闲行为活动内容及行为方式有影响区别。

H2:工作日与休息日对乡村居民休闲行为交通方式有影响区别。

H3:休闲距离对乡村居民休闲活动内容及行为方式有影响。

H4:休闲时段对乡村居民休闲活动内容及行为方式有影响。

H5:休闲时长对乡村居民休闲活动内容及行为方式有影响。

(二)问卷设计

1. 调查问卷设计思路

休闲行为,顾名思义,是指休闲者的行为,即居民在个人自由时间内利用时空与相关条件,自发选择和参与有利于消除身心疲惫、放松精神、使身体得到充分休息和愉悦目的的过程。休闲行为一般具有:个体差异性、主观能动性和社会制约性三大特征。因此在问卷设计过程中依据人口特征对受访人群进行分类后,以休闲距离(节假日与非节假日)、休闲时段选择(节假日与非节假日)、参与休闲活动的交通方式、休闲距离等内容作为变量,以新时代乡村居民作为机体,允许乡村居民根据变量及相关因素选择对应休闲行为与活动方式,最终得出乡村居民对于各类休闲方式选择比例构成图表,为改善行为、规范与协调乡村居民休闲行为与活动内容提出建议。

2. 问卷设计

(1)基于样本人口统计学特征进行划分,主要内容包含:性别、年龄层次、婚姻状况、教育情况、学历水平、职业等基本情况。

(2)了解新时代乡村居民对于休闲行为内容及行为方式的偏好选择。主要采用李克特量表进行评价得分,列举多项休闲活动方式,让受访者通过从"1"(很重要)到"5"(完全不重要)的等级方法来表达自身对于乡村休闲行为内容及活动方式的认可程度。

(3)调查乡村居民对于休闲活动内容的意见和建议。从休闲行为现有状况或问题出发,进行原因分析,收集乡村居民理想改善方式与状态,收集应对措施与改善内容,协调新时代乡村区域内居民的休闲体验。以休闲行为是否发生在节假日作为区分,针对新时代乡村居民休闲行为活动内容及休闲方式、休闲时段、休闲行为时长、休闲交通方式选择及休闲距离等内容进行网络问卷调查。

二、数据处理与分析

本次新时代乡村居民休闲行为活动内容及行为方式调查问卷样本通过问卷星网站制作,并通过各大网络社交平台进行传播和发放。问卷收集日期为 2021 年 10 月 3—8 日,共收到问卷样本 1620 份,剔除无效问卷 52 份后剩余 1568 份有效问卷。本次问卷收集,从福建、河南、河北、浙江、四川、山东分别获取 252 份、241 份、256 份、272 份、275 份、272 份有效问卷。

(一)人口学统计特征分析

根据表 8-1 分析结果显示出的人口学变量统计特征,真实反映出了本次问卷辐射范围内六个省份乡村居民的分布情况。其中以均值反映问卷结果的集中趋势,以标准差反映问卷结果的波动情况。

第八章
我国乡村居民休闲活动内容与方式

表8-1　　　　　　　　　　乡村居民人口学变量频率分析

变　　量	选　　项	频率	百分比/%	平均值	标准偏差
您所在地区是否属于贫困乡村	是	362	23.10	1.77	0.422
	否	1206	76.90		
您所在地区是否属于城郊乡村	是	848	54.10	1.46	0.498
	否	720	45.90		
您的性别	男	626	39.90	1.6	0.490
	女	942	60.10		
您的年龄段	18岁以下	78	5	2.98	0.995
	18～25岁	469	29.90		
	26～45岁	528	33.70		
	46～65岁	400	25.50		
	66岁及以上	93	5.90		
受教育水平	初中及以下	507	32.30	2.14	0.916
	高中（含中专）	380	24.20		
	大学（含大专）	628	40.10		
	研究生及以上	53	3.40		
您的月收入	1000元以下	407	26	2.46	1.295
	1000～3500元	504	32.10		
	3500～6000元	381	24.30		
	6000～8000元	143	9.10		
	8000～10000元	76	4.80		
	10000元以上	57	3.60		
您目前从事的职业	政府（机关）公务员	45	2.90	6.21	3.472
	工人	223	14.20		
	企事业人员	163	10.40		
	农民	267	17		
	文教卫生人员	98	6.30		
	商务人员	48	3.10		
	服务及销售人员	114	7.30		
	私营业主	47	3		
	学生	322	20.50		
	专职技术人员	53	3.40		
	离退休人员	45	2.90		
	家庭主妇	42	2.70		
	其他	101	6.40		

续表

变量	选项	频率	百分比/%	平均值	标准偏差
人均休闲活动月支出	500 元以下	696	44.40	1.89	0.964
	500~1000 元	472	30.10		
	1000~2000 元	274	17.50		
	2000 元以上	126	8		
您倾向的休闲组织方式	个人休闲	334	21.30	2.52	1.141
	家庭休闲	452	28.80		
	与朋友/同学休闲	542	34.60		
	村集体组织休闲	115	7.30		
	其他	125	8		
您认为自己的休闲时间充足吗	充足	824	52.60	1.47	0.5
	不充足	744	47.40		
您一周平均休闲活动次数是多少	几乎没有	450	28.70	1.96	0.823
	一周 1~3 次	847	54		
	一周 4~6 次	157	10		
	每天	114	7.30		
	总计	1568	100		

根据此次样本构成中的性别调查结果进行分析，回收女性调查问卷占比 60.10%，男性为 39.90%，可见本次调查问卷的结果重点偏向于统计女性意愿。从被统计者年龄段分布来看，26~45 岁、18~25 岁、46~65 岁占比最高，分别为 33.70%、29.90% 和 25.50%。说明本次问卷被调查主题为中、青年群体。从受教育水平来看，大学（含大专）和初中及以下最多，分别为 40.10% 和 32.30%。从职业分布来看，占比最高的是学生，占比达到 20.50%，其次是工人，达到 14.20%。从可支配平均月收入水平来看，1000~3500 元和 3500~6000 元占比最高，分别为 32.10% 和 24.30%。经过简略人口学特征分析，本次调查问卷对象职业以学生和工人为主，可支配平均月收入水平与职业分布内容相匹配。

（二）信度、效度分析

1. 信度分析

（1）工作日休闲行为内容及活动方式信度分析。

工作日休闲活动内容及行为方式信度分析见表 8-2。

从表 8-2 分析结果可知：工作日休闲行为活动内容及行为方式的标化信度系数值为 0.936，大于 0.9，因而说明本研究获取的数据信度质量很高。同时针对"项已删除的 α 系数"，任意题项被删除后，信度系数并不会有明显上升，因此说明题项不应该被删除处理，且问卷题项不需要进行调整。对于"CITC 值"，分析项的 CITC 值均大于 0.4，说明分析项之间具有良好的相关关系，同时也说明信度水平良好。综合说明该数据内容信度质量高，可用于进一步数据评价及分析。

表 8-2   工作日休闲活动内容及行为方式信度分析（Cronbach's 信度分析）

名　　称	校正项总计相关性（CITC）	项已删除的 α 系数	Cronbach's α 系数
工作日休闲行为内容评价——体育健身	0.642	0.932	
看电影、看电视、上网	0.695	0.93	
养花草、宠物	0.678	0.931	
读书、看报、摄影	0.711	0.93	
娱乐场所内活动（如唱歌、跳舞、洗浴等）	0.705	0.93	
逛街、购物	0.757	0.928	
户外活动（如爬山、钓鱼、散步等）	0.73	0.929	0.935
饮食、饮酒	0.675	0.931	
棋牌、麻将	0.587	0.934	
聊天	0.729	0.929	
外出旅游	0.745	0.929	
人群联欢活动（如庙会、集会等）	0.741	0.929	
其他	0.719	0.93	
标准化 Cronbach's α 系数：0.936			

（2）休息日休闲行为内容及活动方式信度分析。

休息日休闲行为内容及活动方式信度分析见表 8-3。

表 8-3   休息日休闲活动内容及方式信度分析（Cronbach's 信度分析）

名　　称	校正项总计相关性（CITC）	项已删除的 α 系数	Cronbach's α 系数
节假日休闲行为内容评价——体育健身	0.681	0.944	
看电影、看电视、上网	0.757	0.942	
养花草、宠物	0.734	0.943	
娱乐场所内活动（如唱歌、跳舞、洗浴等）	0.76	0.942	
读书、看报、摄影	0.746	0.942	
逛街、购物	0.783	0.941	
棋牌、麻将	0.627	0.946	0.947
聊天	0.771	0.942	
人群联欢活动（如庙会、集会等）	0.752	0.942	
外出旅游	0.781	0.941	
户外活动（如爬山、钓鱼、散步等）	0.774	0.942	
饮食、饮酒	0.699	0.944	
其他	0.743	0.943	
标准化 Cronbacha's α 系数：0.947			

从表 8-3 可以得知：休息日休闲活动内容及行为方式表格的信度系数值为 0.947，说明取得的研究数据信度质量很高。同时，针对"项已删除的 α 系数"，当任意题项被删除后，信度系数并不会明显升高，因此说明题项不应该被删除处理。针对"CITC 值"，分析项的 CITC 值均大于 0.4，说明分析项之间具有良好的相关关系，同时也说明信度水平良好。综上所述，休息日乡村居民休闲活动内容及行为方式的评价表格数据信度质量高，可以被用于进一步分析。

2. 效度分析

（1）工作日休闲行为内容及活动方式效度分析。

工作日休闲行为内容及活动方式效度分析见表 8-4。

表 8-4　　　　　　　工作日休闲行为内容及活动方式效度分析

名称	因子载荷系数因子 1	共同度（公因子方差）
工作日休闲行为内容评价——体育健身	0.698	0.487
养花草、宠物	0.73	0.533
娱乐场所内活动（如唱歌、跳舞、洗浴等）	0.753	0.567
逛街、购物	0.802	0.643
户外活动（如爬山、钓鱼、散步等）	0.778	0.605
读书、看报、摄影	0.76	0.578
饮食、饮酒	0.727	0.528
聊天	0.778	0.605
人群联欢活动（如庙会、集会等）	0.788	0.622
看电影、看电视、上网	0.746	0.556
外出旅游	0.793	0.629
棋牌、麻将	0.644	0.414
其他	0.767	0.589
特征根值（旋转前）	7.356	—
方差解释率（旋转前）	56.587%	—
累积方差解释率（旋转前）	56.587%	—
特征根值（旋转后）	7.356	—
方差解释率（旋转后）	56.587%	—
累积方差解释率（旋转后）	56.587%	—
KMO 值	0.957	—
巴特球形值	12113.576	—
df	78	—
p 值	0	—

从表 8-4 的分析结果可知：所有研究项对应的共同度值均高于 0.4，说明能够对研究项信息进行有效提取。此外，该表 KMO 值为 0.957，大于 0.6，意味着数据信息可以

被有效提取。同时，1个因子的方差解释率值分别是56.587%，旋转后累积方差解释率为56.587%＞50%。意味着研究项的信息量可以被有效提取。

使用KMO和Bartlett检验进行效度验证，从上表可以看出：KMO值为0.957，KMO值大于0.8，研究数据信息非常适合提取信息并进行相应分析。

（2）休息日休闲行为内容及活动方式效度分析。

休息日休闲行为内容及活动方式效度分析见表8-5。

表8-5　　　　　　　　休息日休闲行为内容及活动方式效度分析

名称	因子载荷系数因子1	共同度（公因子方差）
节假日休闲行为内容评价——体育健身	0.73	0.533
看电影、看电视、上网	0.799	0.639
养花草、宠物	0.778	0.605
读书、看报、摄影	0.79	0.624
娱乐场所内活动（如唱歌、跳舞、洗浴等）	0.8	0.639
户外活动（如爬山、钓鱼、散步等）	0.815	0.664
逛街、购物	0.822	0.676
棋牌、麻将	0.677	0.458
外出旅游	0.821	0.674
聊天	0.811	0.658
人群联欢活动（如庙会、集会等）	0.793	0.629
饮食、饮酒	0.745	0.555
其他	0.784	0.615
特征根值（旋转前）	7.969	—
方差解释率（旋转前）	61.298%	—
累积方差解释率（旋转前）	61.298%	—
特征根值（旋转后）	7.969	—
方差解释率（旋转后）	61.298%	—
累积方差解释率（旋转后）	61.298%	—
KMO值	0.968	—
巴特球形值	13927.415	—
df	78	—
p值	0	—

从表8-5可知：13种不同的休闲活动内容及行为方式研究项对应的共同度值均高于0.4，说明这些研究项信息可以被有效地提取。KMO值为0.968，大于0.6，意味着数据信息可以被有效提取。并且一个因子的方差解释率值为61.298%，旋转后累积方差解释率为61.298%＞50%。比较结果意味着该研究项的信息量能够被有效地提取出来。通过利用KMO和Bartlett检验进行该表格的效度验证，可以看出：KMO值为0.968，KMO

值大于0.8,研究数据信息非常适合进行信息提取和进一步的数据分析统计,从侧面反映出效度很好。

(三)休闲行为活动内容对比分析

1. 工作日休闲行为活动内容统计描述

工作日休闲行为活动内容统计描述见表8-6。

表8-6　　　　　　　　工作日休闲行为活动内容统计描述

名　称	N统计	最小值统计	最大值统计	均　值	
				统计	标准错误
工作日休闲行为内容评价——体育健身	1568	1	5	2.56	0.029
看电影、看电视、上网	1568	1	5	2.72	0.029
养花草、宠物	1568	1	5	2.85	0.029
读书、看报、摄影	1568	1	5	2.73	0.029
娱乐场所内活动(如唱歌、跳舞、洗浴等)	1568	1	5	2.90	0.029
逛街、购物	1568	1	5	2.81	0.029
户外活动(如爬山、钓鱼、散步等)	1568	1	5	2.78	0.028
饮食、饮酒	1568	1	5	2.88	0.030
棋牌、麻将	1568	1	5	3.18	0.030
聊天	1568	1	5	2.70	0.029
外出旅游	1568	1	5	2.76	0.029
人群联欢活动(如庙会、集会等)	1568	1	5	2.91	0.029
其他	1568	1	5	2.93	0.027
有效个案数(成列)	1568				

工作日休闲活动内容众数分析见表8-7。

表8-7　　　　　　　　工作日休闲活动内容众数分析

名　称	个　案　数		众数
	有效	缺失	
工作日休闲行为内容评价——体育健身	1568	0	2
看电影、看电视、上网	1568	0	2
养花草、宠物	1568	0	3
读书、看报、摄影	1568	0	2
娱乐场所内活动(如唱歌、跳舞、洗浴等)	1568	0	3
逛街、购物	1568	0	2
户外活动(如爬山、钓鱼、散步等)	1568	0	2
饮食、饮酒	1568	0	2
棋牌、麻将	1568	0	4

续表

名　称	个　案　数		众数
	有效	缺失	
聊天	1568	0	2
外出旅游	1568	0	2
人群联欢活动（如庙会、集会等）	1568	0	3
其他	1568	0	3

2. 节假日

节假日休闲活动内容统计分析见表8-8。

表8-8　　　　　　节假日休闲活动内容统计分析

名　称	N统计	最小值统计	最大值统计	均值统计	标准错误	标准偏差统计	方差统计
节假日休闲行为内容评价——体育健身	1568	1	5	2.63	0.029	1.136	1.291
看电影、看电视、上网	1568	1	5	2.74	0.029	1.163	1.352
养花草、宠物	1568	1	5	2.87	0.028	1.122	1.260
读书、看报、摄影	1568	1	5	2.78	0.028	1.102	1.215
娱乐场所内活动（如唱歌、跳舞、洗浴等）	1568	1	5	2.94	0.029	1.157	1.340
逛街、购物	1568	1	5	2.79	0.029	1.136	1.290
户外活动（如爬山、钓鱼、散步等）	1568	1	5	2.75	0.028	1.122	1.259
饮食、饮酒	1568	1	5	2.87	0.030	1.176	1.382
棋牌、麻将	1568	1	5	3.11	0.030	1.181	1.394
外出旅游	1568	1	5	2.74	0.029	1.143	1.306
聊天	1568	1	5	2.74	0.029	1.134	1.286
人群联欢活动（如庙会、集会等）	1568	1	5	2.92	0.028	1.128	1.272
其他	1568	1	5	2.97	0.027	1.078	1.162
有效个案数（成列）	1568						

节假日休闲活动内容众数分析见表8-9。

表8-9　　　　　　节假日休闲活动内容众数分析

名　称	个　案　数		众数
	有效	缺失	
节假日休闲行为内容评价——体育健身	1568	0	2
看电影、看电视、上网	1568	0	2
养花草、宠物	1568	0	3
读书、看报、摄影	1568	0	2

续表

名　称	个　案　数		众数
	有效	缺失	
娱乐场所内活动（如唱歌、跳舞、洗浴等）	1568	0	2
逛街、购物	1568	0	2
户外活动（如爬山、钓鱼、散步等）	1568	0	2
棋牌、麻将	1568	0	3
饮食、饮酒	1568	0	3
聊天	1568	0	2
外出旅游	1568	0	2
人群联欢活动（如庙会、集会等）	1568	0	3
其他	1568	0	3

3. 统计描述及小结

根据调查问卷设置时将日常休闲行为分隔为13种不同类型的行为内容和行为方式，设定统计值中从"1"到"5"为"非常重要"到"完全不重要"，因此在均值统计结果中，越趋近于"1"的休闲项目在乡村居民日常休闲行为中的重要性越高。根据量表均值统计显示，在工作日内，"体育健身"是重要程度最高的休闲活动内容，其重要性均值为2.56，重要程度最低的休闲活动内容为"棋牌、麻将"，其重要性均值为3.18。在休息日内仍然保持这一趋势，"体育健身"以2.63的重要性均值仍然占据最重要的休闲活动内容项目，同时"棋牌、麻将"以3.11的重要性均值仍然呈现出最低的重要程度。除了这两项外，其他的休闲活动项目，例如"养花草、宠物"和"聊天"等共11项休闲活动内容及行为方式在工作日重要程度集中分布在2.70～2.94的重要性均值范围内，而休息日重要程度集中分布在2.74～2.97的重要性均值范围内。在工作日内对13个休闲行为活动内容及行为方式中的8个备选项呈现出多数为"重要"的选择趋向，同时对"棋牌、麻将"娱乐项目表现出十分明显的"不重要"判断趋向。在节假日内对于13种休闲行为活动内容及行为方式中的9种呈现出多数为"重要"的选择趋向并且无明显的"不重要"判断趋向。综合说明休息日与工作日乡村居民对于休闲活动内容的选择区别度较低，能够保持在相对均等、平衡的范围内，总体误差值不超过0.04。

（四）工作日与节假日休闲行为交通方式对比分析

1. 工作日

工作日休闲常用交通方式频率分析见表8-10。

表8-10　　　　　　　　工作日休闲常用交通方式频率分析

有　效	频　率	百分比/%	有效百分比/%	累积百分比/%
1	424	27.0	27.0	27.0
2	494	31.5	31.5	58.5

第八章
我国乡村居民休闲活动内容与方式

续表

有效	频率	百分比/%	有效百分比/%	累积百分比/%
3	338	21.6	21.6	80.1
4	312	19.9	19.9	100.0
总计	1568	100.0	100.0	

2. 节假日

节假日常用交通方式频率分析见表8-11。

表8-11 节假日常用交通方式频率分析

有效	频率	百分比/%	有效百分比/%	累积百分比/%
1	291	18.6	18.6	18.6
2	399	25.4	25.4	44.0
3	388	24.7	24.7	68.8
4	490	31.3	31.3	100.0
总计	1568	100.0	100.0	

3. 描述统计及小结

在调查问卷统计结果中，设置"1"为步行；"2"为电动车或自行车；"3"为公共汽车；"4"为自驾机动车。根据调研结果统计发现，工作日和节假日乡村居民最偏好的交通工具均为电动车或自行车，其比例分别为31.5%和25.4%。同时，工作日和节假日在"步行"和"自驾机动车"两项显示出较大的差异，分别为8.4%和12%，与工作日和节假日休闲距离区别的统计描述相符合。一旦处于休息时间较为充裕的节假日，乡村居民就会偏好选择长时间、远距离的休闲活动内容和行为方式，以及能够达成远距离休闲行为的交通工具。

（五）休闲距离与休闲行为活动内容及行为方式相关性分析

1. 工作日

工作日休闲距离与休闲行为活动内容及行为方式相关性分析见表8-12。

表8-12 工作日休闲距离与休闲行为活动内容及行为方式相关性分析

名称	皮尔逊相关性	Sig.（双尾）
您平常在工作日选择离家——的范围进行休闲活动	1	
工作日休闲行为内容评价——体育健身	−0.089**	0
看电影、看电视、上网	0	0.997
养花草、宠物	−0.077**	0.002
读书、看报、摄影	−0.073**	0.004
人群联欢活动（如庙会、集会等）	−0.098**	0
外出旅游	−0.101**	0
娱乐场所内活动（如唱歌、跳舞、洗浴等）	−0.078**	0.002

续表

名　称	皮尔逊相关性	Sig.（双尾）
聊天	−0.048	0.058
户外活动（如爬山、钓鱼、散步等）	−0.071**	0.005
饮食、饮酒	−0.057*	0.023
棋牌、麻将	−0.066**	0.009
逛街、购物	−0.063*	0.012
其他	−0.065*	0.01

注　**在0.01级别（双尾），相关性显著；*在0.05级别（双尾），相关性显著。

2. 休息日

休息日休闲距离与休闲行为活动内容及行为方式相关性分析见表8-13。

表8-13　　　休息日休闲距离与休闲行为活动内容及行为方式相关性分析

名　称	皮尔逊相关性	Sig.（双尾）
您平常在节假日选择离家——的范围进行休闲活动	1	
节假日休闲行为内容评价——体育健身	−0.054*	0.034
养花草、宠物	−0.060*	0.017
看电影、看电视、上网	−0.078**	0.002
读书、看报、摄影	−0.071**	0.005
娱乐场所内活动（如唱歌、跳舞、洗浴等）	−0.021	0.409
户外活动（如爬山、钓鱼、散步等）	−0.081**	0.001
逛街、购物	−0.060*	0.017
棋牌、麻将	0.005	0.839
人群联欢活动（如庙会、集会等）	−0.055*	0.028
饮食、饮酒	−0.069**	0.006
聊天	−0.094**	0
外出旅游	−0.133**	0
其他	−0.062*	0.015

注　**在0.01级别（双尾），相关性显著；*在0.05级别（双尾），相关性显著。

3. 描述统计及小结

根据表8-12，工作日13个休闲活动内容及行为方式选项中，存在8个0.01级显著相关，3个0.05级显著相关，"看电影、电视、上网"无显著相关；根据表8-13，休息日13个休闲活动内容及行为方式选项中，存在6个0.01级显著相关，5个0.05级显著相关，"娱乐场所内活动：如唱歌、跳舞、洗浴等"和"棋牌、麻将"两项无显著相关。因此可以认为，休闲距离与休闲活动内容具有显著相关。同时，工作日休闲距离与休闲活动内容相关显著性略大于休息日。

（六）休闲时段对休闲行为活动内容及行为方式相关性分析

1. 工作日

工作日休闲时段对休闲行为活动内容及行为方式相关性分析见表 8-14。

表 8-14　　工作日休闲时段对休闲行为活动内容及行为方式相关性分析

名　称	分　析	（清晨）	（上午）	（下午）	（傍晚）	（晚间）
工作日休闲行为内容评价——体育健身	皮尔逊相关性	0.017	0.089**	0.033	-0.053*	-0.109**
	Sig.（双尾）	0.491	0.000	0.191	0.036	0.000
	个案数	1568	1568	1568	1568	1568
看电影、看电视、上网	皮尔逊相关性	0.104**	0.069**	-0.024	-0.102**	-0.156**
	Sig.（双尾）	0.000	0.006	0.352	0.000	0.000
	个案数	1568	1568	1568	1568	1568
养花草、宠物	皮尔逊相关性	0.002	0.019	-0.038	-0.052*	-0.012
	Sig.（双尾）	0.924	0.451	0.134	0.039	0.648
	个案数	1568	1568	1568	1568	1568
读书、看报、摄影	皮尔逊相关性	0.048	0.028	-0.005	-0.073**	-0.097**
	Sig.（双尾）	0.057	0.268	0.837	0.004	0.000
	个案数	1568	1568	1568	1568	1568
人群联欢活动（如庙会、集会等）	皮尔逊相关性	0.004	-0.045	-0.051*	-0.069**	-0.062*
	Sig.（双尾）	0.869	0.072	0.044	0.006	0.014
	个案数	1568	1568	1568	1568	1568
外出旅游	皮尔逊相关性	0.087**	0.020	0.007	-0.096**	-0.098**
	Sig.（双尾）	0.001	0.435	0.793	0.000	0.000
	个案数	1568	1568	1568	1568	1568
娱乐场所内活动（如唱歌、跳舞、洗浴等）	皮尔逊相关性	-0.003	-0.032	-0.026	-0.059*	-0.030
	Sig.（双尾）	0.911	0.204	0.311	0.019	0.228
	个案数	1568	1568	1568	1568	1568
聊天	皮尔逊相关性	0.072**	0.074**	0.013	-0.091**	-0.165**
	Sig.（双尾）	0.004	0.003	0.595	0.000	0.000
	个案数	1568	1568	1568	1568	1568
户外活动（如爬山、钓鱼、散步等）	皮尔逊相关性	0.049	0.024	0.032	-0.063*	-0.078**
	Sig.（双尾）	0.051	0.349	0.200	0.013	0.002
	个案数	1568	1568	1568	1568	1568
饮食、饮酒	皮尔逊相关性	0.051*	-0.029	-0.017	-0.056*	-0.109**
	Sig.（双尾）	0.042	0.256	0.491	0.025	0.000
	个案数	1568	1568	1568	1568	1568

续表

名　称	分　析	（清晨）	（上午）	（下午）	（傍晚）	（晚间）
棋牌、麻将	皮尔逊相关性	−0.031	−0.134**	−0.094**	−0.010	0.049
	Sig.（双尾）	0.218	0.000	0.000	0.684	0.052
	个案数	1568	1568	1568	1568	1568
逛街、购物	皮尔逊相关性	0.027	0.030	−0.025	−0.108**	−0.086**
	Sig.（双尾）	0.294	0.240	0.318	0.000	0.001
	个案数	1568	1568	1568	1568	1568
其他	皮尔逊相关性	−0.014	−0.026	−0.020	−0.032	−0.024
	Sig.（双尾）	0.581	0.302	0.422	0.203	0.334
	个案数	1568	1568	1568	1568	1568

注　**在0.01级别（双尾），相关性显著；*在0.05级别（双尾），相关性显著。

2. 休息日

休息日休闲时段对休闲行为活动内容及行为方式相关性分析见表8-15。

表8-15　休息日休闲时段对休闲行为活动内容及行为方式相关性分析

名　称	分　析	（清晨）	（上午）	（下午）	（傍晚）	（晚间）
节假日休闲行为内容评价——体育健身	皮尔逊相关性	0.075**	−0.017	−0.072**	−0.017	−0.022
	Sig.（双尾）	0.003	0.508	0.004	0.506	0.385
	个案数	1568	1568	1568	1568	1568
人群联欢活动（如庙会、集会等）	皮尔逊相关性	0.066**	−0.035	−0.148**	−0.033	0.012
	Sig.（双尾）	0.009	0.164	0.000	0.189	0.646
	个案数	1568	1568	1568	1568	1568
外出旅游	皮尔逊相关性	0.114**	−0.024	−0.172**	−0.045	−0.035
	Sig.（双尾）	0.000	0.334	0.000	0.074	0.170
	个案数	1568	1568	1568	1568	1568
饮食、饮酒	皮尔逊相关性	0.080**	−0.008	−0.121**	−0.087**	−0.059*
	Sig.（双尾）	0.001	0.743	0.000	0.001	0.020
	个案数	1568	1568	1568	1568	1568
逛街、购物	皮尔逊相关性	0.108**	−0.015	−0.169**	−0.085**	−0.066**
	Sig.（双尾）	0.000	0.553	0.000	0.001	0.009
	个案数	1568	1568	1568	1568	1568
聊天	皮尔逊相关性	0.129**	0.022	−0.154**	−0.082**	−0.071**
	Sig.（双尾）	0.000	0.381	0.000	0.001	0.005
	个案数	1568	1568	1568	1568	1568
看电影、看电视、上网	皮尔逊相关性	0.138**	0.054*	−0.175**	−0.123**	−0.068**
	Sig.（双尾）	0.000	0.031	0.000	0.000	0.007
	个案数	1568	1568	1568	1568	1568

续表

名　称	分　析	（清晨）	（上午）	（下午）	（傍晚）	（晚间）
棋牌、麻将	皮尔逊相关性	0.013	−0.076**	−0.062*	0.007	0.030
	Sig.（双尾）	0.602	0.002	0.014	0.776	0.233
	个案数	1568	1568	1568	1568	1568
户外活动（如爬山、钓鱼、散步等）	皮尔逊相关性	0.085**	−0.041	−0.142**	−0.027	−0.016
	Sig.（双尾）	0.001	0.108	0.000	0.281	0.533
	个案数	1568	1568	1568	1568	1568
养花草、宠物	皮尔逊相关性	0.056*	−0.013	−0.112**	−0.035	0.015
	Sig.（双尾）	0.027	0.594	0.000	0.162	0.542
	个案数	1568	1568	1568	1568	1568
娱乐场所内活动（如唱歌、跳舞、洗浴等）	皮尔逊相关性	0.077**	−0.046	−0.113**	−0.077**	−0.021
	Sig.（双尾）	0.002	0.068	0.000	0.002	0.396
	个案数	1568	1568	1568	1568	1568
读书、看报、摄影	皮尔逊相关性	0.096**	−0.015	−0.137**	−0.050*	0.000
	Sig.（双尾）	0.000	0.565	0.000	0.046	0.986
	个案数	1568	1568	1568	1568	1568
其他	皮尔逊相关性	0.069**	−0.042	−0.093**	−0.031	−0.019
	Sig.（双尾）	0.006	0.100	0.000	0.226	0.442
	个案数	1568	1568	1568	1568	1568

注　**在 0.01 级别（双尾），相关性显著；*在 0.05 级别（双尾），相关性显著。

3. 描述统计及小结

根据表8-14，总计65次相关性分析中，存在26个0.01级别显著相关，8个0.05级别显著相关；根据表8-15，总共65次相关性分析中，存在32个0.01级别显著相关，5个0.05级别显著相关。可以得出，休闲时段与乡村居民休闲行为活动内容及行为方式总体上存在显著相关。其中休息日休闲时段与休闲行为活动内容及行为方式相关性大于工作日休闲时段相关性。

（七）休闲时长对休闲行为活动内容及行为方式相关性分析

1. 工作日休闲时长对休闲行为活动内容及行为方式相关性分析

工作日休闲时长对休闲行为活动内容及行为方式相关性分析见表8-16。

表8-16　工作日休闲时长对休闲行为活动内容及行为方式相关性分析

名　称	皮尔逊相关性（在工作日内日均偏好的休闲行为时长）	Sig.（双尾）
在工作日内日均偏好的休闲行为时长	1	
工作日休闲行为内容评价——体育健身	0.018	0.478
看电影、看电视、上网	0.024	0.337
养花草、宠物	−0.058*	0.021

续表

名　称	皮尔逊相关性（在工作日内日均偏好的休闲行为时长）	Sig.（双尾）
读书、看报、摄影	−0.012	0.643
外出旅游	−0.074**	0.003
人群联欢活动（如庙会、集会等）	−0.059*	0.019
娱乐场所内活动（如唱歌、跳舞、洗浴等）	−0.076**	0.003
户外活动（如爬山、钓鱼、散步等）	−0.015	0.545
聊天	0.007	0.788
饮食、饮酒	−0.056*	0.026
棋牌、麻将	−0.143**	0
逛街、购物	−0.018	0.48
其他	−0.066**	0.009

注　**在0.01级别（双尾），相关性显著；*在0.05级别（双尾），相关性显著。

2. 休息日休闲时长对休闲行为活动内容及行为方式相关性分析

休息日休闲时长对休闲行为活动内容及行为方式相关性分析见表8-17。

表8-17　　休息日休闲时长对休闲行为活动内容及行为方式相关性分析

名　称	皮尔逊相关性（在休息日内日均偏好的休闲行为时长）	Sig.（双尾）
在休息日内日均偏好的休闲行为时长	1	
节假日休闲行为内容评价——体育健身	−0.048	0.059
养花草、宠物	−0.054*	0.033
看电影、看电视、上网	−0.086**	0.001
读书、看报、摄影	−0.060*	0.018
娱乐场所内活动（如唱歌、跳舞、洗浴等）	−0.037	0.144
户外活动（如爬山、钓鱼、散步等）	−0.076**	0.003
逛街、购物	−0.076**	0.002
棋牌、麻将	−0.044	0.08
人群联欢活动（如庙会、集会等）	−0.051*	0.046
饮食、饮酒	−0.130**	0
聊天	−0.105**	0
外出旅游	−0.123**	0
其他	−0.062*	0.014

注　**在0.01级别（双尾），相关性显著；*在0.05级别（双尾），相关性显著。

3. 描述统计及小结

根据表8-16，在13次相关性分析中，存在4个0.01级别显著相关和3个0.05级别显著相关；根据表8-17的13次相关性分析，存在6个0.01级别显著相关和4个0.05级别显著相关。可以得出：从总体上看，不论工作日和休息日，休闲行为市场与休闲活动内容及行为方式具有显著相关性。

(八) 工作日与节假日休闲交通工具相关性分析

工作日与节假日休闲交通工具相关性分析见表8-18。

表8-18　　　　　　工作日与节假日休闲交通工具相关性分析

名　称	分　析	休闲常用交通方式选择——工作日	节假日
休闲常用交通方式选择——工作日	皮尔逊相关性	1	0.474**
	Sig.（双尾）		0.000
	平方和与叉积	1825.406	883.468
	协方差	1.165	0.564
	个案数	1568	1568
节假日	皮尔逊相关性	0.474**	1
	Sig.（双尾）	0.000	
	平方和与叉积	883.468	1899.249
	协方差	0.564	1.212
	个案数	1568	1568

注　**在0.01级别（双尾），相关性显著。

根据表8-18，节假日相对工作日就休闲交通工具选择的皮尔逊相关性为0.474，属于0.01级别显著相关；同理，工作日对节假日皮尔逊相关行为也为0.474，同属于0.01级别显著相关，可以得出：工作日与节假日在休闲交通工具选择方面互相具有显著相关性。

(九) 研究假设验证分析

通过上述统计结果分析论证，将乡村居民休闲行为活动内容及行为方式就工作日和节假日区隔进行差异化分析，主要得出以下结论：

1. 工作日与节假日对乡村居民休闲行为活动内容及行为方式无影响区别

根据对比节假日与工作日内乡村居民对于不同休闲行为活动内容及行为方式的偏好统计，休息日与工作日乡村居民对于休闲活动内容的选择区别度较低，能够保持在相对均等、平衡的范围内。假设H1被推翻。

2. 工作日与休息日对乡村居民休闲行为交通方式有影响区别

根据问卷统计结果，四种交通方式中除了"公共汽车"选项差异值为3.1%外，其余交通方式选择就工作日和节假日区隔均表现出明显差异。因此从整体来看，工作日与节假日区隔对乡村居民前往休闲场所参与休闲活动的交通方式有明显的影响区别。假设H2得到验证。

3. 休闲距离对乡村居民休闲活动内容及行为方式有影响

通过对表8-12和表8-13进行相关性分析后得出：工作日13个休闲活动内容及行为方式选项中，存在8个0.01级显著相关，3个0.05级显著相关，"看电影、看电视、上网"无显著相关；休息日13个休闲活动内容及行为方式选项中，存在6个0.01级显著相关，5个 0.05 级显著相关，"娱乐场所内活动：如唱歌、跳舞、洗浴等"和"棋牌、麻将"两项无显著相关。因此可以认为，休闲距离与休闲活动内容具有显著相关。假设 H3 得到验证。

4. 休闲时段对乡村居民休闲活动内容及行为方式有影响

根据表 8-14 和表 8-15，区分工作日和节假日各五个不同的休闲时段，进行总计 130 次相关性分析中，存在 58 个 0.01 级别显著相关，13 个 0.05 级别显著相关。从总体上看，休闲时段与乡村居民休闲行为活动内容及行为方式总体上存在显著相关。其中休息日休闲时段与休闲行为活动内容及行为方式相关性大于工作日休闲时段相关性。假设 H4 得到验证。

5. 休闲时长对乡村居民休闲活动内容及行为方式有影响

根据表 8-16 和表 8-17，共进行 26 次相关性分析，其中存在 10 次 0.01 级别显著相关和 6 次 0.05 级别显著相关。因此可以得出：从总体上看，不论工作日和休息日，休闲行为市场与休闲活动内容及行为方式具有显著相关性。假设 H5 得到验证。

三、新时代乡村居民休闲行为特征及维护办法

（一）新时代乡村居民休闲行为特征

1. 休闲需求丰富多样，但休闲观念仍然有待提升

乡村居民在进行日常休闲活动时，总是抱有一定的动机和目的。同时，实施具体的休闲行为前也需要对休闲时间、休闲任务等内容进行合理安排和配置。通过对获取的问卷数据进行分析，可以得出，乡村居民的休闲活动需求十分丰富，休闲观念正在逐步向"关注自身健康发展"的目标迁移，但同时仍然有部分休闲行为缺乏科学指导。更高质量的学习导向和自我发展型休闲行为占比总体较低，说明乡村居民的休闲行为仍有待提高。

2. 休闲时间增多，休闲需求增加

乡村居民节假日休闲时长相较于工作日明显延长，且乡村居民能够选择更加适宜长距离移动的交通工具获取需求的休闲活动内容。说明乡村居民休闲时长增加的同时，不再满足于传统的在乡村内即可完成的休闲活动，而愿意选择通过适当距离的移动，到达相应的休闲场所获得休闲需求满足。也从侧面例证了乡村居民对于休闲活动获取需求增加。

3. 乡村居民休闲行为特点：综合性和复杂化

乡村居民在劳作之外的剩余时间可以被自由安排，选择不同的休闲方式。在调查问卷的设计过程中，设置乡村居民可以从备选的 13 种休闲活动内容及行为方式中选择相应偏好的休闲活动。从调查问卷结果可以看出，乡村居民选择的偏好休闲活动内容及行为方式并不单一，而是存在同时对多种休闲行为有"强烈偏好"或"强烈排斥"等情绪。乡村居民在工作日的休闲时间受挤压程度较高，只能选择短距离、低强度的休闲行为活动内容；而当休息日时段，则能够选择更远距离、更加大型的交通工具前往参与休闲活动。同时，休闲方式不再是较为单一的呈现，而倾向于多种休闲行为进行组合，具有综合性和复杂化的特征。例如，可以选择在逛街购物后与其他居民进行聊天，最后一起群体联欢活动。这样的一次完整休闲行为中就至少包括了三种休闲活动内容及行为方式。

（二）休闲行为改善措施及维护办法

1. 政府

（1）合理规划节假日与工作日之间的调休事宜，尽量满足乡村居民各类休闲时长需求。根据研究结果，乡村居民日常休闲行为活动内容与行为方式和休闲时长、休闲时段等影响要素存在显著相关性。因此政府部门在规划节假日居民调休事宜或安排、制订公众假期计划时，应当将满足乡村居民日常休闲活动需求作为考虑要素之一纳入规划中。

（2）制订新时代乡村居民休闲生活指南，科学指导、合理规范乡村居民休闲行为。乡村居民日常休闲行为仍然处于初步发展阶段，因此在日常活动过程中仍然存在不完整、不规范、不尽完善等问题。政府在结合当地居民实际休闲情况，对于休闲行为的进行过程提出规范化的指导，以利于休闲行为效益的最大化。配合多元化的宣传媒介和服务管理的优化，深入推动乡村居民休闲发展，更新乡村居民休闲活动观念。

（3）提高公共休闲便利设施投入，合理规划休闲空间。作为新时代乡村居民日常休闲活动的重要载体，公共休闲便利设施具有极高的重要性。政府部门应当从公共基础休闲设施入手，加大建设、维护资金的投入，不断丰富和完善公共基础休闲设施的种类和形式。同时加强政府监管力度，设定规范的建设标准和执行方案，配合社会组织和乡村居民的监督，服务好、管理好乡村居民的日常休闲行为。在更大程度上满足乡村居民的日常休闲需求，提高乡村居民日常休闲活动参与积极性和满意度。

2. 居民

（1）树立健康休闲生活理念。随着社会经济的进步和发展，生活节奏不断加快，在日常生活中居民对于日常生活的压力感知越发明显。因此，乡村居民应该自发、主动了解休闲行为活动知识，积极参与日常休闲活动，并积极参与学习休闲活动，调节自身生理、心理状态，树立健康的休闲生活理念，提高身体素质的同时维护心理健康。

（2）选择合适的休闲方式，培养良好的休闲习惯。乡村居民在参与休闲活动时，应当从自身身体素质、消费水平等实际情况出发，选择适当的休闲方式。同时积极维护和保持良好的休闲习惯，学会在日常的休闲活动过程中释放身心压力和提高综合素质，提升自我社会价值。

3. 企业

（1）丰富休闲产品供给，满足乡村居民日益增长的休闲需求。随着乡村居民生活水平提高，可支配收入和非劳动时间增加，乡村居民对于休闲活动内容的需求也不断增长。乡村居民对于休闲需求呈现出多元化趋势，并不断往关注自身健康发展转变。休闲企业应当针对乡村居民日益丰富的休闲需求，加强创新，提供个性化的休闲产品和组织更具特色的休闲活动。

（2）加强休闲服务推广和宣传，惠及更多乡村居民。相较于城镇居民，乡村居民参与休闲活动仍然具有一定的地理位置等劣势。休闲企业可以深入乡村居民进行调研和休闲活动推广，降低乡村居民休闲活动获取难度。在自身产品获得更广泛推广的同时，也顾及缺乏休闲活动获取工具的乡村居民的休闲需求。

四、结论与展望

(一) 结论

本研究以福建省、山东省、四川省、浙江省、河南省、河北省等六个省份作为样本省份对乡村居民日常休闲行为进行研究,利用了问卷调查的方法了解乡村居民日常休闲行为活动内容及行为方式,并通过 SPSS 26.0 统计软件对于回收的 1568 份问卷数据进行信效度和相关性分析,经总结得出以下研究结论:

1. 新时代乡村居民休闲行为现存状况

休闲态度积极,休闲活动内容丰富。"体育健身"在日常休闲活动中占据主导,表明乡村居民进行休闲行为时关注个人身体健康发展。

2. 新时代乡村居民休闲活动内容及行为方式特征

休闲方式多样化、休闲时间增多及碎片化、休闲活动自我发展需求倾向明显、休闲主观能动性高,但休闲观念仍然有待提升等。

3. 新时代乡村居民休闲行为及活动内容改善措施

政府合理调休,规范指导居民进行日常休闲活动;休闲企业完善产业结构,开发多种多样休闲产品供居民选择;居民树立正确的休闲价值观,培养良好的休闲习惯。

(二) 研究不足与展望

本次调查研究的统计范围仅限于福建省、山东省、四川省、河南省、河北省、浙江省等六个省份,其调查和论证结果仅适用于这六个目标省份的乡村居民休闲行为研究,在全国范围内不具有普适性,并且相应的区域行为特征内容仍然有待进一步论证。在后续的研究过程中,可以增加对其他不同省份休闲行为调查的分区域、分省份进行更加深入的研究,增加乡村居民休闲行为研究大方向相关学术研究的普适性和代表性。同时本研究的方法论体系仍未达到完善。如结构方程模型和混合研究法等内容能被进一步应用至新研究中。在研究内容方面,乡村居民的休闲活动时空要素、需求度、制约要素对乡村居民的休闲行为内容及行为方式的影响等诸多问题仍然有待讨论。

第九章 我国乡村居民休闲空间结构

第一节 乡村居民休闲空间结构研究目的

一、研究背景

对于乡村居民休闲空间行为的研究有利于全面认识乡村居民休闲行为的特点，可以丰富现有的休闲行为理论。随着进入新时代，中国乡村面临着转型升级，乡村地域的休闲主体逐渐多元化，除了非乡村居民游客涌入乡村休闲，乡村居民的休闲氛围也逐渐浓厚，对于乡村休闲的需求也逐渐增加。对乡村居民休闲空间的研究有待进一步深化。本主题"新时代乡村居民休闲空间行为"指乡村居民在乡村地域的休闲空间内的行为，通过分析不同性别、年龄、职业、受教育程度以及收入水平对乡村居民休闲行为的影响，为乡村居民休闲空间研究进行展望，为建设乡村休闲空间提供依据。

二、研究目的

（一）理论目的

对于乡村居民休闲空间行为的研究可以扩充学术界对以乡村居民为主体的休闲空间行为研究的不足，深化与之密切相关的乡村休闲和相关休闲行为的研究。对乡村居民休闲空间行为从地理学的角度进行研究，运用地理学相关知识分析乡村居民行为与客观环境之间的关联。乡村休闲空间主要是为乡村居民提供休闲娱乐、劳动锻炼以及消费的场所，加大对乡村居民休闲空间行为的研究，提高乡村居民休闲活动水平和加强乡村居民休闲空间建设。

（二）实践目的

对乡村居民休闲空间行为的研究有助于加强乡村居民休闲空间建设。乡村居民的休闲需求日益增长，而我国乡村居民休闲空间建设滞后，未得到社会充分关注，休闲空间无法满足乡村居民休闲需求。由于乡村地域和城市地域环境的差异性，乡村居民和城市居民休闲行为存在差别，对乡村居民休闲空间的研究不能完全借鉴城市休闲空间研究，乡村居民与城市居民休闲时间和方式有明显的差异，对乡村居民休闲的研究应放在日常生活环境中。

第二节　乡村居民休闲空间结构研究综述

一、国外研究历程

早期受发达国家主流意识形态的城市主义倾向和"去乡村化"（deruralization）的影响，国外学者青睐城市休闲空间研究，在城市居民休闲空间的建设、管理和评价等方面取得丰硕的研究成果，而关于郊区及乡村区域的研究长期以来受到冷落。

到了20世纪中后期，乡村休闲和旅游在西方国家蓬勃发展，乡村成为城市居民心目中民风淳朴、环境优美的地方，是一个可以逃离城市现代性的去处，这使得乡村地域及乡村生活方式被审美化和符号化，而且城市休闲阶层将乡村作为其住宅所在地。同时，学者们以城市居民为主体开展了大量的乡村地域的休闲研究。国外学者在对城市休闲成熟研究的基础上，开始对城市和乡村地域的休闲空间进行比较研究。

近年来，GIS空间分析技术已广泛应用于城市规划建设中，在乡村居民休闲空间规划和建设中也有涉及，研究内容主要包含休闲空间发展的战略性规划、休闲空间构成元素的建设、通过公众参与促进空间规划等内容。E. Lange等提出为了促进公众参与休闲空间规划，可通过结合三维（3D）绿色空间情景可视化和调查技术进行空间规划，通过公众感知的美学、娱乐和生态价值进行评估。国外学者对乡村居民休闲空间的规划偏向于微观研究，侧重分析某种空间构成元素。例如，韩国学者对农村社区休闲空间内花园元素进行分析，通过对1990年以前建立的农村社区花园元素进行广泛的调查，分析这些设施的功能是否足以提供合适的园艺休闲空间。

人类休闲行为和外部环境的互动是典型的人地关系问题，受到国外地理学者较多关注，尤其集中于休闲对自然、社会环境的影响以及环境对休闲的影响。H. Millward评估了加拿大新斯科舍省哈利法克斯县范围内农村城市连续体（Rural-Urban Continuum）居民的"活跃生活（Active Living）"程度，分析不同空间中乡村居民的活动水平，其中对居民在休闲空间内行为的探讨是研究重点。近年来，乡村居民休闲空间和邻里关系的研究成为国外学者关注的内容。I. Markevych使用客观数据分析德国农村地区青少年的休闲活动和邻里特征（邻里的绿地和体育休闲设施）关系，发现邻里特征对农村青少年的休闲行为影响极大。V. Cleland通过分析乡村居民休闲活动参与障碍或促进环境因素来探讨休闲活动与空间的关系。J. Bjork以澳大利亚斯合谷区域的乡村女性的休闲场所为例，关注到农村女性这一特殊群体的休闲活动，通过对1946—1964年本地出生的女性进行深度访谈获得数据，发现特定地理环境对当地年长妇女参与公共休闲活动的方式和空间有深远的影响。Y. Mansfield使用承载能力价值延伸模型（CCVS model）和名义群体法（NGT methodology）探测休闲影响，探讨乡村休闲的社会文化承载力情况。

国外学者对休闲空间的感知研究是近年来逐渐兴起的研究领域，学者将心理学理论引入乡村居民休闲空间研究中，通过当地居民对休闲的认知和情感来深入分析休闲空间。典型实例如下，M. Nzama研究南非圣卢西亚湖的乡村居民对亲水休闲活动的感知和态度。S. A. Schroeder研究美国明尼苏达州湖泊周边乡村居民的户外休闲、环境保护和地方依恋的关系。还有学者对居民休闲空间的感知研究更加细致,探讨在英国北部乡村居民钓鱼活动的休闲空间,分析参与钓鱼休闲的乡村居民对水环境的情感。

乡村社区公园成为特定的休闲研究对象。D. A. Cohen 使用社区玩耍与游憩观察系统(SOPARC)方法研究位于低收入乡村社区的公园,认为与大型社区公园相比,乡村社区公园的使用毫不逊色,而且乡村社区公园距离乡村社区近,是更加便捷和安全的活动场所,管理者应制定更多的计划和政策,鼓励本地居民去乡村社区公园活动。K. A. Shores 研究城乡公园的差异,利用 SOPARC 方法调查乡村和城市公园并得出结论:人们到乡村公园参观比到城市公园的访问更为频繁,但乡村游憩的活动方式较少,强度较低,他提出乡村游憩地的研究是当前学术界的弱项,今后应加强这方面的研究。

一些学者探讨了乡村居民休闲和休闲经济产业方面的内容。A.López 探讨西班牙乡村地区的休闲农业发展,分析了农业生产和休闲产业的密切关系,以西班牙的葡萄酒休闲农庄为例深入探讨了居民休闲和休闲产业发展。C. M. Rogerson 分别以南非普马兰加农村和苏格兰尼斯农村为案例地区,研究当地村民手工艺生产和休闲产业互动发展的问题,同时居民进行手工艺制作也是日常休闲生活的重要内容,认为手工艺产业和休闲产业是相互促进的,能够带动乡村居民就业。

二、国内研究历程

我国以乡村居民为主体的休闲空间研究起步较晚,学者研究集中在乡村公共空间、聚落空间、生活空间的过程中涉及休闲空间问题,或者是在村镇规划、景观规划实践中关注到乡村居民休闲空间规划建设。

受西方公共空间研究的影响,我国学者对乡村公共空间的探讨较多,借鉴西方学者S. Carr 界定的公共空间概念:公共空间视作一种共享的场地,人们在日常生活中或周期性的节日中将其用于开展功能性的或仪式性的活动,从而使社区团结在一起,公共空间成为公共生活得以展现的舞台。一般而言,学者普遍将休闲空间界定为公共空间的组成部分,并在分析乡村公共空间的基础上,对乡村居民休闲空间进行分类和界定,如肖晴和杨超在对苏北的新农村公共空间研究中,通过现场调研和问卷抽样调查发现乡村居民对邻里之间休闲空间、广场休息空间、老年活动场所、文娱场所、商业街有较高的需求。唐承丽等在研究乡村聚落空间优化时,分析了社会交往空间、休闲空间、服务空间有机疏散问题,以实现聚落内部空间类型比例合理化与组合最优化。休闲空间建设对于满足居民休闲需求和推进社会和谐具有重要价值。吴碧英的研究提出,随着农村经济社会的发展,农民获得了更多的闲暇时间,导致了农民休闲娱乐的增加和对空间更多休闲的需求。乡村居民休闲空间的扩展和改造对于推动新农村建设具有积极的意义,能够丰富农民的闲暇生活,提升农民的生活幸福感。岳谦厚和郝正春分析乡村地区代表性的休闲场所——庙会,通过历史学、民俗学与社会学的跨学科对话来考察传统庙会上乡民休闲的历史表象,阐述乡村居民在庙会上将身心娱乐、生计筹划、社会交往与享受休闲融为一体,全身心地利用和享受这一休闲空间,庙会休闲是乡村居民闲暇生活的映射,庙会为乡村居民提供了享受休闲的独特公共空间。

随着我国乡村振兴战略的实施,村镇规划逐渐纳入农村社会发展进程中,规划专家、地理学者在规划实践研究中探讨了乡村居民休闲空间的理论和建设。包卫兵在编制村庄规划问题时探讨游憩空间对塑造村庄形象的重要作用。包婷婷等以苏州市村庄环境整治为例,分析了乡村居民休闲空间的建设。一些学者从景观建设角度探讨我国乡村居民休闲空间的建设实践,并为乡村休闲环境优化提出了重要策略。如车生泉等以人居环境优化为目标,通过景观意象特征、乡村景观空间类型与环境特征分析,构建出廊道、边缘和节点3种景观类型。徐文辉等以分析浙江省安吉县山川村新农村建设现状,提出以"竹链"作为规划建设乡土景观主题、构造休闲空间的构思。

伴随新农村建设的推进,乡村社会发生改制和变革,部分乡村成为试点地区,乡村居民休闲空间也在发生变革。周举等探讨在大村庄试点的背景下,乡村聚落形态的转变导致农户行为空间的演变。张纯刚等研究了农业合作社的发展促使乡村形成了新的公共空间,满足农民交往、休闲、参与公众活动的需求。徐京波分析了在乡村工业化背景下,农民的闲暇时间不断碎片化,集市社会空间萎缩,庙会休闲空间扩张的现象。

三、总结

国外学者对乡村居民休闲空间的研究内容比较广泛:从地理区位来看,有城市近郊乡村、远郊乡村等,在乡村居民休闲空间的具体研究中,村民居家、乡村院落、乡村田园等休闲空间是学者所关注的;从研究区域看,涉及发达地区和落后地区等乡村居民休闲空间;从人口特征看,涉及不同性别、年龄、职业、受教育程度的乡村居民休闲空间研究,尤其注重乡村地区妇女、学龄儿童、老年人、移民群体及同性恋等特殊群体的休闲空间研究。

国外学者对乡村居民休闲空间的研究视角多元,从不同学科角度进行分析:从地理学角度分析乡村居民休闲空间特征、演变过程、结构规律、动力机制等;从社会学角度研究乡村居民休闲空间行为、空间管理及休闲空间等;从心理学角度研究乡村居民对休闲空间的感知行为;从规划学、建筑学角度研究乡村居民休闲空间规划、空间设施的设计等;从景观生态学角度研究乡村居民休闲空间对自然生态的影响、绿道和绿色空间对生物多样性保持的关系。

国外学者对乡村休闲空间的研究理论和方法多样化,定性和定量分析综合应用,传统的文献法、民族志法、问卷调查法、访谈法、统计分析法被普遍应用,3S技术在休闲空间中应用逐渐推广,其他如扎根理论(grounded theory)、景观生态学中的"斑-廊-基-缘"(patch - corridor - matrix - edge)、环境行为学的认知地图等理论被借鉴应用,新方法、新手段如铁路设计模型(MRL)、承载能力价值延伸模型(CCVS)、名义群体法(NGT)、反向网络工程(RNEF)等都用到休闲空间研究中,SPSS、AMOS、ARCGIS等数据处理和分析软件发挥了重要作用。

目前,国内学者对乡村居民休闲空间的研究偏实证和现象研究,聚焦于具体区域乡村居民休闲空间的特征、结构、规划等,实践探索较多,尚未形成相应的理论体系。我国乡村居民休闲空间的研究内容不够系统,从研究主体看,涉及郊区和乡村休闲空间的研究非常有限,对乡村地域休闲空间的研究主要是以城市外来者为主体,真正探讨乡村居民在乡村地域休闲的成果较少。

第三节　我国乡村居民休闲空间结构特征及建议

一、数据处理和分析方法

卡方检验是可以用来检验两个分类变量是否相互独立（即是否有相关性）的一种统计方法，如果卡方值越大，意味着二者偏差程度越大，两者之间相关性越差；反之，两者偏差越小，相关性越强；若两个值完全相等时，卡方值就为0，表明理论值完全符合。

在检验性别、年龄、收入、职业等基本特征和乡村居民空间休闲行为之间的关系时，对检验结果进行筛选，剔除无相关性的因素，只留下有显著差异的因素进行分析讨论。本次研究问卷内容包含两个主要内容：一部分是关于人口统计特征数据调查，另一部分是乡村居民相关空间行为数据调查。于2021年9—10月向山东、四川、福建、浙江和河南五个省份发放问卷，问卷总共回收1677份，筛选不符合调查条件的问卷后，得到可利用问卷1537份。分析人口统计学特征见表9-1。

表9-1　人口统计学特征

属性	类别	频数	百分比/%
性别（$n=1537$）	女	916	59.60
	男	621	40.40
年龄（$n=1537$）	18岁以下	77	5.01
	18～25岁	455	29.60
	26～45岁	516	33.57
	46～65岁	396	25.76
	66岁及以上	93	6.05
受教育水平（$n=1537$）	初中及以下	504	32.79
	高中（含中专）	374	24.33
	大学（含大专）	607	39.49
	研究生及以上	52	3.38
月收入（$n=1537$）	1000元以下	395	25.70
	1000～3500元	495	32.21
	3500～6000元	375	24.40
	6000～8000元	140	9.11
	8000～10000元	76	4.94
	10000元以上	56	3.64
职业（$n=1537$）	专职技术人员	52	3.38
	企事业人员	160	10.41
	其他	100	6.51
	农民	266	17.31

续表

属　　性	类　　别	频　　数	百分比/%
职业（n=1537）	商务人员	48	3.12
	学生	309	20.10
	家庭主妇	38	2.47
	工人	219	14.25
	政府（机关）公务员	45	2.93
	文教卫生人员	98	6.38
	服务及销售人员	113	7.35
	离退休人员	45	2.93
	私营业主	44	2.86

从表 9-1 人口统计学特征数据可知：问卷调查人员有 76.58% 所在地区属于贫困乡村，54.52% 所在地区属于城郊乡村。女性占比例为 59.60%，男性占比 40.40%。从年龄段来看，18 岁以下占比 5.01%，18～25 岁占比 29.60%，26～45 岁占比 33.57%，46～65 岁占比 25.76%，66 岁及以上占比 6.05%。从教育水平来看，初中及以下占比 32.79%，高中（含中专）占比 24.33%，大学（含大专）占比 39.49%，研究生及以上占比 3.38%。从人均休闲活动月支出看（表 9-3），支出 2000 元以上占 7.94%，休闲消费支出为 1000～2000 元的人群占 17.24%，500～1000 元的人群占 30.19%，而休闲消费支出 500 元以下的人群占 44.63%。从收入水平情况分析，1000 元以下占比 25.70%，1000～3500 元占比 32.21%，3500～6000 元占比 24.40%，6000～8000 元占比 9.11%，8000～10000 元占比 4.94%，10000 元以上占比 3.64%。从从事职业来看，专职技术人员占比 3.38%，企事业人员 10.41%，农民占比 17.31%，商务人员占比 3.12%，学生占比 20.10%，家庭主妇占比 2.47%，工人占比 14.25%，政府（机关）公务员 2.93%，文教卫生人员占比 6.38%，服务及销售人员占比 7.35%，离退休人员占比 2.93%，私营业主占比 2.86%，其他工作者占比 6.51%。

二、乡村居民休闲空间行为差异研究

（一）性别对休闲空间行为分析

由表 9-2 性别交叉（卡方）分析结果数据可知：对于乡村休闲活动设施需求呈现出 0.01 水平显著性（$x^2=14.507$，$p=0.006<0.01$），通过数据差异可得知，男性选择"一般"的比例为 26.73%，高于比女性选择"一般"的 21.62%。女性选择"同意"比例为 48.14%，比男性选择"同意"的 38.49% 高 9.65%。对于良好的休闲活动场所需求呈现出 0.01 水平显著性（$x^2=20.021$，$p=0.000<0.01$），通过数据分析可知，男性选择"一般"的比例 21.10%，比女性选择"一般"的比例 16.05% 高 5.05%。女性选择"同意"的比例为 50.00%，男性选择"同意"比例为 40.10%，女性对良好的休闲活动场所的需求高于男性。对于喜欢到可进入强的地方进行休闲（如公共场所）呈现出 0.05 水平

显著性（$x^2=12.342$，$p=0.015<0.05$），男性选择"同意"的比例为 36.88%，女性选择"同意"的比例为 34.61%，男性对可进入性强的场所需求高于女性。

表 9-2　　　　　　　　　　　性别交叉（卡方）分析结果

题　目	名称	性别/%		总计	x^2	p
		女	男			
休闲活动设施	一般	21.62	26.73	23.68	14.507	0.006**
	不同意	7.21	8.05	7.55		
	同意	48.14	38.49	44.24		
	很不同意	4.15	4.35	4.23		
	很同意	18.89	22.38	20.30		
活动场所环境良好	一般	16.05	21.10	18.09	20.021	0.000**
	不同意	7.10	6.92	7.03		
	同意	50.00	40.10	46.00		
	很不同意	3.06	5.64	4.10		
	很同意	23.80	26.25	24.79		
娱乐休闲场所	一般	34.17	30.92	32.86	12.342	0.015*
	不同意	10.15	15.14	12.17		
	同意	34.61	36.88	35.52		
	很不同意	4.69	3.70	4.29		
	很同意	16.38	13.37	15.16		
*$p<0.05$,**$p<0.01$						

男女之间休闲空间行为存在着明显的差异，主要体现在休闲设施、休闲环境以及娱乐休闲场所的选择上。我国传统社会分工形势是"男主外女主内"，男性主要承担着社会责任，女性更多集中于家庭之中，当下传统的性别分工模式逐渐淡化，女性也同样承担着相应的社会责任，并且仍然承担着家庭责任，由于职场压力和家庭责任共同的压力，女性的休闲活动和男性休闲行为具有明显差异。男性休闲机会更多、休闲出行距离更远、休闲时间也更长，对于休闲空间的建设要求也更加高。男性群体期望村内有更多的休闲设施，能够进行更多的休闲活动。随着乡村建设水平的提高，乡村公共场所一般建有篮球场、配备乒乓球桌，相当于广场的公共空间。男性乡村居民也更加偏好于参与性强的、体验感不错的场所，比如棋牌室、游戏厅、网吧等休闲娱乐场所。女性乡村居民休闲时间比男性少，且承担着大部分家务，能够有精力参加的休闲活动也相应减少，活动范围有限，对于休闲设施的要求没有休闲环境和场所要求高，女性乡村居民的休闲行为偏向在距离家近的地点进行，例如在村内广场跳广场舞、看戏剧、带领孩子活动。

（二）年龄对休闲空间行为分析

通过表 9-3 年龄交叉（卡方）分析结果数据可知：年龄对于人均休闲活动月支出，

休闲活动设施，活动场所环境，喜欢到设施数量多、人多的地方进行休闲，日常休闲活动（如看电视、听广播）共5项均呈现出差异性。

表 9-3　　　　　　　　　　年龄交叉（卡方）分析结果

题 目	名 称	您的年龄/%					总计	x^2	p
		18～25岁	18岁以下	26～45岁	46～65岁	66岁及以上			
人均休闲活动月支出	1000～2000元	23.74	9.09	18.60	13.38	11.08	17.24	140.904	0.000**
	2000元以上	6.15	1.30	12.60	7.07	0.00	7.94		
	500～1000元	34.29	22.08	33.14	27.02	13.98	30.19		
	500元以下	35.82	67.53	35.66	52.53	84.95	44.63		
休闲活动设施	一般	20.22	24.68	24.22	26.77	23.66	23.68	68.070	0.000**
	不同意	5.27	19.48	6.20	8.08	13.98	7.55		
	同意	46.81	32.47	43.99	46.21	34.41	44.2		
	很不同意	2.20	5.19	3.49	5.81	10.75	4.23		
	很同意	25.49	18.18	22.09	13.13	17.20	20.30		
良好的活动场所环境	一般	10.99	19.48	19.19	22.47	26.88	18.09	127.995	0.000**
	不同意	3.52	16.88	5.43	8.08	20.43	7.03		
	同意	49.23	24.68	45.93	48.23	38.71	46.00		
	很不同意	2.64	11.69	3.49	4.55	6.45	4.10		
	很同意	33.63	27.27	25.97	16.67	7.53	24.79		
设施数量多、人多的地方进行休闲	一般	33.41	38.96	33.14	29.55	29.03	32.34	32.948	0.008**
	不同意	16.48	11.69	18.99	11.62	8.60	15.35		
	同意	27.69	29.87	31.59	35.61	35.48	31.62		
	很不同意	5.49	2.60	5.23	6.06	10.75	5.73		
	很同意	16.92	16.88	11.05	17.17	16.13	14.96		
日常休闲活动（如看电视、听广播）	一般	29.01	33.77	32.36	32.83	32.26	31.55	27.470	0.037*
	不同意	8.13	5.19	12.40	8.08	15.05	9.82		
	同意	40.88	38.96	36.43	36.62	29.03	37.48		
	很不同意	3.08	2.60	3.88	5.05	9.68	4.23		
	很同意	18.90	19.48	14.92	17.42	13.98	16.92		
*$p<0.05$, **$p<0.01$									

对于乡村居民的人均休闲活动月支出呈现出 0.01 水平显著性（$x^2=140.904$，$p=0.000<0.01$），通过表 9-3 年龄交叉（卡方）可知，18～25 岁的乡村居民选择支出 1000～2000 元的人数占比为 23.74%，高于平均水平的 17.24%。66 岁及以上选择 500 元以下的比例 84.95%，明显高于平均水平的 44.63%。18 岁以下选择 500 元以下的比例 67.53%，高于平均水平 44.63%。

乡村居民对于休闲活动设施的需求呈现出 0.01 水平显著性（$x^2=68.070$，$p=0.000<$

0.01），通过表9-3年龄交叉（卡方）可知，18～25岁的乡村居民选择"很同意"的比例为25.49%，比平均水平的20.30%还要高。

乡村居民对于良好的活动场所环境的需求呈现出0.01水平显著性（$x^2=127.995$，$p=0.000<0.01$），通过表9-3年龄交叉（卡方）可知，66岁及以上的乡村居民选择"一般"的为比例26.88%，比平均水平18.09%更高。18～25岁的乡村居民选择"很同意"的比例为33.63%，比平均水平24.79%更高。

乡村居民对于喜欢到设施数量多、人多的地方进行休闲活动的需求呈现出0.01水平显著性（$x^2=32.948$，$p=0.008<0.01$），通过表9-3年龄交叉（卡方）可知，18岁以下乡村居民选择"一般"的比例是38.96%，比平均水平32.34%更高一些。

从空间特征上看，居民对不同空间的依赖性存在显著差异，由于乡村居民所处的年龄段不同，其休闲消费支出、村内休闲设施、良好的活动场所环境显示出明显的差异性。青少年处于精力十分充足的年龄阶段，喜欢参与度高的休闲方式，喜欢刺激的高强度的活动，对于游乐设施有着旺盛的需求，与老年乡村居民呈现出明显的差别。而由于18岁以下的青少年经济收入依赖于家庭，所以休闲支出金额较少，67.53%的青少年支出金额在500元以下。而66岁及以上的老年群体选择500元以下的占比高达84.95%，因为年龄的限制，老年乡村居民的休闲活动更倾向于日常休闲活动，休闲范围随距离增加而衰减。老年乡村居民的休闲空间范围小，休闲行为也比较单一，活动类型主要为交谈式、运动式、精神娱乐性和益智性活动四种类型。

（三）教育程度对休闲空间行为分析

由表9-4教育（卡方）分析结果数据可知：受教育水平样本对于人均休闲活动月支出，休闲活动设施，良好的活动场所环境共3项呈现出显著性（$p<0.05$），意味着不同受教育水平样本对于人均休闲活动月支出，休闲活动设施，活动场所环境良好共3项均呈现出差异性。

表9-4　　　　　　　　　　教育（卡方）分析结果

题　目	名　称	受教育水平/%				总计	x^2	p
		初中及以下	大学（含大专）	研究生及以上	高中（含中专）			
人均休闲活动月支出	1000～2000元	9.92	22.90	36.54	15.24	17.24	192.446	0.000**
	2000元以上	3.37	9.72	25.00	8.82	7.94		
	500～1000元	20.44	36.74	26.92	33.16	30.19		
	500元以下	66.27	30.64	11.54	42.78	44.63		
休闲活动设施	一般	30.56	19.60	25.00	20.86	23.68	61.381	0.000**
	不同意	9.33	4.94	5.77	9.63	7.55		
	同意	40.48	49.26	26.92	43.58	44.24		
	很不同意	4.76	3.29	0.00	5.61	4.23		
	很同意	14.88	22.90	42.31	20.32	20.30		

续表

题 目	名 称	受教育水平/%				总计	x^2	p
		初中及以下	大学（含大专）	研究生及以上	高中（含中专）			
活动场所环境良好	一般	24.80	12.19	17.31	18.72	18.09	79.879	0.000**
	不同意	9.13	3.46	5.77	10.16	7.03		
	同意	43.85	50.91	40.38	41.71	46.00		
	很不同意	4.76	2.80	0.00	5.88	4.10		
	很同意	17.46	30.64	36.54	23.53	24.79		

*$p<0.05$, **$p<0.01$

不同受教育水平的乡村居民对于人均休闲活动月支出呈现出 0.01 水平显著性（$x^2=192.446$，$p=0.000<0.01$），由表 9-4 教育（卡方）分析结果数据可知，受教育程度在研究生及以上的乡村居民选择 1000～2000 元的支出比例占 36.54%，比平均水平 17.24% 更高，需求更大。受教育程度在大学（含大专）的乡村居民选择支出 1000～2000 元的比例是 22.90%，比平均水平 17.24% 高。受教育程度在大学（含大专）的乡村居民选择支出 500～1000 元的比例是 36.74%，比平均水平 30.19% 更高。受教育程度在初中及以下选择支出 500 元以下的乡村居民比例为 66.27%，会明显高于平均水平 44.63%。

不同受教育程度的乡村居民对于休闲活动设施的需求呈现出 0.01 水平显著性（$x^2=61.381$，$p=0.000<0.01$），由表 9-4 教育（卡方）分析结果数据可知，受教育程度在初中及以下的乡村居民选择"一般"的比例为 30.56%，高于平均水平 23.68%。受教育程度在大学（含大专）的乡村居民选择"同意"的比例为 49.26%，明显比平均水平占比的 44.24% 更高。受教育程度在研究生及以上的乡村居民选择"很同意"的比例 42.31%，会明显高于平均水平 20.30%。

不同受教育程度的乡村居民对于良好活动场所环境的需求呈现出 0.01 水平显著性（$x^2=79.879$，$p=0.000<0.01$），由表 9-4 教育（卡方）分析结果数据可知，受教育程度在初中及以下的乡村居民选择"一般"的比例为 24.80%，会明显高于平均水平 18.09%。受教育程度在研究生及以上的乡村居民选择"很同意"的比例为 36.54%，会明显高于平均水平 24.79%。受教育程度在大学（含大专）的乡村居民选择"很同意"的比例为 30.64%，会明显高于平均水平 24.79%。

受教育程度的不同会影响着其休闲态度、收入水平、消费能力等多方面。初中及以下学历的乡村居民喜欢网吧和棋牌室等休闲场所，对休闲场所环境的要求没有其他群体高，消费水平也较低；高中及其以上学历的乡村居民尤其是研究生以上学历的乡村居民会希望得到更高品质的休闲水平，所以愿意在环境良好、休闲设施齐全的场所支出。

（四）收入水平对休闲空间行为分析

由表 9-5 收入水平交叉（卡方）分析结果数据可知：月收入水平对于人均休闲活动月支出，休闲活动设施，活动场所环境良好，喜欢到设施数量多、人多的地方进行休闲共 4 项呈现出显著性（$p<0.05$），意味着不同月收入样本对于人均休闲活动月支出，休闲活

第九章
我国乡村居民休闲空间结构

动设施，活动场所环境良好，喜欢到设施数量多、人多的地方进行休闲共 4 项均呈现出差异性。

表 9-5　　　　　　　　　　收入水平交叉（卡方）分析结果

题　目	名　称	您的月收入/%						总计	x^2	p
		1000～3500元	10000元以上	1000元以下	3500～6000元	6000～8000元	8000～10000元			
人均休闲活动月支出	1000～2000元	11.11	25.00	11.39	22.13	28.57	36.84	17.24	81.249	0.000**
	2000元以上	3.23	46.43	1.77	9.87	19.29	11.84	7.94		
	500～1000元	32.53	16.07	18.23	38.93	36.43	32.89	30.19		
	500元以下	53.13	12.50	68.61	29.07	15.71	18.42	44.63		
休闲活动设施	一般	24.24	14.29	27.09	23.73	17.86	19.74	23.68	50.111	0.000**
	不同意	10.10	3.57	6.08	6.67	8.57	3.95	7.55		
	同意	46.06	30.36	45.06	42.13	47.14	43.42	44.24		
	很不同意	3.43	5.36	2.78	5.87	5.00	6.58	4.23		
	很同意	16.16	46.43	18.99	21.60	21.43	26.32	20.30		
活动场所环境良好	一般	18.59	8.93	21.77	15.73	13.57	22.37	18.09	43.781	0.002**
	不同意	10.51	1.79	5.82	3.73	9.29	6.58	7.03		
	同意	43.23	42.86	46.84	46.93	52.86	44.74	46.00		
	很不同意	3.84	5.36	3.80	5.60	2.14	2.63	4.10		
	很同意	23.84	41.07	21.77	28.00	22.14	23.68	24.79		
设施数量多、人多的地方进行休闲	一般	34.55	30.36	31.39	29.87	32.14	36.84	32.34	34.357	0.024*
	不同意	16.57	10.71	11.39	16.27	24.29	10.53	15.35		
	同意	30.10	37.50	31.65	35.73	27.86	23.68	31.62		
	很不同意	5.25	8.93	6.08	5.33	5.00	7.89	5.73		
	很同意	13.54	12.50	19.49	12.80	10.71	21.05	14.96		

*$p<0.05$,**$p<0.01$

乡村居民的人均休闲活动月支出呈现出 0.01 水平显著性（$x^2=381.249$，$p=0.000<0.01$），由表 9-5 收入水平交叉（卡方）可知，8000～10000 元收入水平的人群选择 1000～2000 元的比例 36.84％，比平均水平 17.24％更高。6000～8000 元收入水平的人群选择 1000～2000 元的比例 28.57％，会明显高于平均水平 17.24％。3500～6000 元收入水平的人群选择 500～1000 元的比例 38.93％，会明显高于平均水平 30.19％。6000～8000 元收入水平的人群选择 500～1000 元的比例 36.43％，会明显高于平均水平 30.19％。1000 元以下选择 500 元以下的比例 68.61％，会明显高于平均水平 44.63％。1000～3500 元收入水平的人群选择 500 元以下的比例 53.13％，会明显高于平均水平 44.63％。

不同收入水平的乡村居民对于休闲活动设施的需求呈现出 0.01 水平显著性（$x^2=50.111$，$p=0.000<0.01$），由表 9-5 收入水平交叉（卡方）分析结果数据可知，10000 元以上收入水平的人群选择很同意的比例 46.43％，会明显高于平均水平 20.30％。8000～

10000元选择很同意的比例26.32%，会明显高于平均水平20.30%。

对于活动场所环境良好呈现出0.01水平显著性（$x^2=43.781$，$p=0.002<0.01$），由表9-5收入水平交叉（卡方）可知，6000～8000元收入水平的人群选择同意的比例52.86%，比平均水平46.00%高。10000元以上收入水平的人群选择很同意的比例41.07%，会明显高于平均水平24.79%。

不同收入水平的乡村居民对于喜欢到设施数量多、人多的地方进行休闲活动的需求呈现出0.05水平显著性（$x^2=34.357$，$p=0.024<0.05$），由表9-5收入水平交叉（卡方）可知，收入在6000～8000元的乡村居民选择"不同意"的比例为24.29%，比平均水平15.35%高。10000元以上的乡村居民选择"同意"的比例为37.50%，明显比平均水平31.62%高。8000～10000元收入水平的乡村居民选择很同意的比例21.05%，明显比平均水平14.96%更高。

经济基础决定上层建筑，同样的乡村居民收入水平决定了其休闲行为。收入水平越高的人群的休闲消费支出费用越多，对休闲设施和休闲空间环境的要求越高，更偏向于可进入性强的公共场所，具有较强的出行能力和消费能力。

（五）职业对休闲空间行为分析

由表9-6职业交叉（卡方）分析结果数据可知：职业对于人均休闲活动月支出，休闲活动设施，活动场所环境良好，愿意花时间停留某地进行休闲活动，增强体验感，喜欢到可进入强的地方进行休闲，更喜欢日常休闲活动（如看电视、听广播），您喜欢时尚休闲娱乐场所进行活动共7项均呈现出差异性。

不同职业的乡村居民对于人均休闲活动月支出呈现出0.01水平显著性（$x^2=316.062$，$p=0.000<0.01$），通过表9-6职业交叉（卡方）可知，商务人员选择1000～2000元的比例为43.75%，比平均水平17.24%高。政府（机关）公务员选择1000～2000元的比例为33.33%，比平均水平17.24%更高。服务及销售人员选择500～1000元的比例为52.21%，会明显高于平均水平30.19%。文教卫生人员选择500～1000元的比例为41.84%，会明显高于平均水平30.19%。离退休人员选择500元以下的比例为97.78%，明显比平均水平44.63%高得多。农民选择500元以下的比例69.17%，会明显高于平均水平44.63%。

不同职业的乡村居民对于休闲活动设施的需求呈现出0.01水平显著性（$x^2=179.826$，$p=0.000<0.01$），通过表9-6职业交叉（卡方）可知，农民选择"一般"的比例为31.58%，比平均水平23.68%高。家庭主妇选择"同意"的比例为55.26%，比平均水平44.24%高一些。学生选择"同意"的比例为53.07%，要比平均水平44.24%更高。政府（机关）公务员选择很同意的比例为37.78%，会明显高于平均水平20.30%。商务人员选择很同意的比例为37.50%，会明显高于平均水平20.30%。

不同职业的乡村居民对良好的活动场所环境的需求呈现出0.01水平显著性（$x^2=237.239$，$p=0.000<0.01$），通过表9-6职业交叉（卡方）可知，家庭主妇选择"一般"的比例为31.58%，比平均水平18.09%高得多。农民选择"一般"的比例为28.95%，比平均水平18.09%高。其他职业的乡村居民选择"同意"的比例为56.00%，比平均水平46.00%多10.00%。专职技术人员选择"同意"的比例为55.77%，比平均

第九章 我国乡村居民休闲空间结构

表9-6 职业交叉（卡方）分析结果

题目	名称	职业/%											总计	x^2	p
		专职技术人员	企事业人员	其他	农民	商务人员	学生	家庭主妇	工人	政府(机关)公务员	文教卫生人员	服务及销售人员	离退休人员	私营业主			
人均休闲活动月支出	1000~2000元	25.00	16.88	22.00	10.53	43.75	18.77	15.79	11.87	33.33	23.47	13.27	0.00	25.00	17.24	316.062	0.000**
	2000元以上	11.54	21.25	12.00	2.26	12.50	2.91	5.26	5.48	22.22	9.18	7.08	0.00	18.18	7.94		
	500~1000元	32.69	40.00	29.00	18.05	25.00	30.74	18.42	30.59	26.67	41.84	52.21	2.22	27.27	30.19		
	500元以下	30.77	21.88	37.00	69.17	18.75	47.57	60.53	52.05	17.78	25.51	27.43	97.78	29.55	44.63		
休闲活动设施	一般	26.92	21.25	26.00	31.58	18.75	19.74	26.32	26.48	13.33	18.37	25.66	17.78	15.91	23.68	179.826	0.000**
	不同意	5.77	11.88	1.00	7.89	2.08	2.59	0.00	12.79	6.67	6.12	11.50	22.22	6.82	7.55		
	同意	48.08	641.88	53.00	44.36	29.17	53.07	55.26	40.64	35.56	40.82	38.05	24.44	43.18	44.24		
	很不同意	1.92	2.50	2.00	4.14	12.50	1.29	2.63	2.74	6.67	4.08	9.73	22.22	4.55	4.23		
	很同意	17.31	22.50	18.00	12.03	37.50	23.30	15.79	17.35	37.7	30.61	15.04	13.33	29.55	20.30		
活动场所环境良好	一般	25.00	11.25	19.00	28.95	16.67	10.36	31.58	17.35	26.67	9.18	22.12	22.22	11.36	18.09	237.239	0.000**
	不同意	0.00	8.75	0.00	6.77	8.33	1.62	0.00	12.79	11.11	4.08	11.50	35.56	2.27	7.03		
	同意	55.77	50.00	56.00	46.99	39.58	51.78	44.74	43.38	31.11	46.94	33.63	22.22	40.91	46.00		
	很不同意	1.92	2.50	2.00	3.38	8.33	2.59	2.63	5.02	0.00	5.10	10.62	13.33	0.00	4.10		
	很同意	17.31	27.50	23.00	13.91	27.08	33.66	21.05	21.46	31.11	34.69	22.12	6.67	45.45	24.79		
愿意花时间停留某地进行休闲活动,增强休验感	一般	17.31	28.75	31.00	26.69	27.08	24.27	34.21	26.94	31.11	35.71	26.55	33.33	25.00	27.46	71.487	0.016*
	不同意	11.54	12.50	4.00	9.40	6.25	7.77	5.26	14.61	13.33	4.08	10.62	13.33	11.36	9.69		
	同意	51.92	43.75	40.00	43.98	37.50	40.45	28.95	44.75	51.11	35.71	40.71	35.56	38.64	41.83		
	很不同意	7.69	2.50	1.00	4.51	10.42	5.83	7.89	2.74	0.00	6.12	6.19	8.89	6.82	4.75		
	很同意	11.54	12.50	24.00	15.41	18.75	21.68	23.68	10.96	4.44	18.37	15.93	8.89	18.18	16.27		
自然生态休闲场所	一般	26.92	25.62	28.00	28.20	33.33	30.10	21.05	28.31	31.11	40.82	29.20	28.89	18.18	28.95	58.782	0.137
	不同意	13.46	9.38	6.00	9.77	10.42	11.00	10.53	15.53	13.33	6.12	13.27	11.11	22.73	11.26		
	同意	30.77	46.88	43.00	40.60	33.33	37.54	28.95	36.99	37.78	27.55	41.59	35.56	36.36	38.32		
	很不同意	3.85	6.25	3.00	4.89	6.25	4.85	5.26	5.48	8.89	6.12	0.88	8.89	2.27	4.94		
	很同意	25.00	11.88	20.00	16.54	16.67	16.50	34.21	13.70	8.89	19.39	15.04	15.56	20.45	16.53		

第三节 我国乡村居民休闲空间结构特征及建议

续表

题目	名称	职业/%												总计	x^2	p
		专职技术人员	企事业人员	其他	农民	商务人员	学生	家庭主妇	工人	政府(机关)公务员	文教卫生人员	服务及销售人员	离退休人员	私营业主			
可进入强的地方进行休闲	一般	15.38	32.50	32.00	32.71	33.33	33.33	31.58	31.96	51.11	43.88	30.97	22.22	31.82	32.86	75.207	0.007**
	不同意	21.15	11.25	8.00	11.28	18.75	10.03	5.26	15.53	6.67	12.24	10.62	22.22	15.91	12.17		
	同意	34.62	38.75	37.00	39.47	35.42	34.95	26.32	34.70	33.33	22.45	42.48	31.11	31.82	35.52		
	很不同意	9.62	6.88	5.00	2.26	2.08	3.56	10.53	5.02	0.00	3.06	2.65	11.11	2.27	4.29		
	很同意	19.23	10.63	18.00	14.29	10.42	18.12	26.32	12.79	8.89	18.37	13.27	13.33	18.18	15.16		
日常休闲活动(如看电视、听广播)	一般	26.92	35.00	32.00	33.83	25.00	25.89	28.95	34.70	37.78	39.80	33.63	15.56	29.55	31.55	75.972	0.006**
	不同意	13.46	11.88	5.00	8.65	8.33	8.09	5.26	13.70	11.11	5.10	10.62	20.00	11.36	9.82		
	同意	40.38	33.75	42.00	35.71	35.42	43.69	31.58	31.05	37.78	37.76	43.36	37.78	27.27	37.48		
	很不同意	3.85	2.50	1.00	4.51	8.33	3.24	7.89	5.48	4.44	3.06	2.65	15.56	4.55	4.23		
	很同意	15.38	16.88	20.00	17.29	22.92	19.09	26.32	15.07	8.89	14.29	9.73	11.11	27.27	16.92		
健康休闲场所	一般	36.54	27.50	34.00	27.07	27.08	27.51	28.95	26.48	40.00	31.63	25.66	26.67	15.91	28.17	64.195	0.059
	不同意	9.62	8.75	4.00	8.65	12.50	6.15	5.26	8.68	6.67	4.08	9.73	11.11	9.09	7.74		
	同意	30.77	44.38	41.00	44.74	35.42	43.37	28.95	42.92	42.22	40.82	48.67	33.33	43.18	42.36		
	很不同意	0.00	4.38	1.00	4.89	6.25	4.21	2.63	5.02	2.22	4.08	3.54	17.78	6.82	4.49		
	很同意	23.08	15.00	20.00	14.66	18.75	18.77	34.21	16.89	8.89	19.39	12.39	11.11	25.00	17.24		
大众休闲场所	一般	26.92	30.00	34.00	32.33	31.25	27.51	23.68	31.05	33.33	36.73	26.55	22.22	27.27	30.06	54.927	0.229
	不同意	11.54	8.13	5.00	6.39	6.25	6.80	5.26	12.79	2.22	6.12	10.62	11.11	11.36	8.07		
	同意	38.46	42.50	41.00	41.73	41.67	40.45	36.84	36.53	55.56	35.71	46.90	40.00	38.64	40.79		
	很不同意	1.92	5.00	1.00	4.89	4.17	5.83	7.89	4.11	2.22	3.06	4.42	15.56	4.55	4.75		
	很同意	21.15	14.37	19.00	14.66	16.67	19.42	26.32	15.53	6.67	18.37	11.50	11.11	18.18	16.33		
时尚休闲娱乐场所	一般	30.77	28.13	30.00	30.83	35.42	26.86	28.95	27.85	51.11	36.73	26.55	22.22	15.91	29.34	72.796	0.012*
	不同意	9.62	11.88	4.00	9.77	8.33	8.41	10.5	14.16	4.44	6.12	9.73	15.56	15.91	9.89		
	同意	34.62	43.7	42.00	39.47	31.25	37.86	26.32	40.18	40.00	32.65	46.90	40.00	45.45	39.43		
	很不同意	7.69	5.63	3.00	4.89	8.33	4.21	2.63	3.65	0.00	3.06	2.65	11.11	4.55	4.42		
	很同意	17.31	10.63	21.00	15.04	16.67	22.65	31.58	14.16	4.44	21.43	14.16	11.11	18.18	16.92		

*$p<0.05$, **$p<0.01$

水平 46.00% 更高。私营业主选择"很同意"的比例为 45.45%，比平均水平 24.79% 要高得多。文教卫生人员选择"很同意"的比例为 34.69%，比平均水平 24.79% 要高。

不同职业的乡村居民愿意花时间停留某地进行休闲活动，增强体验感的选择呈现出 0.05 水平显著性（$x^2=71.487$，$p=0.016<0.05$），通过表 9-6 职业交叉（卡方）可知，文教卫生人员选择"一般"的比例为 35.71%，比平均水平 27.46% 高 8.25%。家庭主妇选择"一般"的比例为 34.21%，比平均水平 27.46% 高 6.75%。专职技术人员选择"同意"的比例为 51.92%，比平均水平 41.83% 高出 10.09%。政府（机关）公务员选择"同意"的比例为 51.11%，比平均水平 41.83% 高出 9.28%。其他职业的乡村居民选择"很同意"的比例为 24.00%，比平均水平 16.27% 高出 7.73%。家庭主妇选择"很同意"的比例为 23.68%，比平均水平 16.27% 高 7.41%。

不同职业的乡村居民对于可进入强的地方进行休闲活动的需求呈现出 0.01 水平显著性（$x^2=75.207$，$p=0.007<0.01$），通过表 9-6 职业交叉（卡方）可知，政府（机关）公务员选择"一般"的比例为 51.11%，比平均水平 32.86% 高 18.25%。文教卫生人员选择"一般"的比例为 43.88%，比平均水平 32.86% 高 11.02%。离退休人员选择"同意"的比例为 22.22%，比平均水平 12.17% 高 10.05%。专职技术人员选择"不同意"的比例为 21.15%，比平均水平 12.17% 高 8.98%。服务及销售人员选择"同意"的比例为 42.48%，比平均水平 35.52% 高 6.96。家庭主妇选择"很同意"的比例为 26.32%，比平均水平 15.16% 高 11.16%。

不同职业的乡村居民对于日常休闲活动（如看电视、听广播）的需求呈现出 0.01 水平显著性（$x^2=75.972$，$p=0.006<0.01$），通过表 9-6 职业交叉（卡方）可知，文教卫生人员选择"一般"的比例为 39.80%，比平均水平 31.55% 高 8.25%。政府（机关）公务员选择一般的比例为 37.78%，比平均水平 31.55% 高 6.23%。学生选择"同意"的比例为 43.69%，比平均水平 37.48% 高 6.15%。服务及销售人员选择"同意的"比例 43.36%，比平均水平 37.48% 高 5.88%。私营业主选择"很同意"的比例为 27.27%，比平均水平 16.92% 高 10.35%。家庭主妇选择"很同意"的比例为 26.32%，比平均水平 16.92% 高 9.4%。

不同职业的乡村居民对于时尚休闲娱乐场所进行活动的需求呈现出 0.05 水平显著性（$x^2=72.796$，$p=0.012<0.05$），通过表 9-6 职业交叉（卡方）可知，政府（机关）公务员选择"一般"的比例为 51.11%，比于平均水平 29.34% 高 21.77%。文教卫生人员选择"一般"的比例 36.73%，比平均水平 29.34% 高 7.39%。服务及销售人员选择"同意"的比例为 46.90%，比平均水平 39.43% 高 7.47%。私营业主选择"同意"的比例为 45.45%，比平均水平 39.43% 高 6.03%。家庭主妇选择"很同意"的比例为 31.58%，比平均水平 16.92% 高 14.66%。学生选择"很同意"的比例为 22.65%，比平均水平 16.92% 高 5.73%。

不同职业群体对于休闲空间场所的选择呈现出明显的差异。不同职业人群意味着收入水平有所不同，其消费能力也不同。家庭主妇和学生对于村内休闲设施的需求旺盛，选择"同意"的人数分别占比 55.26% 和 53.07%，一方面受日常生活限制，这两类人群休闲活动空间受限，没有时间到远距离的场所进行活动，另一方面受到经济的限制，偏向于免费的公共空间进行休闲活动。同时家庭主妇也更加偏好于时尚休闲娱乐场所，以往女性农户外出消费的频率比男性农户少，消费的空间距离也有限，但是随着生活水平质量的提高，其也更关注精神方面的休闲活动，喜欢到商场购物或是带孩子到娱乐场所活动。销售及其服务人员、私营业主更偏好日常休闲活动，这是由于日常工作劳累，他们更愿意将时间花费在休憩上，避免精力消耗过大的活动。

三、研究结论和展望

（一）乡村居民休闲空间行为结论分析

乡村居民休闲活动具有独特的空间特征，而且和乡村居民的基本属性呈现出显著的相关性，在问卷调查和数据分析的基础上得出以下结论：

不同性别、年龄、教育水平、职业和收入水平都会对村内的休闲活动设施产生显著的差异性。男性、大学以及以上学历、家庭主妇和学生、收入较高的人群，都希望村内配备良好的休闲活动设施。空间的品质影响村民生活水平，首先是对道路和灯光的需求，因为乡村居民对普遍具有散步休闲行为，其更加关注休闲空间的安全性，尤其是对于年龄较大的乡村居民来说，道路的硬度、宽度和平坦程度会影响散步的距离和时间。对于女性乡村居民和学生来说，会需要宽阔的场地进行活动，比如跳广场舞、看戏剧和体育活动。

职业对休闲场所的选择具有显著性差异。通过对乡村居民对休闲空间的使用，将休闲空间划分为自然生态休闲场所、健康休闲场所、城市大众休闲场所和时尚休闲娱乐场所。销售服务人员和私营业主对时尚娱乐场所的选择具有明显的偏向性。

乡村居民都希望拥有良好的休闲空间环境，满足各类休闲行为。乡村居民的休闲空间主要为生活空间，是乡村居民居住、就业、消费和休闲等日常活动迭置而成的空间聚合体。

（二）研究不足

由于著者的能力有限，对于乡村居民休闲空间行为的影响因素的研究，只从年龄、性别、收入、教育水平的基本人口学特征进行了简单分析，得出在休闲设施、休闲场所、休闲消费支出等方面等有明显差异，却未能明确具体的影响因素及哪个影响因素的作用最大。

（三）研究展望

随着乡村振兴战略的不断深化，乡村居民的生活水平得到了极大地改善，乡村居民对于休闲的需求也在增加。乡村成为城市居民心目中民风淳朴、环境优美的地方，是一个可以逃离城市现代性的去处。这使得乡村地域及乡村生活方式被审美化和符号化，大量的城市居民涌入乡村，乡村旅游也随之发展，故未来可研究偏向于外来居民的休闲行为。乡村休闲空间的主要使用者是居住在此区域内的乡村居民，虽然城乡差距在不断缩小，城市居民和乡村居民的休闲行为仍存在着较大的差异。城市居民休闲研究较为成熟，可以对研究乡村居民休闲提供借鉴意义，而对于乡村休闲的研究还是要从乡村居民出发。希望能够了解不同属性的乡村居民的休闲需要，为建设乡村休闲空间，提高乡村居民休闲质量提供参考。

第十章 我国乡村居民休闲时空结构

第一节 乡村居民休闲时空结构研究目的

一、研究背景

新时代,伴随着政治上的改革,惠农政策普及,经济蓬勃发展,制度逐渐完善,科学技术进步,乡村正呈现出飞速发展的新风貌。乡村生产的机械化、便捷化也促使乡村居民的闲暇时间逐渐增多,在相对充裕的经济条件保障下,出于放松身心、享受生活的目的,乡村居民对休闲的需求变得越来越强烈。乡村居民现也是社会中的重要群体,在中国国内休闲市场中占据显著地位,我国学者虽对休闲行为进行过系列研究,涉及城市的休闲行为研究,但是对乡村休闲行为的研究较少。通过对一些省份乡村居民休闲行为的调查分析,得到一些共性的休闲行为特征,不仅可以拓展对乡村居民休闲行为研究的思路,还可以帮助休闲活动场地经营者全面深入了解乡村居民的休闲需求和偏好,以期对休闲市场的开拓提供参考性建议,旨在提高乡村居民休闲生活的质量。

二、研究目的

(一) 理论目的

在调查乡村居民行为时,时空行为的研究和关系是基于地理学理论的研究方法开展的,而休闲空间规划布局的分析是以人为本原则的重要体现,以保证各类休闲设施的质量和数量,尽可能满足乡村居民的休闲需求。因此,深入了解乡村居民的休闲偏好、空间活动、时间控制和休闲行为,可以为构建随时满足乡村居民需求的休闲生活圈提供重要的参考依据。

(二) 实践目的

时间是各种群体进行生产和活动的重要资源。因此,在经济、社会和环境不断变化的情况下,更全面地了解乡村居民的休闲时空行为特征,引导乡村居民更充分地利用休闲时间,具有十分重要的意义。乡村作为一个重要的社会活动力量,其影响力不容忽视,因此关注乡村居民的休闲生活,在肯定他们休闲行为合理性、健康性、科学性的同时,重视其中存在的问题,并以行之有效的方式进行调整和改善,以提升乡村居民休闲生活的质量和层次。这对促进乡村居民的身体素质、心理素质等全面发展有着十分重要的意义。

第二节 乡村居民休闲时空结构研究综述

一、时空行为的研究

（一）国内时空行为的研究

自时间地理学和活动分析法引入中国以来的近 20 年间，时空行为研究已经成为中国城市地理学的重要领域。中国时空行为研究关注城市空间重构的描述与解释，试图从行为角度解释中国城市社会转型，强调转型期中国城市空间与居民个体行为之间的互动关系，重视日常生活、生活质量、社会公正、低碳社会、智慧城市等热点问题，探索在城市交通、旅游和城市规划等领域中的实践应用。由于城市地理学家和规划师试图理清个体的生活经验对于微观层面和城市社会空间变革的宏观层面的动态关联，这种基于活动的非汇总的调查数据的研究方法在中国过去的 20 年里已经变得十分重要。时空行为研究方法正是在中国城市大规模空间与制度变迁这样一种环境中形成和发展的，目前已经广泛应用到实践研究和规划应用中，成为中国城市地理学中具有影响力的方法论。

（二）国外时空行为研究

通过时空间框架下的人类空间行为的研究，深化了"人、时间与空间"的认识，建立了地理学学科传统下的"时空哲学"，奠定了时空行为研究的时空观和方法论。西方的时空行为研究的认识论与方法论为其他学科的理论建构提供了重要参考，也对社会科学各领域产生了巨大影响。

（三）旅游时空行为研究

旅游时空行为是指，旅游者在出发地至目的地、旅游目的地内部和返回出发地旅游过程中的空间移动行为和时间分配行为。由于人文主义地理学的发展，人的主观体验在地理学中的地位得到确认。在个体心理要素与时空的联系上，时空行为研究中不能忽视情感的重要性，时空行为研究开始关注个体、空间、时间与心理要素之间的联系，研究焦点逐渐从空间行为的形态、格局转向空间特征的行为过程方面，包括感知、学习、态度形成、记忆、回忆等，并通过空间思维和推理来解释不同环境下人类行为与活动的差异。

在国内关于旅游的时空行为研究中，结合环境机理的行为研究逐步得到重视，如李山和王铮引入游时和旅行概念分别从时间尺度和空间尺度来衡量旅游圈规模。随着 GIS 技术在行为分析中应用逐渐成熟，运用 GPS 轨迹数据的旅游者时空行为在要素聚类分析、结构化描述时空行为模式等方面取得一系列的成果。在时空路径三维可视化基础上，基于 GPS 数据的旅游时空行为评价方法，进一步为 GPS 数据的挖掘和利用提供研究基础。

（四）休闲时空行为研究

休闲时空行为作为休闲行为的视角之一，建立了休闲内在需求与休闲空间实践的关联。休闲时空行为的认识需要基于学科背景开展讨论，其中，社会学、地理学和交通研究最为核心。社会学研究闲暇时间的测量和预算，强调居民的休闲行为已成为现代生活必不可少的组成部分，揭示了休闲行为需求总量增加的态势。然而，政策的推动主要集中于休闲空间环境改善，认为只要提供了"休闲空间"，居民就会开展"休闲行为"。只有了解休闲行为的产生背景和过程机制，才能够将有限的休闲空间及设施资源进行相对合理的布局，从而减少供需矛盾，提高空间资源的利用效率。

国内休闲时空行为研究，从不同角度展示了旅游行为研究思想、理论框架、分析技术等方面的最新成果。其中，赵莹、柴彦威和桂晶晶的《基于时空行为的城市休闲研究前沿》以时间地理学的理论为指导，建立了基于时空行为的城市休闲行为研究框架。黄潇婷、李玟璇、张海平和卿前龙的《基于GPS数据的旅游时空行为评价研究》提出了一种基于GPS数据的旅游时空行为评价方法，运用ArcGIS技术在对GPS轨迹点实现时空路径三维可视化的基础上，进一步提炼出路径长度、游览时间、游览速度、覆盖面积和椭圆周长5项量化评价指标并提出了具体的计算方法。

时空行为研究个体、时间、空间和各要素之间的联系，认为居民有了休闲时间就会产生休闲行为，就会形成休闲空间，所以要提高居民休闲行为的体验就要关注休闲空间，将有限的休闲空间及设施资源进行相对合理的布局，从而减少供需矛盾。

二、时间地理学

时间地理学为表现并解释人类时空间行为与客观制约之间的关系提供了方法论。时空路径作为时间地理学的重要方法，概括了施加在活动上的时间消耗与空间位移，被用于探寻不同类型群体的活动特征和规律性。群体中个人的活动路径、活动顺序与时空间特征形成了个人活动与社会体系的匹配关系，两者结合即为时空路径。O. Connor等使用了阿尔格（Alge）计时系统来监测公园内的人员移动，以规划路径并了解访客流量和可接受的拥挤程度之间的关系。Xia等利用马尔可夫链模拟宏观层面旅游者时空动态并分析相关事件的结果和趋势。Hamilton和Alexander通过参与者观察、访谈和网络图多种定性方法探讨了与目的地相关的空间、时间和社会流动性。在基于全球定位系统（global positioning system，GPS）和时空路径方法的研究上，Pettersson和Zillinger将旅游者的动向与定时拍摄的鸟瞰图相结合来评估GPS设备在户外活动事件中的实用性。Zakrisson和Zillinger使用GPS技术研究旅游者的活动和运动模式，用4个案例探索旅游者情感体验，指出应该将GPS技术与其他方法结合起来以充分了解旅游者的经历和机动性。时间地理学是研究时空行为的主要方法论，还解释了时空间行为与客观制约之间的关系，主要表现为移动路径和制约限制。

三、总结

中西方时空间行为基于时间地理学的方法对于其他各领域产生了巨大影响，建构理论与拓展社会科学领域并行：一是时间地理学社会化与社会科学理论化；二是GIS赋予地理学新的活力；三是对学科边界和学科领域的拓展。本研究将以时间地理学为研究方法，分析乡村居民休闲活动在时间上的消耗和空间上的位移特点。并根据研究结果提出相关建议，其研究成果不仅可以为休闲活动地作为经营发展参考，还可以对相关研究领域进行进一步完善，具有较大的理论和现实意义。

第三节 我国乡村居民休闲时空结构特征及建议

一、研究方法

本研究将以时间地理学为主要研究方法，辅以社会学、交通学和地理学等方法，分析新时代乡村居民休闲时空行为结构特征。运用归纳、推理和比较等逻辑学方法，对所得到的相关性文献资料、数据统计结果进行分析，探究乡村居民休闲时空行为的特征。

以河南、河北、山东、浙江、福建、四川这六个省份的乡村居民为调查对象，以了解居民们对休闲行为的路径偏好、制约感知为意图，设计调查问卷，了解乡村居民的需求。以这6座省份简单代表中国北部西部南部东部地区，分析新时代乡村居民休闲时空行为结构特征。本次调查问共回收1630份问卷，其中有效答卷由1563份，无效答卷有114份。有效率为95%，说明问卷的有效性较高。问卷发放时间在2021年9—10月。

对6个省份的乡村进行问卷发放，收集不同省份不同年龄的乡村居民对休闲行为的意见感知，并对问卷数据通过EXCEL和SPSS 26.0等软件进行整理和分析，作为研究分析的基础数据。然后从休闲行为的时间特征、空间特征、时间和距离联系相关性三个方面进行分析，得出相关结论，并以此分析结果为基础，从国家、政府、休闲活动地等角度提出措施发展策略。

二、相关概念界定

（一）休闲行为

休闲行为可分为广义和狭义，例如像旅游、娱乐放松、文化活动、体育运动和社会交流接触等这些行为被定义为广义的休闲行为，指的是工作和家务劳动以外的消遣活动；而像时空界限分明的行为被定义为狭义的休闲行为，是指日常的休闲行为即居民在一天24小时以内完成的休闲行为，是市区及周边郊区的休闲活动移动路径。但是，随着人们深入了解休闲行为的本质，以及城市圈和城市群居民行为的实际扩大，日常休闲和非日常出行的界限越来越模糊。

（二）时空行为研究

时空行为研究是以时间地理学为核心，通过结合个人日常出行的活动，从时间、空间两个维度来探索个人的活动行为，进而分析个人行为的活动特征与时空规律。

（三）时间地理学

所谓时间地理学，就是在传统地理学空间研究中引入时间要素，利用出行时间调查和活动空间调查合为一体的24小时活动日志的形式，来调查了解居民日常活动分布的时间和空间特征。

三、研究数据及预处理

就发放地点而言，在问卷发放的这些省份的村落中，其中有15.4%的居民来自福建省，有14.4%的居民来自河北省，有15.2%的居民来自河南省，有17.1%的居民来自山东省，

第十章
我国乡村居民休闲时空结构

有17.6%的居民来自四川省,有19.9%的居民来自浙江省。这六个省份的选取具有普遍代表性,他们代表沿海东部地区、内陆西部地区、北方地区和南方地区,调查数据具有普遍性。被调查对象的基本信息概况见表10-1。

表10-1　　　　　　　　被调查对象的基本信息概况

类　别		人　数	占　比/%
性别	男性	635	40.6
	女性	928	59.4
年龄	18岁以下	75	4.8
	18~25岁	450	28.8
	26~45岁	548	35.1
	46~65岁	401	25.7
	66岁及以上	89	5.7
受教育水平	初中及以下	523	33.5
	高中(含中专)	382	24.4
	大学(含大专)	611	39.1
	研究生及以上	47	3.0
月收入	1000元以下	394	25.2
	1000~3500元	519	33.2
	3500~6000元	378	24.2
	6000~8000元	143	9.1
	8000~10000元	76	4.9
	10000元以上	53	3.4

以性别而言,有40.6%的调查对象为女性,而59.4%的调查对象为男性。男性占比较多,说明问卷数据特征更体现男性的时空行为偏好。

以年龄来说,18岁以下占比4.8%,18~25岁占比28.8%,而占比最高的是在26~45岁,占比35.1%,46~65岁占比25.7%,66岁及以上占比5.7%。年龄层次分布合理。

以受教育水平而言,初中及以下学历占比33.5%,高中(含中专)学历占比24.4%,接受过大学(含大专)教育的占比最高,占比39.1%,研究生及以上学历占比3.0%。符合实际乡村居民情况。

就月收入水平来分析,月收入在1000元以下的居民占调查总体的25.2%,居民月收入在1000~3500元的占比较高,占总调查人数的33.2%,说明中等收入水平的居民比较普遍,月收入在3500~6000元的占比24.2%,而收入比较高的6000~8000元、8000~10000元、10000元以上的居民较少,分别占比9.1%、4.9%、3.4%。

通过简单的数据分析可以看出,被调查对象男女分布中男性占比较多,受教育水平普遍都是高学历,具有认知独立分析能力,可以做出环境感知和休闲行为决策。样本人群月收入以中等收入水平的人为主,具有休闲行为的消费能力。

而在这些省份的村落中,不属于贫困乡村占比76%,说明在中国各种经济制度扶贫政策的支持下,大部分村落已经实现脱贫,村民的收入提高,消费水平也与以往不同,再伴随着机械化科技智能化的发展,村民们的农作效率提高了,农作时间大大减少,自由可支配的时间增加了,乡村居民休闲行为的自由度有了很大提升,个性化、多元化消费日趋普遍,对于休闲活动的需求也增加。

在问卷调查发放的村落中,有54.4%的人所住的村落是城郊乡村。城郊乡村,即位于城市郊区的乡村,也可以理解为城市边缘区的乡村,与城市联系密切,较传统的乡村而言,城郊乡村受城市发展影响较大。超过半数的村落是城郊乡村,地理位置靠近城市,到城区休闲活动场所空间距离较近,交通相对便利,影响一定的休闲行为空间偏好。

四、休闲时空行为特征

(一)时间特征

1. 休闲行为时间偏好

时间特征主要体现在两个方面:休闲活动的频率和休闲活动的持续时间。同时,居民参加休闲行为活动的频率也可以侧面反映居民的休闲行为需求,参与休闲行为活动的时间长短也可以反映出对居民休闲行为的限制因素。

(1)工作日。表10-2中,设定休闲活动次数最小值1表示几乎没有,而最大值4表示每天都有;设定休闲行为时长最小值1表示在一小时以内,最大值4表示在5小时以上。描述统计分析出的均值大小靠近哪一阈值,代表居民休闲活动偏好次数或休闲行为偏好时间。在统计一周平均休闲活动次数时,大多数人表示一周内有1~3次的休闲活动,若为工作日休闲活动时长更偏向于1~2小时,若为休息日休闲活动时长更贴近于3~4小时。人类科学健康作息时间调查建议标准睡眠时间为8小时,若按此作息,在一天的24小时中,去除掉必要的作息时间约为8小时,那么在剩下的16个小时中,居民们的休闲活动时间仅占1/16或3/16,可见居民们的休闲活动时间占一天时间的比重较小。居民休闲活动的时长较短,持续时间短休闲行为碎片化,而一周1~3次的休闲活动频率体现了居民们对休闲活动有一定的需求,而在询问认为自己的休闲时间是否充足时,有48.56%的居民表示休闲时间不充足,居民对休闲活动的需求高但是一次活动行为的时长却很短,究其原因是休闲活动行为受限。

表10-2　　　　　　　　　居民休闲活动频率

休闲活动	N	最小值	最大值	均值	标准偏差
居民一周平均休闲活动次数是多少	1563	1	4	1.95	0.825
居民在工作日内日均偏好的休闲行为时长	1563	1	4	1.83	0.878
居民在休息日内日均偏好的休闲行为时长	1563	1	4	2.25	0.994

将居民在工作日休闲行为内容的偏好以"非常重要""重要""不确定""不重要""完全不重要"分析表示。如图10-1所示,居民休闲喜爱度排在第一位的是体育健身,其次是聊天,再次是看电影、看电视,而排在后面的是棋牌、麻将,人群联欢活动、娱乐场所内

第十章
我国乡村居民休闲时空结构

活动。可以看出在工作日的闲暇时间内，居民的休闲活动范围大部分都是在家里，进行的是一些比较零碎闲散的活动内容，不会用整体的时间进行休闲娱乐。而像排在偏后位置的集聚性活动居民是不太喜欢参加的，由此可见工作日居民的休闲行为活动更希望享受独自的闲暇时光。

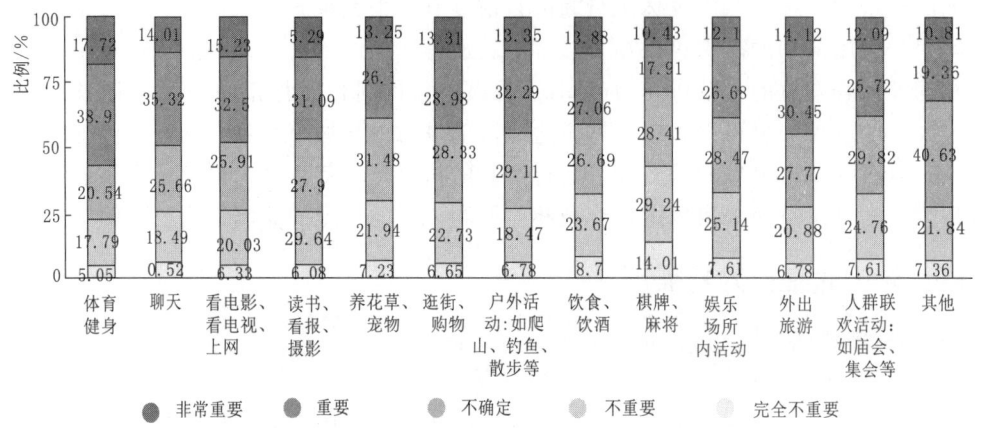

图 10-1　工作日居民休闲活动内容选择概况

图 10-2 和图 10-3 展现的是居民在工作日和休息日进行休闲活动的时间段分布情况。在了解居民一般会在什么时间段进行休闲活动时，分析数据发现在工作日居民傍晚时间进行休闲活动的频率最高，其次是晚间时段，原因是在经历一天的工作劳累后，傍晚和晚间时间相对充裕悠闲；而到了节假日，居民选择下午时段进行休闲活动的频率明显提升，清晨时段的频率减少，休息日人们不愿早起更愿意下午晚间放松。不论是工作日还是休息日，居民选择进行休闲活动的时间段下午、傍晚占比大，这说明居民休闲活动的时间相对集中。

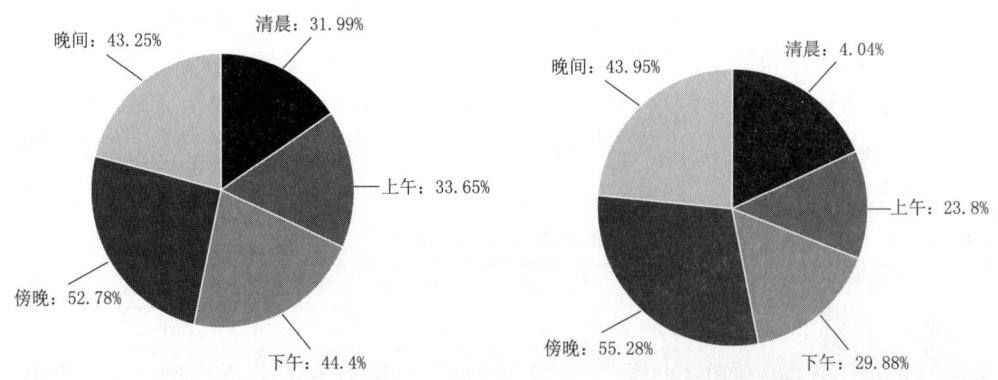

图 10-2　居民工作日进行休闲活动的时间段　　图 10-3　居民休息日进行休闲活动的时间段

（2）节假日。居民休闲行为内容选择偏好中，居民们最中意的体育健身依旧在首位，Anne Haase（美国）和 Andrew Steptoe（法国）等四位博士经过调查，得出的结论是：每个人的健康信念、风险意识和所在国家的经济水平决定了他们在闲暇时间参加休闲活动、体育锻炼的态度。而不同乡村居民在闲暇时间参与的锻炼活动存在差异性。因此，建议要想增加居民在闲暇时间对活动的参与，必须考虑到社会环境差异导致的活动内容差异的制约。而户外活动和外出旅游的选择人数增长较明显，比例增长至46.4%和44.98%，说明节假日随着人们闲暇时间增多，居民们更愿意走出去进行户外休闲活动，说明外出旅游和户外娱乐活动对居民的吸引力还是很大，只是碍于时间限制人们在休闲行为选择上制约。而在时间段的选择上，居民在节假日清晨进行休闲活动的意愿比工作日进行休闲活动的意愿低，而选择在下午进行休闲活动的人数增多，说明居民休闲行为受精力和时间限制明显。

2. 休闲行为时间制约

休闲行为时间层面涉及个人对自己日常休闲行为活动的时间使用安排。居民休闲行为受时间影响还是很大的，主要表现在休闲时间的匮乏，在问卷统计中有48.6%的居民认为自己休闲活动时间不充足，这个数据说明时间问题还是很大程度上制约着休闲行为的，是首要问题。

3. 休闲行为时间特征

工作日，居民休闲活动主要集中于下午时间段，受工作制约比较多，受环境限制就相对较小，在休息日，居民的休闲选择空间更加多样化，但家是一个重要的起点也是重要的终点，所以受家周围环境影响更大。休闲活动的时间长短影响休闲活动的成本效益，居民不愿意因为短时间的休闲而到更远的地方，这是对休闲效益的追求。

从数据统计中可以看出，居民不管是工作日还是休息日都愿意选择在下午和傍晚时分进行休闲活动，可以看出乡村居民休闲行为时间具有集中性的特点，休闲活动时间节奏相对稳定。

（二）空间特征

1. 休闲行为空间偏好

（1）距离偏好。居民的休闲行为空间，主要体现在出行的距离、出行的方式、休闲活动到达的场所。

通过描述性统计分析，设定表10-3中最小值1表示的是出行距离在0.5km以内，最大值5表示的是出行距离在5km以上。从出行的距离角度看，在问卷调查中居民们表示平常在工作日时，会选择离家范围在0.5~1.5km的距离进行休闲活动，0.5km相当于学校普通橡胶跑道一圈的距离多100m，0.5~1.5km的距离大概在一个乡村范围内，说明工作日内居民的休闲活动范围较小，在居住地范围附近；而平常在节假日居民会选择1.5~3km的范围进行休闲活动，更趋近3km。这说明在节假日时居民们休闲活动时间比工作日有所增加，休闲活动的出行距离也会相对变远，会进行邻村或者跨区休闲活动。

表10-3　　　　　　　　居民对休闲活动距离的选择

休闲活动	N	最小值	最大值	均值	标准偏差
工作日进行休闲活动的距离范围	1563	1	5	2.35	1.148
休息日进行休闲活动的距离范围	1563	1	5	2.92	1.337

第十章
我国乡村居民休闲时空结构

从出行的方式角度看，表10-4中显示在工作日居民选择步行的交通方式的占比27.5%，选择电动车出行方式的占比32.2%，选择其他出行方式的较少；而节假日选择自驾机动车出行的占比增长明显，从19.6%增长至30.8%，成为休息日居民选择所占比重最多交通工具，从自驾机动车使用增加可以看出，居民的出行距离增加，需要远途代步工具，而相反步行和电动车的占比下降，这也从侧面可以看出，居民节假日随着出行距离的增加，出行工具更愿意选择方便快捷的，而工作日闲散时间更愿意步行散步放松心情。

表10-4　　　　　　　　　居民休闲常用交通方式选择

交通方式	居民工作日频率	工作日有效百分比/%	居民休息日频率	休息日有效百分比/%
步行	430	27.5	295	18.9
电动车或自行车	504	32.2	405	25.9
公共汽车	323	20.7	382	24.4
自驾机动车	306	19.6	481	30.8

（2）地点偏好。从休闲活动到达的场所看，将休闲行为目的地进行简单的分类，可以分为商业经济性的休闲活动，例如：商场购物、休憩餐饮、景区游览等；公益社会性的休闲活动，例如：广场运动、公园健身、图书馆学习等。在问卷调查中设置居民更喜欢哪种类型的休闲活动的问题，统计数据发现，有40.1%的居民表示更喜欢公益社会性的休闲活动，他们喜欢低成本的方便的被动休闲活动；有39.2%的居民表示更喜欢商业经济性的休闲活动，他们喜欢主动休闲，在消费的同时感受身心的愉悦。

而在休闲行为活动地的选择上居民们也有一定的感知，有超过半数的居民表示他们更愿意到休闲设施数量多，休闲设备集群性好的地方进行休闲活动，也喜欢到可进入性强，交通通达度高的地方进行休闲活动，这样的感知也对休闲活动地提出期望制约。

2. 休闲行为空间制约

时间地理学制约的概念强调个体的行为活动并不是完全自由的，而是受到多种因素的影响。这些制约可以分为三大类：能力制约、组合制约、权威制约。例如，交通、与人交往关系、政策法律、社会环境等。

居民行为空间不仅包括实体物理空间，也还包括居民通过影响行为决策的各种交流和学习方式形成的感知行动空间。居民行为空间强调人们通过主观认识给场所赋予的行为效用。空间层面则对居民休闲活动的影响更为深远，空间的距离可达性、活动空间品质、设施环境设置等都将成为空间制约的重要因素，甚至活动地的文化氛围也对活动行为有影响。

休闲活动空间的通达度，与休闲活动成正相关规律，如果休闲活动空间越远，居民出行意愿和频率就会越少；反之，休闲活动地离居住地越近时，居民的休闲行为发生的频率也会增加。

休闲行为空间限制还有环境影响，例如：去年新冠肺炎疫情席卷中国，受新冠肺炎疫情影响，居民的休闲活动也受到一定限制，在疫情制约下，居民的休闲活动从家外转向家内,各类活动的时间分配发生了显著变化。例如,在防控疫情期间,居民的家务时间显著增加,出行和购物的活动时间减少。出行空间范围也很大程度上缩短,更多居民选择以网上购物代替出行,而出行的交通工具也更多人选择私家工具代替公共交通。

3. 休闲行为空间特征

伴随着乡村居民生活能力的进步和消费水平的日益提高,乡村居民休闲活动的出行半径范围也在不断扩大。20 世纪 90 年代,已经有研究人员开始探索休闲行为者在目的地路径中休闲空间意义的变化（Fennell 等,1966）,然而,目的地内部休闲空间行为的研究和模型构建仍是旅游地理学研究中有待发展的领域。McKercher 和 Lew 进行了实证研究,以"推力要素""拉力要素"以及"时间要素"这三个方面分析了影响目的地内部休闲者移动的因素。首先,居民越来越重视休闲环境,对于休闲环境改善和提高有需求;其次,乡村居民也更多地愿意选择到镇中心或者城区进行休闲,比如进行购物、阅读、健身等休闲活动;最后,走出城市也成为居民休闲活动的趋势,想要追求自然环境下的休闲活动,所以,郊区休闲也渐受欢迎,出行半径进一步加大。居民休闲活动空间由近及远呈现四圈层,即在家中、村落、城区与邻城,但这四圈层休闲活动的频率与其距离成反比,依次递减。

乡村居民休闲空间行为具有以下特征:从休闲地来看,休闲行为具有低成本性,居民更喜欢到公益性场所休闲;从休闲行为展开距离和休闲活动半径来看,乡村休闲行为具有点断不连续性,居民对空间的偏好没有对时间偏好集中的特点。

(三) 时空间相关联系分析相关性

(1) 当把休闲活动的时间和空间总结联系到一起时,体现出的是休闲活动行为的规律性,即居民是否愿意在固定的时间到固定的地点进行休闲活动。有 56.24% 的居民表示愿意在固定的时间到固定的地点进行休闲行为,并且这种休闲行为有一定的周期性。一般表现为工作日傍晚进行村落休闲（或邻村休闲）,主要休闲内容为聊天、散步。这体现了乡村居民休闲时空行为具有稳定规律性。运用皮尔逊相关性对调查问卷的休闲时间、空间进行分析,结果见表 10-5,可以看出相关性是否显著。在节假日、固定时间进行休闲活动相关性显著,体现居民更愿意有规律地在固定时间进行休闲活动。

(2) 休闲行为出行的便捷性。影响居民进行休闲活动的意愿的还有出行是否便利,是否可以用较少的时间到达较远的目的地。休闲行为的时间要素和空间要素一直都是对立的、反作用的,居民到达的休闲空间距离越长,可使用的休闲活动时间就越短,为增强乡村居民休闲行为的体验感,将时间与距离二者关系协调统一起来,就需要提高出行的便捷性,完善交通网络通达度和休闲活动地的可进入性。这体现了乡村居民休闲时空行为具有对立统一性。

表 10-5　　　　　　　　休闲时空皮尔逊相关性分析

	皮尔逊相关性	1	0.768**	0.706**
在双休日进行休闲活动	Sig.（双尾）		0.000	0.000
	个案数	1563	1563	1563

续表

在节假日进行休闲活动	皮尔逊相关性	0.768**	1	0.688**
	Sig.（双尾）	0.000		0.000
	个案数	1563	1563	1563
有规律地在固定时间的休闲活动	皮尔逊相关性	0.706**	0.688**	1
	Sig.（双尾）	0.000	0.000	
	个案数	1563	1563	1563
花时间停留某地进行休闲活动，增强体验感	皮尔逊相关性	0.674**	0.680**	0.713**
	Sig.（双尾）	0.000	0.000	0.000
	个案数	1563	1563	1563
没有明确目的地的休闲活动	皮尔逊相关性	0.611**	0.586**	0.632**
	Sig.（双尾）	0.000	0.000	0.000
	个案数	1563	1563	1563
喜欢到设施数量多、人多的地方进行休闲	皮尔逊相关性	0.518**	0.534**	0.567**
	Sig.（双尾）	0.000	0.000	0.000
	个案数	1563	1563	1563
喜欢到可进入强的地方进行休闲	皮尔逊相关性	0.574**	0.579**	0.630**
	Sig.（双尾）	0.000	0.000	0.000
	个案数	1563	1563	1563
有居住地空间满足不了的休闲需要	皮尔逊相关性	0.540**	0.563**	0.591**
	Sig.（双尾）	0.000	0.000	0.000
	个案数	1563	1563	1563
愿意为休闲活动制订计划	皮尔逊相关性	0.612**	0.607**	0.608**
	Sig.（双尾）	0.000	0.000	0.000
	个案数	1563	1563	1563
认为休闲环境不稳定	皮尔逊相关性	0.548**	0.545**	0.579**
	Sig.（双尾）	0.000	0.000	0.000
	个案数	1563	1563	1563
在特定的时间、空间的休闲活动有一定的周期	皮尔逊相关性	0.610**	0.618**	0.639**
	Sig.（双尾）	0.000	0.000	0.000
	个案数	1563	1563	1563

注　** 分析数据相关性显著的地方在 0.01 级别（双尾）。

五、结论

基于时间地理学的方法，对新时代乡村居民休闲时空行为结构进行研究，得出主要结论如下：

（1）乡村居民在节假日的休闲活动行为多于工作日，但是休闲时间和外出休闲距离大体比较区别不明显。乡村居民与城市上班人群不同,工作日与休息日区别影响不大。受工作单位制约较小,受环境制约因素相对较大。

(2) 乡村居民休闲行为偏好受时间制约的影响比受距离制约的影响较小。说明在空闲时间的条件下,距离远近和便捷度更能影响乡村居民休闲行为的选择。

(3) 乡村休闲行为具有低成本性,公益性活动偏好,这就要求企业在兼顾经济收益的同时着重发展社会效益。

(4) 乡村居民更愿意进行有规律的固定的休闲行为,并且休闲行为有一定的周期性。

六、发展策略

就国家层面,应该积极引导和支持乡村居民进行休闲活动,以提高居民休闲生活的质量,例如 2013 年年初,国务院发布了《国民旅游休闲纲要(2013—2020年)》,并推出了一系列全国休闲活动,促进了我国休闲建设。发挥领导者身份的作用,规划乡村休闲空间体系,完善乡村休闲活动的措施;利用宣传的征信力,激励乡村休闲行为,推动乡村休闲发展。

就政府层面,应该完善交通系统,即要想富先修路,提高交通网络的通达度,增强休闲活动地的可进入性。同时也要发挥政府的监管作用,注重乡村休闲质量,督促公共服务管理。要调整休闲活动地的合理布局,既要满足乡村居民需求,又要符合持续发展。伴随着城市和乡村经济的不断发展,交通网络建设的通达度提高,城乡的联系越来越密切,而城市的地域面积也不断扩大,这使城市内部的功能分区也越来越明显。所以越来越多的乡村居民选择到城市内进行休闲活动,这对城市内的休闲活动区的要求就更加严格。

就休闲地本身,完善休闲活动地的基础设施服务,提高居民休闲体验感,增强休闲地的服务质量。把社会效益放在首位,协调发展经济效益,从乡村居民人均休闲活动月支出情况来看,普遍在 500 元以下,居民更偏爱公益性低消费的休闲活动,企业经营者就要本着以人为本、以需求为先的理念注重公益类项目的开发,增强居民休闲活动的参与性,同时也要兼顾商业性的经济效益。

就乡村居民本体而言,要培养健康的休闲习惯,保持休闲行为时空的规律性。为减少受到时空的制约影响,进行休闲活动前制定切实可行的计划。

简而言之,居民的个人和社会经济属性在很大程度上影响着他们的生活方式和时间利用结构,两者的相关性随着时间的推移也会有所变化。这种动态复杂性对以人为本的规划提出了新的要求,比如,对于不同性质的城市就业及服务设施,既要针对不同的群体需求进行准确的定位和市场开发,又要具有前瞻性,克服静态规划模式,进行灵活规划。只有了解促进休闲组织的环境和机制,才能相对合理地分配有限的休闲设施,减少供需差距,提高空间资源使用效率。

七、研究不足与展望

本研究数据不完全,由于乡村居民与城市人群时间分配程度不一样,本研究设计问卷时没有将一天的时间细分具体时间段,而是大致分为五个时间部分:清晨、上午、下午、傍晚、晚间,来归纳分析乡村居民的闲暇时间;此外,本研究未考虑乡村环境的不稳定、不确定性，即乡村道路交通可能受天气影响，会有路况、车次等条件制约。

通过研究乡村居民休闲时空行为的结构特征，了解到乡村居民休闲时间短，休闲空间范围小，出行方式不便捷，对比城市居民休闲行为仍受诸多限制，休闲行为仍不成熟，希望通过本研究分析可以发现乡村休闲行为过程中存在的问题，帮助有关部门把握乡村居民的休闲需求并采取措施，促进乡村休闲的发展，不断向城市休闲活动靠拢，推进城乡协调一体化发展。

参考文献

白凯,周尚意,吕洋洋. 社会文化地理学在中国近 10 年的进展 [J]. 地理学报,2014,69 (8):1190-1206.

包婷婷,侯爱敏,王柳. 苏州村庄环境整治经验与思考 [J]. 小城镇建设,2013 (3):85-89.

包卫兵. 编制村庄规划必须解决好的六个基本问题 [J]. 小城镇建设,2010 (2):37-39.

鲍韵竹. 沈阳市城市居民运动休闲参与和运动休闲满意度及持续参与的关系 [D]. 沈阳:沈阳体育学院,2017.

卞显红,王慧,施琳霞. 农村居民旅游动机分析及其对旅游目的地类型选择的影响研究——以长江三角洲地区为例 [J]. 地理科学,2016,36 (1):99-106.

蔡超然. 滨海城市居民休闲行为的研究 [D]. 泉州:华侨大学,2020.

蔡家成. 对休闲的几点认识 [N]. 中国旅游报,2013-02-27 (011).

曹诗图. 旅游与休闲的联系和区别 [J]. 旅游纵览(下半月),2013 (18):27-28.

柴龙国,毛雪婷. 消费升级背景下高品质休闲生活的构建研究 [J]. 商展经济,2021 (18):48-50.

柴彦威,关美宝,萧世,等. 时间地理学与城市规划:导言 [J]. 国际城市规划,2010,25 (6):1-2.

柴彦威,李峥嵘,刘志林,等. 时间地理学研究现状与展望 [J]. 人文地理,2000,15 (6):54-59.

柴彦威,申悦,马修军,等. 北京居民活动与出行行为时空数据采集与管理 [J]. 地理研究,2013,32 (3):441-451.

柴彦威,申悦,塔娜. 基于时空间行为研究的智慧出行应用 [J]. 城市规划,2014,38 (3):83-89.

柴彦威,申悦,肖作鹏,等. 时空间行为研究动态及其实践应用前景 [J]. 地理科学进展,2012,31 (6):667-675.

柴彦威,塔娜. 中国时空间行为研究进展 [J]. 地理科学进展,2013,32 (9):1362-1373.

柴彦威,塔娜. 中国行为地理学研究近期进展 [J]. 干旱区地理,2011,34 (1):1-11.

柴彦威,颜亚宁. 西方行为地理学的研究历程及最新进展 [J]. 人文地理,2009,23 (6):1-6.

柴彦威,张艳,刘志林. 职住分离的空间差异性及其影响因素研究 [J]. 地理学报,2011,66 (2):157-166.

柴彦威,赵莹,张艳. 面向城市规划应用的时间地理学研究 [J]. 国际城市规划,2010,25 (6):3-9.

柴彦威,李峥嵘,刘志林,等. 中国城市的时空间结构 [M]. 北京:北京大学出版社,2002.

柴彦威,谭一洺. 中国西部城市居民时空间行为特征研究——以西宁市为例 [J]. 人文地理,2017,32 (4):37-44.

柴彦威,王恩宙. 时间地理学的基本概念与表示方法 [J]. 经济地理,1997 (3):55-61.

常敏. 太原市老年女性休闲旅游动机与制约因素对旅游意愿的影响研究 [D]. 呼和浩特:内蒙古大学,2020.

车生泉,杨知洁,倪静雪. 上海乡村景观模式调查和景观元素设计模式研究 [J]. 中国园林,2008 (8):21-27.

陈海波. 旅游概念界定与旅游学科框架构建的一个新视角 [J]. 旅游学刊,2016,31 (4):62-70.

陈美爱. 市民休闲动机与休闲城市的发展 [J]. 求索,2013 (2):257-259.

陈南琦. 青少年休闲无聊感与休闲阻碍、休闲参与及休闲满意度之相关研究 [D]. 台中:体育学院体育研究所,2000.

参考文献

陈楠,苗长虹. 节事举办地居民休闲制约、休闲动机与节事参与结构模型研究——以开封清明文化节为例 [J]. 旅游论坛,2015,8 (5):19-25.

陈楠. 基于推力—拉力理论的乡村休闲旅游动机实证研究——以郑州、洛阳为例 [J]. 现代商业,2014,16 (36):54-57.

陈巧林. 湖北省农村居民旅游动机与消费行为研究 [J]. 农家参谋,2018 (20):9-10.

陈彦宏. 大学生休闲动机、休闲满意度与主观幸福感的关系 [D]. 成都:四川师范大学,2008.

陈彦宏. 大学生休闲动机、休闲满意度与主观幸福感关系述评 [J]. 考试周刊,2010,4 (12):205-206.

陈永昶,郭净,徐虹. 休闲旅游——国内外研究现状、差异与内涵解析 [J]. 地理与地理信息科学,2014 (6).

陈永进,祁可,何宁,陈庚. 论休闲活动、社会信任、社会公平感与居民幸福感——基于CGSS2015数据的实证研究 [J]. 四川行政学院学报,2019,21 (6):84-94.

陈宗正,万秀兰. 中小学教师休闲活动的误区、成因及建议 [J]. 教育科学,2009,25 (2):22-25.

程励. 残疾人休闲涉入、休闲效益及其生活满意度影响的复杂性结构 [J]. 四川师范大学学报(自然科学版),2021,44 (6):720-733,708.

程遂营. 北美休闲研究:学术思想的视角 [M]. 北京:社会科学文献出版社,2009.

程阳. 文旅融合振兴文化自信 [J]. 文化创新比较研究,2019,3 (24):146-147.

代向伟,凌媛. 有闲阶级论兼论全民健身时期休闲体有的真与伪 [J]. 体育成人教育学刊,2017,33 (1):42-44.

党若涵. 乡村振兴战略背景下农村居民幸福感研究 [D]. 天津:天津大学,2019.

邓笑天. 休闲活动需求下的开放空间体系规划策略研究——以广州市为例 [J]. 房地产世界,2021 (14):28-30,83.

丁文明. 社会空间视角下同仁县乡村空间结构优化研究 [D]. 西安:长安大学,2020.

董二为,冯革群,叶丹. 城市休闲制约与健康研究——以韩国首尔为例 [J]. 浙江大学学报:人文社会科学版,2012,42 (1):44-67.

窦树超. 长春市居民休闲行为与休闲空间研究 [D]. 长春:东北师范大学,2012.

端木一博,柴彦威. 北京市就业者日常活动的时间利用研究——基于2007年与2017年调研数据的对比 [J]. 人文地理,2021,36 (2):136-145.

凡勃伦. 有闲阶级论 [M]. 蔡受百,译. 北京:商务出版社,1997.

方田红. 上海市民城市休闲行为的时空结构特征分析 [J]. 华东理工大学学报(社会科学版),2009,24 (3):54-59.

付业勤,胡雅文,程志磊. 基于"期望-实绩"模型的海南会展场馆观众满意度调查与提升 [J]. 绿色科技,2017,8 (15):230-233.

盖瑞·奇克,董二为. 中国六城市休闲制约因素研究——以民族志学的方法 [J]. 浙江大学学报:人文社会科学版,2009,39 (1):31-42.

高狄,袁箐. 国内女性休闲研究(2000—2014年)进展与述评 [J]. 现代商贸工业,2015,36 (21):89-92.

高狄. 城市女性休闲制约及其满意度研究 [D]. 郑州:河南大学,2016.

高娟. 国民休闲幸福指数指标体系的构建及应用 [D]. 广州:华南理工大学,2012.

戈登,沃克,梁海东. "综合休闲参与理论框架"及其对跨文化休闲研究的影响 [J]. 浙江大学学报(人文社会科学版),2012,42 (1):13-30.

戈鑫. 农村居民乡村休闲旅游行为意向及其影响因素 [D]. 青岛:青岛大学,2019.

龚静. 社会融入对城市随迁老人休闲满意度影响研究 [D]. 苏州:苏州大学,2017.

龚玉枝,钱新毅,张燕,李建军,徐玉林. 老年病医院护士休闲态度及其影响因素调查 [J]. 护理学杂志,2017,32 (15):49-51.

官修言. 西安市区居民休闲行为与休闲空间特征研究 [D]. 西安：长安大学，2009.

郭力源. 批判与重构：新时代乡村休闲文化建设的实践逻辑 [J]. 江西财经大学学报，2020，22（4）：102-112.

郭鲁芳，韩琳琳. 女性休闲障碍因素探析——以杭州为例 [J]. 旅游学刊，2009，24（11）：79-84.

郭梦媞，马春利. 海滨休闲行为与海滨生态冲突之浅析——以威海国际海水浴场为例 [J]. 商场现代化，2010，616（6）：86.

郭启贵，桑美玲，罗炯. 老年人休闲动机、休闲涉入对休闲满意度的影响 [J]. 中国老年学杂志，2019，39（6）：1495-1499.

郭文炯，张昱. 生命历程视角下城市居民时空间行为特征研究——以山西省晋中市榆次区为例 [J]. 地域研究与开发，2020，39（3）：83-87，93.

郭新伟，余斌，卓蓉蓉，等. 江汉平原农户日常休闲变迁及其影响因素研究 [J]. 人文地理，2020，35（2）：122-131，151.

郭莹莹. 方差累积和控制图的改进 [J]. 统计理论与实践，2021，2（6）：13-16.

国务院办公厅. 国民旅游休闲纲要（2013—2020年）[N]. 中国青年报，2013-02-22（011）.

韩霄. 职业女性休闲参与、制约与满意度影响机制研究 [D]. 北京：北京第二外国语学院，2020.

何诗，柴彦威，郭文伯，谭一洺，刘伯初. 基于整日尺度的城市女性休闲满意度及其影响因素——以西宁市为例 [J]. 经济地理，2019，39（2）：224-231.

何志玉. 我国休闲活动的当代演变及社会作用 [J]. 贵阳学院学报（社会科学版），2020，15（1）：60-65，96.

洪秋艳. 泉州城市白领女性休闲行为实证研究 [J]. 桂林航天工业高等专科学校学报，2011，（1）：31-34.

胡谍，朱立新. 新冠疫情影响下的城市老年人休闲活动及休闲制约 [J]. 老龄科学研究，2021，9（3）：42-54.

胡荣，龚灿林. 城乡居民休闲方式的差异及其影响因素 [J]. 贵州师范大学学报（社会科学版），2018，59（2）：41-49.

扈兵. 我国城乡居民休闲时间分配差异的三维考量 [J]. 郑州航空工业管理学院学报（社会科学版），2010，29（6）：40-43.

黄丹. 城市已婚职业女性休闲参与和休闲制约因素——基于湖北省黄石市社会调查的分析 [J]. 湖北师范学院学报（哲学社会科学版），2009，29（5）：72-75.

黄民臣，廖佰翠，陈园园，徐必聪. 徒步休闲制约因素的类型与差异研究——以宁波市北山游步道为例 [J]. 资源开发与市场，2021，37（4）：492-497.

黄潇婷. 旅游者时空行为研究 [M]. 北京：中国旅游出版社，2011.

黄子璇，孔艺丹，曹雨薇，等. 基于旅游质量中介变量的体育旅游中动机、期望与游客满意度关系研究 [J]. 地域研究与开发，2018，37（6）：82-87.

黄宗成，吴忠宏，高崇伦. 休闲农场游客游憩体验之研究 [J]. 户外游憩研究，2000，13（4）：1-25.

姬丽敏. 郑州市"城中村"居民休闲行为研究 [D]. 开封：河南大学，2015.

贾斌. 城市居民健身休闲满意度对休闲行为意向的影响研究 [D]. 福州：福建师范大学，2019.

江宗岳. 上海台北高中生参与休闲体育活动阻碍因素的调查研究 [D]. 上海：上海体育学院，2013.

蒋春凤. 广西侗族地区农村居民休闲行为优化研究 [D]. 桂林：广西师范大学，2018.

蒋奖，秦明，克燕南，等. 休闲活动与主观幸福感 [J]. 旅游学刊，2011，26（9）：5.

蒋艳. 居民社区休闲满意度及其影响因素研究——以杭州市小河直街历史街区为例 [J]. 旅游学刊，2011，26（6）：67-72.

杰弗瑞·戈比. 你生命中的休闲 [M]. 昆明：云南人民出版社，2000.

金光得. 现代休闲论 [M]. 沈阳：白山出版社，1995.

参考文献

金海水. 东北地区农村居民休闲行为研究 [D]. 大连：东北财经大学，2009.
金海水. 农村居民休闲行为研究 [M]. 北京：对外经济贸易大学出版社，2011，48-58.
金海水. 东北地区农村居民休闲行为研究 [D]. 大连：东北财经大学，2009.
金倩，楼嘉军. 武汉市居民休闲方式选择倾向及特征研究 [J]. 旅游学刊，2006，21（1）：40-43.
金贤. 滑雪旅游者的休闲动机、休闲能力及休闲参与之间的关系研究 [D]. 延边：延边大学，2018.
靳红梅. 新时期农村基层群众文化建设与管理探索 [J]. 农家参谋，2021（5）：5-6.
柯倩婷. 中国职业女性休闲的"阻"与"畅" [J]. 中华女子学院学报，2011，23（3）：48-52.
孔祥华，王俊奇. "休闲体育"的概念及理论诠释 [J]. 广州体育学院学报，2007（3）.
乐上泓. 侨生休闲行为与高校休闲设施优化研究——以华侨大学为例 [J]. 重庆科技学院学报（社会科学版），2011，（20）：178-181.
李彬彬. 厦门岛内居民休闲动机与休闲满意度及其相关性研究 [D]. 福州：福建师范大学，2014.
李伯华，李星明，曾菊新. 武汉市新洲区农户消费活动的空间特征研究 [J]. 人文地理，2010，25（1）：89-93.
李晨，赵海云. 生态文明视角下乡村休闲养老精神需求研究——以靖安县中源客家避暑小镇为例 [J]. 城市发展研究，2020（1）：7-11.
李翠林，杜豪楠. 乌鲁木齐女性白领休闲行为的职业差异及影响因素 [J]. 西北师范大学学报（自然科学版），2021，57（5）：118-126.
李飞. 旅游前准备行为、游客成熟度与旅游期望的相互关系 [J]. 旅游学刊，2007（12）：45-50.
李洪波，黄钟浩，李扬等. 是什么影响了你的休闲？以泉州为例的城市居民休闲制约因素调查 [C]. 2011年中国休闲发展报告. 北京：社会科学文献出版社，2011，290-299.
李洪杰. 基于游客满意度的集安市高句丽景区解说效果研究 [D]. 长春：东北师范大学，2019.
李琳，黄昕珮. 我国城市居民行为需求的特征认知及时空间结构模型——基于提高城市居民生活质量的视角 [J]. 规划师，2015，31（2）：272-275.
李萍，周彬，Chris RYAN，等. 基于模糊综合评价的徒步休闲满意度研究——以浙江省宁波市为例 [J]. 旅游学刊，2018，33（5）：12.
李秋云，韩国圣. 大学生休闲阻碍因素的阻力分析——基于休闲参与度视角 [J]. 北京第二外国语学院学报，2011，33（11）：75-80.
李素馨（Su-HsinLee）. 都市女性休闲类型和休闲阻碍 [J]. 户外游憩研究，1997，10（1）：43-68.
李卫飞，石少湘，袁琳. 员工休闲生活方式与职业倦怠的关系研究：恢复体验的多重中介作用 [J]. 旅游科学，2020，34（2）：58-75.
李享，宁泽群，马惠娣，赵鹏. 北京城市空巢老人休闲生活满意度研究——以北京市三大典型社区为例 [J]. 旅游学刊，2010（4）：76-83.
李晓莉，保继刚. 期望、感知与效果：来自奖励旅游者的实证调查 [J]. 旅游学刊，2015，30（10）：60-69.
李亚屏. 银川市职业女性休闲活动及其满意度研究 [D]. 银川：宁夏大学，2018.
李颖. 基于游客期望差异的乡村休闲旅游智慧化供给研究 [J]. 辽宁农业科学，2018，59（6）：31-34.
李昭. 休闲制约与旅游休闲制约述评 [J]. 中小企业管理与科技（中旬刊），2019（6）：51-53.
李中. 青年群体中的休闲多样性分层研究 [J]. 河北大学学报（哲学社会科学版）. 2021（2）：133-140.
李仲广，卢昌崇. 基础休闲学 [M]. 北京：社会科学文献出版社，2004.
李宗艺. 基于时空间行为的村镇居民生活空间研究 [D]. 广州：广州华南理工大学，2020.
厉新建，李兆睿，宋昌耀，等. 基于计划行为理论的虚拟旅游行为影响机制研究 [J]. 旅游学刊，2021，36（8）：15-26.
廖敏. 问卷的信度和效度以及SPSS软件运用 [J]. 科技展望，2016，26（16）：290.
廖庆荣. 城乡居民休闲行为差异与休闲满意度评价研究 [D]. 南昌：南昌大学，2012.

廖益. 乡村振兴战略背景下乡村休闲养老产业发展对策分析 [J]. 现代农业研究, 2021, 27 (7): 57-59.

林朝晖, 林艳芳, 郑传安. 城市居民公园体育休闲行为研究——以泉州市和莆田市为例 [J]. 军事体育进修学院学报, 2010, 29 (3): 17-20.

林耿堃, 盛积良. 乡村振兴时代背景下农民消费结构变迁研究 [J]. 农业农村部管理干部学院学报, 2021, 12 (2): 76-81.

林泓, 林岚, 施林颖, 等. 国外休闲制约协商研究进展与评析 [J]. 地理科学进展, 2019, 38 (5): 648-661.

林泓. 城市居民体育健身休闲参与的制约协商机制研究 [D]. 福州: 福建师范大学, 2019.

林岚, 施林颖. 国外休闲制约研究进展及启示 [J]. 地理科学进展, 2012 (10): 1377-1389.

林姚宇, 王丹, 龚咏喜, 王雪强. 城市居民活动时空结构研究进展及量化解析框架构建 [J]. 现代城市研究, 2021, 36 (2): 49-55.

林中晓, 王南希. 促进乡村居民散步行为的开放空间特征 [J]. 中国城市林业, 2020, 18 (5): 71-76.

林仲华, 邓子鹃. 职业女性体育休闲障碍的对策研究 [J]. 体育科技, 2018, 39 (2): 68-69.

刘昌雪. 城市外来务工者休闲行为特征与影响因素的职业差异——以苏州市为例 [J]. 华东经济管理, 2011, 25 (11): 9-13.

刘海春. 生命与休闲教育 [M]. 北京: 人民出版社, 2008: 3-8.

刘慧. 城市居民休闲动机与休闲满意度及其相关性研究 [D]. 长沙: 湖南师范大学, 2009.

刘佳龙, 郑胜华. 休闲概论 [M]. 天津: 南开大学出版社, 2008.

刘力. 老年人旅游动机与制约因素 [J]. 社会科学家, 2016 (3).

刘清亮, 张超慧. 基于SEM分析大学生体育休闲满意度与动机的关系 [J]. 体育科学, 2009 (4): 80-83.

刘松, 楼嘉军. 国外休闲满意度研究述评与启示 [J]. 广西社会科学, 2017 (1): 156-161.

刘松, 楼嘉军. 深度休闲: 国外文献述评与研究启示 [J]. 旅游学刊, 2019, 34 (2): 137-146.

刘晓敏, 杨虎, 张涛, 王东, 袁需龙. 山岭隧道工人休闲娱乐方式调查研究 [J]. 建筑经济, 2020, 41 (S2): 356-359.

刘垚. 基于生活方式理论的休闲测量评估 [D]. 哈尔滨: 哈尔滨工程大学, 2020.

刘玉, 唐林楠, 任艳敏, 等. 基于多维组合特征的北京密云区乡村休闲功能评价 [J]. 山地学报, 2020, 38 (5): 751-762.

刘卓琦. 延边地区城市女性休闲体育参加者的休闲动机与休闲满意度的关系研究 [D]. 延边: 延边大学, 2013.

楼嘉军, 马红涛, 刘润, 中国城市居民休闲消费能力测度 [J]. 城市问题, 2015 (3): 86-104.

楼嘉军. 休闲初探 [J]. 桂林旅游高等专科学校学报, 2000 (2): 5-9.

楼嘉军. 休闲学概论 [M]. 上海: 华东师范大学出版社, 2016.

卢宝蕊, 徐初佐. 客家乡村社会的休闲状况与教育干预机制初探 [J]. 龙岩学院学报, 2019, 37 (4): 98-104.

卢俞成, 林春逸. 习近平新时代观的文明向度 [J]. 学习论坛, 2021 (5): 30-37.

鲁澎. 世界旅游组织对旅游基本概念的重新定义 [J]. 旅游学刊, 1992 (4): 53.

路强. "休闲"概念多元释义的合理性——关于休闲问题的哲学分析 [J]. 哲学分析, 2017, 8 (3): 110-119, 198.

吕宁, 吴新芳, 韩霄, 等. 游客与居民休闲满意度指数测评与比较——以北京市为例 [J]. 资源科学, 2019, 41 (5): 13.

吕宁, 赵亚茹, 王欣. 城市女性休闲满意度及其影响因素研究——以北京市为例 [J]. 旅游论坛, 2020, 13 (5): 35-46.

吕琴. 城市居民休闲行为的实证研究 [M]. 北京: 中国旅游出版社, 2008.

马纯红. 都市职业女性体育休闲参与的影响因素及其干预对策 [J]. 湖南科技学院学报, 2016, 37 (6):

参考文献

77-79.

马纯红. 社会分层视角下的都市职业女性体育休闲差异 [J]. 求索, 2018 (3): 112-119.

马红涛. 上海市民休闲方式比较研究 (2004—2014) [D]. 上海: 华东师范大学, 2015.

马惠娣. 休闲——文化哲学层面的透视 [J]. 自然辩证法研究, 2000 (1): 59-64.

马江涛, 李树旺, 李京律, 等. 大众冰雪运动参与休闲限制对变通策略的影响研究 [J]. 沈阳体育学院学报, 2021, 40 (1): 116-124.

马拾前. 乡村振兴战略背景下农村休闲体育产业开发研究 [J]. 冰雪体育创新研究, 2021 (10): 15-16.

马勇, 周青. 休闲学概论 [M]. 重庆: 重庆大学出版社, 2008.

毛良斌. 大学生休闲动机理论结构及其测量 [J]. 浙江传媒学院学报, 2010, 17 (6): 100-103.

苗建军. 中心城市: 休闲经济的空间视点 [J]. 自然辩证法研究, 2003, 19 (11): 73-78.

宁泽群等. 北京市居民休闲行为与产业发展的调查与研究 [M]. 北京: 旅游教育出版社, 2012.

宁志丹. 湘潭市中小学生研学旅行参与动机与制约因素研究 [D]. 湘潭: 湘潭大学, 2018.

庞学铨. 20世纪西方休闲研究精要 [M]. 杭州: 浙江大学出版社, 2021.

彭书婷. 社会参与视角下农村老年人休闲活动研究 [J]. 老龄科学研究, 2019, 7 (11): 15-28.

朴正汉, 徐嘉璘. 大学生休闲参与、休闲制约与休闲满意度的关系 [J]. 当代体育科技, 2015, 5 (26): 152-154.

齐兰兰, 周素红. 邻里建成环境对居民外出型休闲活动时空差异的影响——以广州市为例 [J]. 地理科学, 2018, 38 (1): 31-40.

齐莉莉, 方玲梅. 城市老年人休闲行为时空特征研究——以芜湖市为例 [J]. 巢湖学院学报, 2011, 13 (2): 37-42, 47.

乔雅楠. 时空行为视角下西安市既有居住地段休闲活动空间全龄共享策略研究 [D]. 西安: 西安建筑科技大学, 2020.

秦保立, 赵新元. 休闲动机研究的理论与方法透视 [J]. 国外社会科学, 2010 (4): 62-67.

秦娟. 城市职业女性休闲制约因素研究——以郑州为例 [J]. 太原城市职业技术学院学报, 2014 (3): 34-35.

秦涛. 身体活动与休闲动机量表 (PALMS) 的跨文化检验 [J]. 西南师范大学学报 (自然科学版), 2016, 41 (2): 141-146.

秦小朝, 李洪波. 台北居民休闲时间利用及其价值认知研究 [J]. 北京第二外国语学院学报, 2012 (3): 78-85.

秦学. 广州市民休闲生活的调查与研究 [J]. 消费经济, 2005, 21 (6): 4.

卿前龙. 什么是休闲?——国外不同学科学者对休闲的理解 [J]. 国外社会科学, 2006, 29 (4): 34-38.

邱亚君. 休闲体育行为变通策略的探索性研究 [J]. 体育科学, 2011, 31 (7): 8-16, 42.

邱妍. 城市健身休闲空间满意度体验研究 [D]. 福州: 福建师范大学, 2015.

任明丽, 李群绩, 何建民. 身体状况还是积极心态?——关于中国老年家庭出游限制因素的经验分析 [J]. 旅游学刊, 2018 (5).

荣培君. 老年人休闲行为及其制约因素研究 [D]. 开封: 河南大学, 2012.

沈晗斌, 何学聪, 刘壮. 空间类型视角下的社区老年人户外休闲活动空间设计——以南京孝陵卫社区为例 [J]. 设计, 2021, 34 (13): 148-151.

施林颖, 林岚, 邱妍, 万萍萍. 国外休闲制约研究的特征与展望——基于《Journal of Leisure Research》《Leisure Sciences》《Journal of Parkand Recreation Administration》期刊 [J]. 亚热带资源与环境学报, 2014, 9 (3): 35-44, 95.

史春云, 杨旸, Timothy J Fik, 姚晓蔚, 赵桃桃, 方星, 李晨. 绿地免费开放对不同收入居民休闲行为和地方情感的影响研究 [J]. 江苏师范大学学报 (自然科学版), 2017, 35 (3): 72-78.

史学楠. 中国乡村休闲经济发展研究 [D]. 北京：中央民族大学，2012.
宋子千，蒋艳. 城市居民休闲生活满意度及其影响机制：以杭州为例 [J]. 人文地理，2014，29（2）：53-60，112.
宋子千，蒋艳. 城市居民休闲时间现状特征与制度安排 [J]. 商业时代，2014，(6)：143-145.
孙立红. 东辽县城镇化转型中"三农"问题思考 [J]. 经贸实践，2016，16（1）：319.
孙玲，王航宇. 上海城郊休闲游游客满意度及期望差异实证研究——以崇明和南汇为例 [J]. 旅游研究，2013，5（1）：63-66，83.
孙姗姗. 西安市雁塔区城市居民公园休闲行为特征实证研究 [J]. 旅游纵览（下半月），2015（1）：201-203.
孙优萍，沈国斐. 试析新农村建设背景下的农村居民休闲行为——以浙江为例 [J]. 生态经济（学术版），2010（2）：446-450.
孙植海. 休闲学 [M]. 大连：东北财经大学出版社，2005.
塔娜，柴彦威. 时间地理学及其对人本导向社区规划的启示 [J]. 国际城市规划，2010，25（6）：36-39.
谭家伦，唐惠珠，宋金平. 高风险家庭之青少年休闲阻碍研究——以台湾花莲县秀林国中慈辉班学生为例 [J]. 人文地理，2010，25（6）：110-113.
汤傅佳. 听障大学生休闲行为特征研究 [J]. 河北旅游职业学院学报，2016，21（2）：55-57，61.
唐承丽，贺艳华，周国华，等. 基于生活质量导向的乡村聚落空间优化研究 [J]. 地理学报，2014，69（10）：1459-1472.
唐艳春. 国内城市居民休闲行为研究综述 [J]. 旅游纵览（下半月），2018（4）：62-63.
陶伟，郑春霞. 女性日常休闲行为的时空间结构特征——以广州高校女性教职工为例 [J]. 地域研究与开发，2009，28（3）：80-83.
滕霞，何忠诚. 浅谈"推——拉"理论在旅游动机研究中的应用 [J]. 科技经济市场，2007（12）：197-196.
田雷. 吉林省现阶段城市不同社会阶层休闲方式研究 [J]. 吉林省教育学院学报，2010，26（7）：111-113.
童昭岗，孙麒麟，周宁. 人文体育：体育演绎的文化 [M]. 北京：中国海关出版社，2002.
万萍萍，林岚，张粮锋，等. 基于休闲制约理论视角的城市健身休闲空间使用影响因素研究 [J]. 福建师范大学学报（自然科学版），2016，32（1）：102-111.
汪保林. 信阳城乡居民休闲行为研究 [D]. 武汉：华中师范大学，2011.
汪振汉. 比较视野下乡村休闲文化的特征与审美内涵 [J]. 湖北理工学院学报（人文社会科学版），2020，37（4）：1-7，66.
王纯阳，屈海林. 旅游动机、目的地形象与旅游者期望 [J]. 旅游学刊，2013，28（6）：26-37.
王帆，林岚，胡慧，等. 1980—2018年国外休闲动机研究进展 [J]. 人文地理，2020，35（3）：17-28.
王建利. 咸阳市居民休闲体育时空行为特征调查 [J]. 新西部，2020，7（4）：83-84.
王静. 马斯洛需要层次理论的再解读 [N]. 中国社会科学报，2019-11-04，(7).
王娟，楼嘉军. 城市居民休闲活动满意度的性别差异研究 [J]. 华东经济管理，2007，21（11）：69-73，68.
王蕾，陈田，王昊，等. 北京市老年户外休闲行为特征的时空变异分析——以2000年和2010年为例 [J]. 西北人口，2011，32（3）：94-99.
王琪延，侯鹏. 节假日与休闲消费关系研究——兼论我国假日制度改革 [J]. 北京社会科学，2012，(1)：15-21.
王琪延，韦佳佳. 收入、休闲时间对休闲消费的影响研究 [J]. 旅游学刊，2018，33（10）：107-116.
王玮. 南京市老年人休闲动机与休闲制约研究 [D]. 南京：南京师范大学，2007.
王文奇，贾兵，黄京华. 基于SWOT分析的南宁市休闲农业发展对策 [J]. 安徽农业科学，2020，48

参考文献

(16): 137-139, 180.

王晓庆. 老年人出游制约因素研究 [D]. 西安: 陕西师范大学, 2010.

王心蕊, 孙九霞. 城市居民休闲与主观幸福感研究: 以广州市为例 [J]. 地理研究, 2019 (7): 1566-1580.

王雅林. 城市休闲——上海、天津、哈尔滨城市居民时间分配的考察 [M]. 北京: 社会科学文献出版社, 2003: 1-21.

韦娴, 卜思思. 苏南地区城市居民休闲状况研究 [J]. 合作经济与科技, 2021, 37 (9): 18-20.

韦耀阳, 王艳, 祝安娜. 大学生休闲动机量表的编制及现状调查 [J]. 湖北理工学院学报 (人文社会科学版), 2019, 36 (3): 15-21.

韦耀阳, 许怡. 大学生休闲动机与休闲行为的关系研究 [J]. 渭南师范学院学报, 2020, 35 (5): 64-70.

温晓媛. 都市女性居民休闲活动偏好、类型及阻碍因素关联研究——以成都市为例 [J]. 西南大学学报 (自然科学版), 2019, 44 (8): 100-109.

温燕. 基于 Ordered Probit 模型分析的居民休闲生活满意度的影响研究——以浙江省中小城市为例 [J]. 齐齐哈尔大学学报 (哲学社会科学版), 2016, 45 (5): 57-61.

吴碧英. 新农村公共娱乐空间建设的功能及其价值 [J]. 福州党校学报, 2007 (5): 53-57.

吴承忠. 北京市居民节日休闲特征分析——以中秋节为例 [J]. 城市问题, 2014, 30 (3): 70-73.

吴家碧. 台湾省苗栗县初中生休闲行为研究 [D]. 北京: 北京体育大学, 2006.

吴凌菲. 基于休闲方式的城市居民休闲满意度研究 [J]. 统计与决策, 2013 (24): 146-148.

吴明隆. 结构方程模型: AMOS 的操作与应用 [M]. 2版. 重庆: 重庆大学出版社, 2010.

吴明隆. 问卷统计分析实务: SPSS 操作与应用 [M]. 2版. 重庆: 重庆大学出版社, 2010.

吴文新. 休闲学导论 [M]. 北京: 北京大学出版社, 2013.

吴玉宝. 苗族非休闲社会活动中的休闲行为与启示——以凤凰和松桃苗族为例 [J]. 怀化学院学报, 2012, 31 (10): 14-16.

吴元芳. 城市公园免费开放背景下北京市民公园休闲行为变化与特征 [J]. 地域研究与开发, 2015, 34 (5): 105-110.

伍延基. 休闲、旅游及其相关概念之辨析 [J]. 旅游学刊, 2006, (12): 5-6.

习近平. 在中国共产党第十九次全国代表大会上的报告 [R]. 北京: 人民出版社, 2017.

肖晴, 杨超. 苏北新农村公共空间现状评价研究: 以江苏铜山县大彭镇程庄村为例 [J]. 安徽农业科学, 2011, 39 (8): 4847-4848.

谢昌雄. 四川非中心城市居民休闲体育运动行为时空特征分析 [J]. 当代体育科技, 2019, 9 (33): 184-186.

徐京波. 工业化与乡村集市社会空间萎缩: 以胶东 P 市为例 [J]. 湖南农业大学学报 (社会科学版), 2016, 17 (3): 43-47.

徐文辉, 鲍沁星. 新农村乡土景观的探索: 重构安吉县山川乡山川村景观 [J]. 中国园林, 2010, 26 (7): 80-82.

徐秀玉, 陈忠暖. 基于知识图谱可视化的国内外休闲研究的进展与启示 [J]. 世界地理研究, 2019, 28 (1): 161-174.

徐秀玉. 城市居民公园休闲行为特征实证研究——以广州市城市公园为例 [J]. 河北旅游职业学院学报, 2010, 15 (2): 31-37.

徐燕. 乡村居民休闲空间: 国内外研究述评及展望 [J]. 南阳师范学院学报, 2021, 20 (1): 1-8.

徐雨晨, 张海洲, 陆林. 国际休闲研究综述——基于 Journal of Leisure Research、Leisure Sciences、Leisure Studies 的统计分析 [J]. 旅游学刊, 2019, 34 (3): 134-148.

许昌斌, 李玺, 谢嘉敏. 休闲动机休闲活动涉入与幸福感研究——以澳门银发族群为例 [J]. 管理观察,

2019 (9): 85-87.

许建民. 国小学童休闲内在动机、休闲觉知自由与忧郁倾向关系之研究 [J]. 体育学报（台湾），2001, 31 (5): 115-124.

许瑞雪，李鹏. 广东省温泉旅游游客期望、感知、满意度与忠诚度影响关系研究 [J]. 热带地貌，2018, 39 (1): 61-69.

许伟麟，李春江，柴彦威，张艳. 新冠肺炎疫情影响下居民时空行为变化及其制约因素分析 [J]. 城市发展研究，2021, 28 (3): 3-9, 17.

许晓霞，柴彦威. 北京居民日常休闲行为的性别差异 [J]. 人文地理，2012, 27 (1): 22-28.

许晓霞，柴彦威. 城市女性休闲活动的影响因素及差异分析：基于休息日与工作日的对比 [J]. 城市发展研究，2011, 18 (12): 95-100.

严江平，赵敏，赵雪雁，李巍. 基于微博数据的兰州市女性休闲行为空间分析 [J]. 西北师范大学学报（自然科学版），2017, 53 (3): 122-127.

杨建莹. 乡村振兴战略视阈下的文化建设问题探究 [D]. 贵阳：贵州师范大学，2021.

杨铭铎，陈心宇. 休闲、养生、度假旅游概念辨析 [J]. 黑龙江科技信息，2009 (29): 109-316.

杨香花，余琳，谭艳薇. 城市女性日常休闲行为研究——以广东佛山为例 [J]. 襄樊学院学报，2012, 33 (5): 76-81.

叶小青. 国民旅游休闲纲要的解读 [N]. 中国旅游报，2013-10-30, (14).

银开州. 休闲、游憩和旅游新概念下的休闲经济发展战略 [D]. 济南：山东大学，2015.

于光远，马惠娣关于"闲暇"与"休闲"两个概念的对话录 [J]. 自然辩证法研究，2006 (9): 86-91, 114.

于光远. 论普遍有闲的社会 [M]. 北京：中国经济出版社，2005.

于光远. 论闲之为物 [J]. 未来与发展，1996 (5): 38-40.

于一，钟木根. 济南市城市社区老年人体育休闲方式研究 [J]. 山东体育科技，2017, 39 (4): 89-92.

余斌，卢燕，曾菊新，等. 乡村生活空间研究进展及展望 [J]. 地理科学，2017, 37 (3): 375-385.

俞祎晨，陈超. 基于镇区居民休闲行为的社区公园布局模式研究——以江苏省青阳镇滨水绿带景观工程为例 [J]. 中国园林，2020 (S2): 90-93.

袁利. 四川省城镇老年人旅游限制因素构成与差异研究 [D]. 西安：陕西师范大学，2011.

约翰. 凯利. 走向自由——休闲社会学新论 [M]. 赵冉，译. 昆明：云南人民出版社，2000, 1-3.

岳谦厚，郝正春. 传统庙会与乡民休闲：以明清以来山西庙会为中心的考察 [J]. 山西大学学报（哲学社会科学版），2009, 32 (1): 83-87.

岳晓梅. 我国东西部城镇老年人出游制约因素分析 [D]. 西安：陕西师范大学，2011.

张安民. 我国居民休闲参与的影响机制研究——基于CGSS 2006的数据应用 [J]. 人文地理，2013 (4): 120-125, 139.

张承毅，卢思雯. 中国城镇居民休闲时间影响因素研究 [J]. 广州体育学院学报，2017, 37 (3): 50-54.

张纯刚，贾莉平，齐顾波. 乡村公共空间：作为合作社发展的意外后果 [J]. 南京农业大学学报（社会科学版），2014, 12 (2): 8-14.

张帆，段丹洁. 中国特色社会主义进入新时代 [N]. 中国社会科学报，2017-10-23, (001).

张帆，李臻. 长沙市市民休闲动机研究 [J]. 旅游纵览（下半月），2015, (16): 109-111.

张涵. 江汉平原乡村生活空间宜居性格局及其影响因素研究 [D]. 武汉：华中师范大学，2020.

张红喜，魏卫，刘琼，等. 新时代乡村居民休闲偏好差异性规律探究：基于贵州乡村的调查 [J]. 荆楚学刊，2019, 20 (3): 45-52.

张华露. 城镇化进程中农村女性休闲障碍因素研究——以浙江省A镇为例 [J]. 宜宾学院学报，2015, 15 (4): 80-86.

张朋，冯媛媛. 论休闲、休闲参与及休闲阻碍 [J]. 军事体育学报，2013, 32 (4): 93-96.

参考文献

张平,史文文,侯光定,罗金花. 休闲骑行参与者休闲动机与休闲涉入的关系 [J]. 湖北体育科技, 2018, 37 (7): 605-608.

张文彤. SPSS 统计分析基础教程 [M]. 北京:高等教育出版社, 2011.

张晓秋,易芳. 小学高年级学生休闲参与、休闲阻碍与休闲满意度的关系 [J]. 沈阳体育学院学报, 2013 (4): 69-74.

张野. 中国文化语境下的休闲及相关概念的考察 [J]. 旅游学刊, 2013, 28 (9): 109-113.

张玉铃. 大学生休闲内在动机、休闲阻碍与其休闲无聊感及自我统合之关系研究 [D]. 高雄:高雄师范大学辅导研究所, 1998.

赵佳华. 西安城市老年人休闲行为研究 [D]. 西安:西安外国语大学, 2012.

赵秀丽,黄洁. 中国近20年女性休闲研究综述 [J]. 三峡大学学报(人文社会科学版), 2020, 42 (3): 106-111.

赵莹,柴彦威,桂晶晶. 中国城市休闲时空行为研究前沿 [J]. 旅游学刊, 2016, 31 (9): 30-40.

赵梓渝,赵世瑶,韩钟辉,等. COVID-19疫情对北京市节日休闲区域人口热力影响研究 [J]. 地理科学进展, 2021, 40 (7): 1073-1085.

郑春霞,陶伟. 高校女性教职工日常休闲行为探析——以广州高校为例 [J]. 人文地理, 2007 (3): 65-68.

郑春霞. 中国东南沿海农村居民休闲动机研究 [J]. 牡丹江师范学院学报(哲学社会科学版), 2017, (6): 45-52.

郑春霞. 农村居民休闲期望研究——以福建省为例 [J]. 西南石油大学学报:社会科学版, 2017, 19 (5): 47-54.

郑春霞. 中国东南沿海农村居民休闲动机研究 [J]. 牡丹江师范学院学报(哲学社会科学版), 2017, 202 (6): 45-52.

郑娇. 城乡一体化背景下城郊乡村公共空间共生景观设计研究 [D]. 成都:西南交通大学, 2020.

郑宁. 大学生休闲态度与休闲阻碍的关系研究 [J]. 青年探索, 2008, (4): 74-77.

郑鹏,马耀峰,王洁洁,李君轶,杨敏. 基于"推—拉"理论的美国旅游者旅华流动影响因素研究 [J]. 人文地理, 2010, 25 (5): 112-117.

郑怡清,朱立新. 在沪外籍人士休闲行为研究 [J]. 旅游科学, 2009, 23 (2): 44-49.

郑元男. 体育锻炼对老年人的主观幸福感有影响吗?——关于中国老年休闲体育参与者的实证研究 [J]. 中国体育科技, 2019, 55 (10): 9.

中国社会科学院语言研究所. 现代汉语词典 [M]. 6版. 北京:商务印书馆, 2015.

中华人民共和国文化和旅游部. 2021年中国休闲发展年度报告 [EB/OL]. 文化和旅游部数据中心门户网站, 2021-10-11.

周彬,王雨桐,虞虎,等. 基于结构方程模型的宁波城市居民休闲满意度研究 [J]. 地理科学, 2020, 40 (1): 9.

周彬,王雨桐,虞虎,等. 基于结构方程模型的宁波城市居民休闲满意度研究 [J]. 地理科学, 2020, 40 (1): 119-127.

周举,姚萍,李子蓉,等. 大村庄制下农村社区人居环境优化路径探究 [J]. 四川建筑, 2012, 32 (6): 8-10.

周俊. 问卷数据分析-破解 SPSS 的六类分析思路 [M]. 北京:电子工业出版社, 2017: 101-110.

周素红,刘玉兰. 转型期广州城市居民居住与就业地区位选择的空间关系及其变迁 [J]. 地理学报, 2020, 65 (2): 191-201.

周卫,洪昕晨,修新田,等. 森林公园游憩者恢复性知觉对休闲满意度的影响 [J]. 林业经济问题, 2021, 41 (1): 97-104.

周文婷,田海波,邱亚君. 马拉松跑者深度休闲限制变通策略的质性研究 [J]. 武汉体育学院学报,

2017, 51 (11): 80-84.

朱德琼. 乡村振兴背景下发展乡村休闲文化的思考——以"忒修斯之船"为喻 [J]. 河北学刊, 2021, 41 (6): 178-186.

朱菁菁. 当代大学生休闲文化及其价值引导研究 [D]. 哈尔滨: 哈尔滨师范大学, 2021.

朱志强, 林岚, 施林颖, 万萍萍. 城市居民体育健身休闲制约与休闲参与的影响关系——基于福州市的实证分析 [J]. 旅游学刊, 2017, 32 (10): 115-126.

宗彦. 公共休闲空间休息座椅人性化设计的原则 [J]. 吉林建筑大学学报, 2015, 32 (4): 53-55.

邹佰峰, 殷晓甜. 和谐社会视域下的农村居民休闲生活调查研究——以新疆奇台县达坂河村为例 [J]. 齐鲁师范学院学报, 2016, 31 (5): 101-105.

邹波. 游客旅游意向影响因素——基于计划行为理论的分析 [J]. 社会科学家, 2021 (7): 40-45.

[美] 托马斯古德尔, 杰弗瑞戈比. 人类思想史中的休闲 [M]. 成素梅, 马惠娣, 等, 译. 昆明: 云南人民出版社, 2000.

Abraham J, Velenczei A, Szabo A. Perceived determinants of well-being and enjoyment level of leisure activities [J]. Leisure Sciences, 2012, 34 (3): 199-216.

Ajzen I, Fishbein M. Attitude-behavior relations: A theoretical analysis and review of empirical research [J]. Psychological Bulletin, 1977, 84 (5): 888-918.

Ajzen I. From Intentions to Actions: A Theory of Planned Behavior [M]. Berlin: Springer Berlin Heidelberg, 1985: 11-39.

Alexandris K, Karagiorgos T, Ntovoli A, et al. Using the Theories of Planned Behaviour and Leisure Constraints to study Fitness Club Members' behaviour after Covid-19 Lockdown [J]. Leisure Studies, 2021 (40): 1-16.

Andereck K, McGehee N G, Lee S, et al. Experience expectations of prospective volunteer tourists [J]. Journal of Travel Research, 2012, 51 (2): 130-141.

AnneHaase, Inc. Leisure-time physical activity in university students from 23 countries: associations with health beliefs, riskawareness, and national economic development [J]. Preventive Medicine, 2004, (39): 182-190.

Araghi F A. Global Depeasantization: 1945—1990 [J]. The Sociological Quarterly, 1995, 36 (2): 337-368.

Arndt S, Turvey C, Andreasen N C. Correlating and predicting psychiatric symptom ratings: Spearman's r versus Kendall's tau correlation [J]. Journal of Psychiatric Research, 1999, 33 (2): 97-104.

Balboa-Castillo T, Luz M León-Muñoz, Graciani A, et al. Longitudinal association of physical activity and sedentary behavior during leisure time with health-related quality of life in community-dwelling older adults [J]. Health & Quality of Life Outcomes, 2011, 9 (1): 47-47.

Beard J G, Maghreb M G. Measuring leisure satisfaction [J]. Journal of Leisure Research, 1980, 12 (1): 20-33.

Bjork J, Albin M, Grahn P. Recreational values of the natural environment in relation to neighbourhood satisfaction, physical activity, obesity and wellbeing [J]. Journal of Epidemiology and Community Health, 2008, 62 (4): 67-79.

Brightbill C K. The challenge of leisure [M]. Prentice-Hall, 1963.

Carnelley K B, Ruscher J B. Adult attachment and exploratory behavior in leisure [J]. Journal of Social Behavior & Personality, 2000, 15 (2): 153-165.

Carr S, Francis M, Rivlin L G, et al. Public Space [M]. Cambridge: Cambridge University Press, 1992.

Chai Y W, Zhou S Y, Cai Y L. Recent progress of human geography in China: Retrospect and prospect [J]. Japanese Journal of Human Geography, 2007, 59 (6): 2-22.

参考文献

Chai Y. Space-Time Behavior Research in China: Recent Development and Future Prospect [J]. Annals of the Association of American Geographers, 2013, 103 (5): 1093-1099.

Chen Y C, Li R H, Chen S H. Relationships Among Adolescents' Leisure Motivation, Leisure Involvement, and Leisure Satisfaction: A Structural Equation Model [J]. Social Indicators Research, 2013, 110 (3): 1187-1199.

Chen Meiai, Pang Xuequan. Leisure motivation: an integrative review [J]. Social Behavior & Personality: an international Journal, 2012, 40 (7): 1075-1081.

Chung R H, Kim B S, Abreu J M. Asian American multidimensional acculturation scale: development, factor analysis, reliability, and validity [J]. Cultur Divers Ethnic Minor Psychol, 2004, 10 (1): 66-80.

Cleland V, Hughes C, Thornton L. Environmental barriers and enablers to physical activity participation among rural adults: a qualitative study [J]. Health Promotion Journal of Australia official Journal of Australian Association of Health Promotion Professionals, 2015, 26 (2): 99-104.

Coalter F. Leisure sciences and leisure studies: Different concept, samecrisis? [J]. Leisure Sciences, 1997, 19 (4): 255-268.

Cohen D A, Han B, Isacoff J. Impact of park renovations on park use and park-based physical activity [J]. Journal of Physical Activity and Health, 2014, 12 (2): 289-295.

Crandall R. Motivation for leisure [J]. Journal of Leisure Research, 1980, 12 (1): 45-53

Crawford D W, Godbey G. Reconceptualizing barriers to family leisure [J]. Leisure Sciences, 1987, 9 (2): 119-127.

Crawford D W, Jackson E L, Godbey G. A hierarchical model of leisure constraints [J]. Leisure Sciences, 1991, 13 (4): 309-320.

Crawford D W, Godbey G. Reconceptualizing barriers to family leisure [J]. Leisure Sciences, 1987, 9 (2): 119-127.

Crawford D W, Jackson E L, Godbey G. A hierarchical model of leisure constraints [J]. Leisure Sciences, 1991. 13 (3): 309-320.

Crawford D W, Godbey G. Re conceptualizing barriers to family leisure [J]. Leisure Sciences, 1987, 9 (1): 119-127.

Crompton J L. Motivations for pleasure vacation [J]. Annals of Tourism Research, 1979, 6 (4): 408-424.

Culp R H. Adolescent girls and outdoor recreation: A case study examining constraints and effective programming [J]. Journal of Leisure Research, 1998, 30 (3): 356-379.

Dustin D L, Zajchowski C A B, Schwab K A. The biochemistry behind human behavior: Implications for leisure sciences and services [J]. Leisure Sciences, 2019, 41 (6).

Dann G M S. Anomie, ego-enhancement and tourism [J]. Annals of Tourism Research, 1977, 4 (4): 184-194.

Deci E L, Ryan R M. The "What" and "Why" of goal pursuits: Human needs and the self-determination of behavior [J]. Psychological Inquiry, 2000, 11 (4): 227-268.

Deci E L, Ryan R M. Intrinsic Motivation and self-determination in human behavior [J]. Encyclopedia of Applied Psychology, 2004, 3 (2): 437-448.

Deci E L, Ryan R M. Self-determination theory: A macro theory of human motivation, development and health [J]. Canadian Psychology, 2008, 49 (3): 182-185.

Doo Hun Lim, Dae Seok Chai, Sunyoung Park, et al. Neuroscientism, the neuroscience of learning: An integrative review and implications for learning and development in the workplace [J]. European Journal of Training and Development, 2019, 43 (7/8): 619-642.

Dumazedier J. Toward a society of leisure [M]. New York: The Free Press, 1967: 1-11.

Edwards M B, Theriault D S, Shores K A, et al. Promoting Youth Physical Activity in Rural Southern Communities: Practitioner Perceptions of Environmental Opportunities and Barriers [J]. Journal of Rural Health, 2014, 30 (4): 379-387.

Eisinga R, TeGrotenhuis M, Pelzer B. The reliability of a two-item scale: Pearson, Cronbach, or Spearman-Brown [J]. International Journal of Public Health, 2013, 58 (4): 637-642.

Eng J J, Ginis K A M. Using the theory of planned behavior to predict leisure time physical activity among people with chronic kidney disease [J]. Rehabilitation Psychology, 2007, 52 (4): 435-442.

FEATHER P. Reading the River Through' Watercraft: Environmental Engagement through Knowledge and Practice in Freshwater Angling [J]. Cultural Geographies, 2011, 18 (3): 297-314.

Fennell, D. A Tourist Space-time Budget in the Shetland Islands [J]. Annals of Tourism Research, 1996, (23): 811-829.

Fortier M S, Vallerand R J, N M Briere, et al. Competitive and Recreational Sport Structures and Gender: A Test of Their Relationship with Sport Motivation [J]. Intenational Journal of Sport Psychology, 1995, 26 (1): 24-39.

Fredman P, Romild U, Yuan M, et al. Latent Demand and Time Contextual Constraints to Outdoor Recreation in Sweden [J]. Forests, 2011, 3 (1): 1-21.

Godbey G, Crawford D W, Shen X S. Assessing Hierarchical Leisure Constraints Theory after Two Decadesl [J]. Journal of Leisure Research, 2010, 42 (1): 111-134.

Golledge R G, Stimson R J. Spatial Behavior: A Geographic Perspective [M]. Beijing: The Commercial Press, 2013: 192.

Gorely T, Marshall S J, Biddle S J H, et al. The prevalence of leisure time sedentary behaviour and physical activity in adolescent girls: An ecological momentary assessment approach [J]. International Journal of Pediatric Obesity, 2007, 2 (4): 289-298.

Guinn R. Elderly Recreational Vehicle Tourists: Life Satisfaction Correlates of Leisure Satisfaction [J]. Journal of Lsure Research, 1980, 12 (3): 198-204.

Han H S, Hwang J S, Woods D P. Choosing virtual-rather than real-leisure activities: an examination of the decision-making process in screen-golf participants [J]. Asia Pacific Journal of Tourism research, 2014, 19 (4): 428-450.

Handy S, Krizek K. The role of Travel Behavior Research in Reducing the Carbon footprint: From the U. S. Perspective [M]. The Triennial Meeting of the International Association of Travel Behavior Research, Jaipur, India, 2009.

Harmon J, Dunlap R. The Temporal Phases of Leisure Experience: Expectation, Experience and Reflection of Leisure Participation [J]. Leisure Sciences, 2018, 40 (5): 326-342.

Hauke J, Kossowski T. Comparison of Values of Pearson's and Spearman's Correlation Coefficients on the Same Sets of Data [J]. Quaestiones Geographicae, 2011, 30 (2): 87-93.

Heidari Kolsoum, Heydarinejad Sedighe, Saffari Marjan. Khatibi Amin Journal of Policy Research in Tourism [J]. Leisure and Events, 2019, 12 (5): 1-17.

Henderson K A, Allen K R. The Ethic of Care: Leisure Possibilities and Constraints for Women [J]. Loisir Et Societe, 1991, 14 (1): 97-113.

Henderson K A, Ainsworth B E. Enjoyment: a link to physical activity, leisure, and health [J]. Journal of park & Recreation Administration, 2002, 20 (4): 130-146.

Irving H R, Giles A R. Examining the Child's Impacts on Single Mothers' Leisure [J]. Leisure Studies, 2011, 30 (3): 365-373.

Iso-Ahola S E, Allen J R. The dynamics of leisure motivation: the effects of outcome on leisure needs [J].

参考文献

Research Quarterly for Exercise and Sport, 1982, 53 (2): 126-128.

Jackson E L, Crawford D W, Godbey G. Negotiation of leisure constraints [J]. Leisure Sciences, 1993, 15 (1): 1-11.

Jackson E L, Henderson K A. Gender-Based Analysis of Leisure Constraints [J]. Leisure Sciences, 1995, 17 (1): 31-51.

Jackson E L, Witt P A. Change and stability in leisure constraints: a comparison of two surveys conducted four years apart [J]. Journal of Leisure Research, 1994, 26 (4): 322-336.

Jackson E L, Crawford D W, Godbey G. Negotiation of eisure constraints [J]. Leisure Sciences, 1993, 15 (1): 1-11.

Jackson E L, Rucks V C. Negotiation of leisure constraints by junior-high and high-school students: An exploratory study [J]. Journal of Leisure Research, 1995, 27 (1): 85-105.

Jackson E L, Samdahl D M. Leisure in the lives of old lesbians: Experiences with and responses to discrimination [J]. Journal of Leisure Research, 1998, 30 (2): 233-255.

Jackson E L. Recognizing pat terns of leisure constraints: Results from alternative analyses [J]. Journal of Leisure Research, 1993, 25 (2): 129-149.

Jiri Zuzanek. The Work-Leisure Relationship in Soviet Sociological Discussion [J]. Canadian Slavonic Papers / Revue Canadienne des Slavistes, 1980, 22 (1): 122-128.

Kati Pitkänen, Czeslaw Adamiak, Greg Halseth. Leisure Activities and Rural Community Change: Valuation and Use of Rural Space among Permanent Residents and Second Home Owners [J]. Sociologia Ruralis, 2014, 54 (2): 87-100.

Kay T, Jackson G. Leisure Despite Constraint: The Impact of Leisure Constraints on Leisure Participation [J]. Journal of Leisure Research, 1991, 23 (4): 301-313.

Kay T, Jackson E L. Leisure despite Constraint: The impact of leisure constraints on leisure participation [J]. Journal of Leisure Research, 1991, 23 (2): 301-313.

Kong Yoon Kyung. Characteristics and Meanings of Rural Leisure Culture in the 1960s-Through the Case of Daecheon Diary [J]. Journal of Koreanology, 2018: 66.

Kono S, Ito E. Effects of leisure constraints and negotiation on activity enjoyment: a forgotten part of the leisure constraints theory [J]. Annals of Leisure Research, 2021, 24 (5): 1-20.

Ku P S, Tsaur S H, Yen C H. Body Image, Beliefs About Appearance, and Leisure Constraints Among Taiwanese Female Adolescents: Does Leisure Self-Efficacy Matter? [J]. Leisure Sciences, 2019 (41): 1-22.

Kwan M P. Space-time and integral measures of individual accessibility: A comparative analysis using a point-based framework [J]. Geographical Analysis, 1998, 30 (3): 370-394.

Kwon Y H, Cheng Y K, Ahn B W. Effect of Outdoor Sports Participants on Leisure Facilitation, Recreation Specialization, and Leisure Satisfaction: Yacht and Golf Participants [J]. International Journal of Environmental Research and Public Health, 2021, 18 (15): 8128.

LANGE E, HEHL-LANGE S, BREWER M J. Scenario-visualization for the assessment of perceived green space qualities at the urban-rural fringe [J]. Journal of Environmental Management, 2008 (1): 61.

Lau G. and McKercher B. Understanding tourist movement patterns in a destination: A GIS approach [J]. Tourism and Hospitality Research, 2007, 7 (1): 39-49.

Lew A and McKercher B. Modeling Tourist Movements A local Destination Analysis [J]. Annals of Tourism Research, 2006, 33 (2): 403-423.

Lewicka M. Place attachment: How far have we come in the last 40 years? [J]. Journal of Environmental

Psychology, 2011, 31 (3): 207-230.

Liechty T, Freeman P A, Zabriskie R B. Body Image and Beliefs About Appearance: Constraints on the Leisure of College-Age and Middle-Age Women [J]. Leisure Sciences, 2006, 28 (4): 311-330.

Lin J H, Wong J Y, Ho C H. The role of work-to-leisure conflict in promoting frontline employees' leisure satisfaction [J]. International Journal of Contemporary Hospitality Management, 2015, 27 (7): 1539-1555.

López A, Martín X A, Gómez B. Tourism and quality agro-food products: An opportunity for the Spanish countryside [J]. Journal of Economic and Social Geography, 2006, 97 (2): 166-177.

M G. Ragheb Interrelationships among Leisure Participation, Leisure Satisfaction and Leisure Attitudes [J]. Journal of Leisure Research, 1980, 12 (2): 138-149.

Mansfield Y, Jonas A. Evaluating the socio-cultural carrying capacity of rural tourism communities: A "value stretch" approach [J]. Journal of Economic and Social Geography, 2006, 97 (5): 583-601.

Maria H. The Polish Countryside in the Process of Transformation 1989—2000 [J]. Polish Sociological Review, 2011, 173 (1): 35-45.

Markevych I, Smith M P, Jochner S. Neighbourhood and physical activity in German adolescents: GIN plus and LISA plus [J]. Environmental Research, 2016, 147 (5): 284-293.

Martilla J A & James J C. Importance-performance analysis [J]. Journal of Marketing, 1977, 41 (1): 77-79.

Mcintosh R W, Goeldner C R, Ritchie J R B. Tourism Principles, Practices, Philosophies [M]. New York: Wiley, 1995.

Michae, J. Annear, Grant Cushman, Bob Gidlow. Leisure time physical activity differences among older adults from diverse socioeconomic neighborhoods [J]. Health & place, 2009 (15): 482-490.

Miller H. Modeling accessibility using space-time prism concepts within geographical information systems [J]. International Journal of Geographical Information System, 1991, 5 (3): 287-301.

Millward H, Spinney J. "Active Living" Related to the Rural-Urban Continuum: A Time-Use Perspective [J]. Journal of Rural Health, 2011, 27 (2): 141-150.

Narangajavana Y, Fiol L J C, Tena M Á M, et al. The influence of social media in creating expectations. An empirical study for a tourist destination [J]. Annals of Tourism Research, 2017, 65 (5): 60-70.

Nawijn J, Veenhoven R. The Effect of Leisure Activities on Life Satisfaction: The Importance of Hoiday Trips [J]. Springer Netherlands, 2011, 39-53.

Neutens T, Schwanen T, Witlox F. The prism of everyday life: Towards a new research agenda for time geography [J]. Transport Reviews, 2011, 31 (1): 25-47.

Nzama M, Antonia T. Perception of ecological impacts of water-based recreation activities among retreaters at St. Lucia Lake in South Africa [D]. Carbondale: Southern Illinois University, 2001.

Oliver. A Cognitive Model of the Antecedents and Consequences of Satisfaction Decisions [J]. Journal of marketing research, 1980, 17 (4): 460-469.

Park M C. A Study on the Analysis of Garden Elements in Rural Community Resting Areas [J]. Environmental Research, 2016, 19 (1): 63-70.

Pieper J. Leisure: The basis of culture: The philosophical act [M]. Ignatius Press, 2009.

Prieto-DammB, De L, Burgo L D, et al. Leisure activities and alcohol consumption among adolescents from Peru and El Salvador [J]. Drug and Alcohol Dependence, 2019, 199 (3): 27-34.

Raymore L A, Godbey G C, Crawford D W. Self-esteem, gender, and socioeconomic status: their relation to perceptions of constraint on leisure among adolescents [J]. Journal of Leisure Research, 1994, 26 (2): 99-118.

参考文献

Rogerson C M, Sithole P M. Rural handicraft production in Mpumalanga, South Africa: Organization, problems and support needs [J]. South African Geographical Journal, 2001, 83 (2): 149-158.

Scott D. The problematic nature of participation in contract bridge: A qualitative study of group-Irelated constraints [J]. Leisure Sciences, 1991, 13 (3): 321-336.

Shaw S L. Handling disaggregate spatiotemporal travel data in GIS [J]. GeoInformation, 2000, 4 (2): 161-178.

Shaw S M, Bonen A, McCabe J F. Do more constraints mean less leisure? Examining the relationship between constraints and participation [J]. Journal of Leisure Research, 1991, 23 (2): 286-300.

Sheng C W, Chen M C. A study of experience expectations of museum visitors [J]. Tourism Management, 2012, 33 (1): 53-60.

Shin Hyunjin, Gweon Gahgene. Supporting preschoolers' transitions from screen time to screen-free time using augmented reality and encouraging offline leisure activity [J]. Computers in Human Behavior, 2020, 105: 106212.

Shin Hyunjin, Gweon Gahgene. Supporting preschoolers' transitions from screen time to screen-free time using augmented reality and encouraging offline leisure activity [J]. Computers in Human Behavior, 2020.

Shores K A, Scott D, Floyd M F. Constraints to Outdoor Recreation: A Multiple Hierarchy Stratification Perspective [J]. Leisure Sciences, 2007, 29 (3): 227-246.

SHORES K A, WEST S T. Rural and urban park visits and park-based physical activity [J]. Preventive Medicine: An International Journal Devoted to Practice and Theory, 2010, 50 (1): 13-17.

Son J S, Kerstetter D L, Mowen A J. Illuminating Identity and Health in the Constraint Negotiation of Leisure-time Physical Activity in Mid to Late Life [J]. Journal of Park & Recreation Administration, 2009, 27 (3): 96-115.

Song Z Q, Jiang Y, Academy C T. Leisure Life Satisfaction of Urban Residents and Itsleisure its Influential Mechanism: A Case Study of Hangzhou [J]. Human Geography, 2014, 129 (2): 53-60.

Spiers A, Walker G J. The effects of ethnicity and leisure satisfaction on happiness, peacefulness, and quality of life [J]. Leisure Sciences, 2008, 31 (1): 84-99.

Thompson A M, Rehman L A, Humbert M L. Factors Influencing the Physically Active Leisure of Children and Youth: A Qualitative Study [J]. Leisure Sciences, 2005, 27 (5): 421-438.

Thrane C. Men, women, and leisure time: Scandinavian evidence of gender inequality [J]. Leisure Sciences, 2000, 22 (2): 109-122.

Torres A, MP Díaz, Hayat M J, et al. Assessing the effect of physical activity classes in public spaces on leisure-time physical activity: "Al Ritmo de las Comunidades" A natural experiment in Bogota, Colombia [J]. Preventive Medicine, 2016: S0091743516303619.

Torres, Andrea, Paula Diaz, Maria, Hayat, Matthew J, et al. Assessing the effect of physical activity classes in public spaces on leisure-time physical activity: "Al Ritmo de las Comunidades" A natural experiment in Bogota, Colombia [J]. Preventive Medicine: An International Journal Devoted to Practice and Theory, 2017, 103 (6): S51-S58.

Tsai E H L, Coleman D J. The influence of constraints and self-efficacies on participation in regular active recreation [J]. Leisure Sciences, 2009, 31 (4): 364-383.

Walker G J, Deng J. Leisure Satisfaction and Acculturative Stress: The Case of Chinese-Canadian Immigrants [J]. Journal of Leisure Research, 2011, 43 (2): 226-245.

Wendy Z. Hultsman. The Influence of Others as a Barrier to Recreation Participation Among Early Adolescents [J]. Journal of Leisure Research, 1993, 25 (2): 150-164.

Wheaton B. Surfing through the life-course: silver surfers' negotiation of ageing [J]. Annals of Leisure Research, 2017, 20 (1): 96-116.

Wilensky H L. Work, Careers, and social integration [J]. International Social Science Journal, 1960, 4 (4): 543-560.

Zuzanek J. Social differences in leisure behaviour: measurement and interpretation [J]. Leisure Sciences, 1978, 1 (3): 271-293.